主 编 赵蓓文
副主编 胡晓鹏

赵蓓文 等 著

制度型开放与中国对外投资的发展

上海社会科学院出版社
SHANGHAI ACADEMY OF SOCIAL SCIENCES PRESS

"制度型开放理论与实践研究"丛书
编委会名录

主　编

赵蓓文

副主编

胡晓鹏

顾　问

张幼文　徐明棋

编委(以姓氏笔画为序)

王　莹　孙立行　苏　宁　沈玉良
高洪民　黄烨菁　盛九元　盛　垒

目 录

第一章 制度型开放与中国对外投资的国际环境 ……… 1
第一节 从商品和要素流动型开放到制度型开放:历史演变与政策实践 ……… 1
一、从商品和要素流动型开放走向制度型开放的历史演变 ……… 1
二、从商品和要素流动型开放走向制度型开放的政策实践 ……… 2
第二节 全球经济治理格局演变与中国的制度型开放 ……… 3
一、百年未有之大变局:全球经济治理格局发生重大变化 ……… 3
二、全球经济治理新格局下中国制度型开放的新内涵、新特征 ……… 4
第三节 新冠肺炎疫情后中国对外投资面临的国际经济环境 ……… 5
一、百年未遇之大疫情:地区差异显著,已现双轨制特征 ……… 6
二、新冠肺炎疫情后全球外资政策调整的新趋势 ……… 6

第二章 中国对外直接投资——美国篇 ……… 9
第一节 美国经济增长概况 ……… 9
一、经济基本面 ……… 9
二、宏观经济政策 ……… 16
第二节 中国对美国直接投资的基本情况 ……… 21
一、行业分布 ……… 21
二、地域分布 ……… 23
三、所有权性质 ……… 23
四、投资模式 ……… 24
第三节 美国对中国投资开放政策的主要变化 ……… 24
一、FIRRMA 的全面实施及修订 ……… 25
二、CFIUS 强制申报范围再扩大 ……… 25
三、CFIUS 改革对中国企业的影响 ……… 26

第四节　中美第一阶段经贸协议 ·· 27
　　一、主要内容 ··· 27
　　二、未来前景 ··· 28

第五节　中国对美国投资典型案例 ·· 28
　　一、海外拓展型投资 ··· 28
　　二、企业并购型投资 ··· 29
　　三、风险规避型投资 ··· 29

第三章　中国对外直接投资——欧盟篇 ·· 31

第一节　欧盟经济增长概况 ·· 31
　　一、宏观经济基本面的简要分析 ··· 31
　　二、宏观经济政策的简要概括 ·· 35

第二节　中国对欧盟投资的基本情况 ··· 37
　　一、中国对欧盟直接投资的行业分布特征 ······························ 38
　　二、中国对欧盟直接投资存量的行业分布特征 ························ 39
　　三、中国对欧盟直接投资的地域分布特征 ······························ 40
　　四、中国对欧盟直接投资的所有制构成 ································· 41

第三节　欧盟对中国投资开放政策的主要变化 ································ 43
　　一、欧盟针对外资安全审查措施的主要变化 ··························· 43
　　二、欧盟针对中国对欧盟投资的其他举措 ····························· 45

第四节　中欧投资谈判进展及典型案例分析 ··································· 46
　　一、中欧投资谈判最新进展 ·· 46
　　二、中国对欧盟投资典型案列分析 ······································ 46

第四章　中国对外直接投资——日俄篇 ·· 48

第一节　中国对日投资研究 ·· 48
　　一、日本经济增长概况 ·· 48
　　二、中国对日投资的基本情况 ·· 53
　　三、日本对中国投资开放政策的主要变化 ······························ 56
　　四、中国对日本投资典型案例 ·· 57

第二节　中国对俄投资研究 ·· 58

一、俄罗斯联邦经济增长概况 59
　　二、中国对俄罗斯联邦的投资 62
　　三、中俄投资谈判进展 64
　　四、中国对俄投资典型案例 65

第五章　中国对外直接投资——亚洲"一带一路"篇 66
第一节　中国对亚洲"一带一路"沿线国家投资的概况 66
　　一、投资流量稳步增长 67
　　二、重点国家投资集中 68
　　三、投资领域更趋多元 69
　　四、跨国并购项目有所增长 71
　　五、工程承包继续增长 71
第二节　新冠肺炎疫情对亚洲"一带一路"沿线国家的经济影响 71
　　一、疫情下亚洲"一带一路"沿线国家的GDP增速与通胀预期 71
　　二、疫情下亚洲"一带一路"沿线国家的投资现状 76
第三节　中国对亚洲"一带一路"沿线国家投资的典型案例 79
　　一、案例概况 79
　　二、经验总结与启示 82

第六章　中国对外直接投资——拉丁美洲篇 85
第一节　拉丁美洲经济增长和外国直接投资现状 85
　　一、拉丁美洲地区的经济增长情况 85
　　二、拉丁美洲和加勒比地区的外国直接投资概况 86
第二节　中国对拉丁美洲投资的发展情况 87
　　一、中国对拉丁美洲投资概况 88
　　二、中国在拉丁美洲的主要并购项目 89
　　三、中国在拉丁美洲的工程承包市场 90
　　四、中国对拉丁美洲的发展融资 91
　　五、根据ALC-China统计数据的分析 92
第三节　中国投资与拉丁美洲国家的经济结构 95
　　一、中国对拉丁美洲的绿地投资 95

二、中国对拉丁美洲的并购项目 ……………………………… 96
　第四节　中国对拉丁美洲地区的投资前景 ………………………… 97
　　一、中国与拉丁美洲国家的贸易与投资关系 …………………… 97
　　二、中国对拉丁美洲国家的援助与意义 ………………………… 98

第七章　中国对外直接投资——非洲篇 …………………………… 100
　第一节　非洲经济现状与外国直接投资发展情况 ………………… 100
　　一、非洲经济增长趋势 …………………………………………… 100
　　二、非洲外国直接投资的变化 …………………………………… 101
　第二节　中国对非洲直接投资发展情况 …………………………… 103
　　一、总体概况 ……………………………………………………… 103
　　二、工程承包情况 ………………………………………………… 105
　　三、中国企业在非洲的投资案例 ………………………………… 106
　第三节　中国基础设施融资与非洲"债务陷阱"的关系 ………… 107
　　一、中国对非洲基础设施融资的现状 …………………………… 107
　　二、美国在非洲基础设施融资领域的拓展 ……………………… 109
　第四节　中国对非洲投资的发展前景 ……………………………… 110
　　一、中美在非洲融资领域的竞争趋势 …………………………… 111
　　二、中国对非洲融资发展的政策建议 …………………………… 112

第八章　中国对外直接投资——案例篇 …………………………… 113
　第一节　中国制药业跨国公司的知识产权进阶之路 ……………… 113
　　一、恒瑞医药的知识产权进阶之路 ……………………………… 113
　　二、海正药业的知识产权进阶之路 ……………………………… 116
　　三、两家公司知识产权进阶之路的共同点 ……………………… 119
　第二节　中国建筑的海外责任担当 ………………………………… 121
　　一、中国建筑简介 ………………………………………………… 121
　　二、中国建筑的国际化进程 ……………………………………… 121
　　三、中国建筑的海外责任担当 …………………………………… 123
　第三节　传音公司的本土化之路 …………………………………… 126
　　一、传音公司简介 ………………………………………………… 126

二、传音公司的本土化之路 ·· 127

第九章　中国对外直接投资——境外经贸合作区篇 ············· 133
第一节　境外经贸合作区的概况及意义 ································· 133
　一、境外经贸合作区的概况 ·· 133
　二、境外经贸合作区的发展历程 ·· 134
　三、境外经贸合作区对中国的积极意义 ··································· 135
第二节　境外经贸合作区主要类型及典型案例 ······················· 137
　一、境外经贸合作区的主要类型 ·· 137
　二、典型案例分析 ·· 139
第三节　境外经贸合作区的发展特征 ···································· 145
　一、区位分布集中于"一带一路"沿线国家 ······························ 146
　二、产业层次较低,以加工制造型为主 ···································· 147
　三、以民营企业为主,市场参与度高 ······································· 149
　四、政策支持力度大,各方合作意向高 ···································· 149
第四节　现阶段境外经贸合作区发展存在的主要问题 ············· 151
　一、区位分布不合理,投资风险增加 ······································· 151
　二、主导产业定位不够明晰,产业发展方式较为粗放 ················· 153
　三、企业融资和引进人才的难度大 ··· 154
　四、投入成本高,盈利能力低 ·· 154
第五节　促进境外经贸合作区高质量发展的政策建议 ············· 155
　一、细化前期规划,强化考核机制 ·· 155
　二、推进产业优化升级,提高盈利能力 ···································· 156
　三、解决"融资""引才"难题,加大发展动能 ························· 157
　四、降低投资风险,优化发展环境 ·· 158

第十章　中国跨国公司在海外的发展现状分析 ······················ 159
第一节　中国企业对外直接投资总体情况 ······························ 159
　一、中国对外直接投资总体情况 ·· 159
　二、中国企业对外直接投资的主要增长点 ································ 160
第二节　中国跨国公司发展现状分析 ···································· 162

一、总体发展状况 ………………………………………… 162
　　二、总体经营状况 ………………………………………… 163
　　三、高端要素控制 ………………………………………… 167
　第三节　中国跨国公司国际化发展趋势 ……………………… 173
　　一、全球跨国公司国际化总体趋势 ……………………… 173
　　二、中国跨国公司国际化发展趋势 ……………………… 174

主要参考文献 ………………………………………………… 178
后记 …………………………………………………………… 183

第一章
制度型开放与中国对外投资的国际环境

2021年是中国加入世界贸易组织（WTO）20周年。自2001年中国加入世界贸易组织以来，中国的对外开放取得了一系列重大成就，也从商品和要素流动型开放逐渐迈向规则等制度型开放，中国对外开放进入了新的阶段。新冠肺炎疫情暴发以后，全球投资贸易受到重创，中国对外投资的国际经济环境出现了新的变化。

第一节 从商品和要素流动型开放到制度型开放：历史演变与政策实践

改革开放40多年以来，中国在对外开放的每一个阶段，都不断根据经济发展的实际情况以及当时的国内外环境进行对外投资的战略和政策调整，并通过制度创新不断完善相关的政策实践，取得了丰硕的成果。

一、从商品和要素流动型开放走向制度型开放的历史演变

从历史纵向来看，中国的对外开放已经历了商品和要素流动型开放阶段（1978—2013年）、从商品和要素流动型开放向制度型开放过渡阶段（2013—2018年）、制度型开放阶段（2018年至今）这三个阶段，目前正处于第三阶段的初期。但是，即使在第一阶段，也并非完全没有规则、制度开放的萌芽。以2001年加入WTO"入世"为分界线，中国从被动接受到主动对接国际经贸规则，逐步实现了商品和要素流动的全面对外开放。

加入世界贸易组织20年，中国不仅在贸易便利化、投资自由化方面取得了巨大的成效，实际吸收外资从2001年的468.8亿美元增长到2020年的1493.4亿美元，外商投资企业货物进出口从2001年的2591亿美元增长到2020年的17976亿美元，关税总水平由2001年的15.3%大幅下调至7.4%；而且在外商投资准入、对标高标准国际经贸规则等方面，也取得了一系列成果。入世20年来，中国修改了《中华人民共和国对外贸易法》《中华

人民共和国中外合资经营企业法修正案》《中华人民共和国中外合作经营企业法修正案》和《中华人民共和国外资企业法修正案》,2020年正式实施《中华人民共和国外商投资法》。

入世20年,中国在参与国际经济事务方面从之前的以接受既定规则为主,逐渐向重要的参与者和引领者转变。例如,自2013年中国提出"一带一路"倡议以来,截至2022年4月19日,中国已经同149个国家和32个国际组织签署200余份共建"一带一路"合作文件。

二、从商品和要素流动型开放走向制度型开放的政策实践

2018年底的中央经济工作会议提出了"要推动由商品和要素流动型开放向规则等制度型开放转变",中国对外开放进入新阶段。2019年10月,中共十九届四中全会提出"建设更高水平开放型经济新体制"。进入制度型开放以后,中国在对接国际经贸规则、积极引领国际经贸规则以及向共建全球经济治理新规则拓展方面取得了新的进展。

首先,在对接国际经贸规则方面。早在2013年,也就是中国从商品和要素流动型开放向制度型开放过渡阶段的第一年,中国就已经开始探索外商投资管理制度改革。《中国(上海)自由贸易试验区外商投资准入特别管理措施(负面清单)(2013年)》包括190条管理措施,其中限制类74条,禁止类38条。7年后的2020年,中国发布《外商投资准入特别管理措施(负面清单)(2020年版)》和《自由贸易试验区外商投资准入特别管理措施(负面清单)(2020年版)》。其中,全国外商投资准入负面清单减至33条,自由贸易试验区外商投资准入负面清单减至30条。同时,2020年发布的《海南自由贸易港外商投资准入特别管理措施(负面清单)(2020年版)》,相较于自贸区版负面清单,进一步缩短,仅27条。

其次,在积极引领国际经贸规则方面。"一带一路"倡议通过践行共商、共建、共享原则,使中国与"一带一路"沿线国家共同构建人类命运共同体。以中欧班列为例,在这次新冠肺炎疫情中,全球多地出现物流障碍,但是中欧班列却逆势增长,不仅有利于稳定全球供应链,而且较之空运节约了运输成本,较之海运节约了时间成本,成为贸易便利化的又一范例。截至2022年1月29日,中欧班列累计开行突破5万列、运送货物超455万标箱、货值达2 400亿美元,通达欧洲23个国家180个城市。

最后,在向共建全球经济治理新规则拓展方面。中国积极参与全球气

候治理和全球公共卫生治理,勇于承担国际责任。2020年9月,习近平主席在第75届联合国大会上发表讲话,承诺力争在2030年前实现碳达峰、2060年前实现碳中和。2021年4月,习近平主席在北京以视频方式出席"领导人气候峰会",提出了全球应对气候变化的中国方案。新冠肺炎疫情暴发以后,中国不仅支持WTO关于新冠肺炎疫苗等抗疫物资知识产权豁免提案进入文本磋商阶段,还通过积极参与全球与地区性多边机制,如中国—东盟关于新冠肺炎问题特别外长会议等,为国际合作抗疫做出贡献。

第二节 全球经济治理格局演变与中国的制度型开放

当今世界面临百年未有之大变局,全球经济治理格局发生重大变化。新冠肺炎疫情暴发后,全球生产供应链一度中断,经济全球化的发展遭遇前所未有的困境和障碍。在这种情况下,如果过度依赖国际市场,已经出现割裂的全球大市场将使中国的经济面临不确定性风险。在此背景下,中国提出构建"双循环"新发展格局,以国内大循环为主体,国内国际双循环相互促进的新发展格局来应对全球经济治理格局的重大变化。

一、百年未有之大变局:全球经济治理格局发生重大变化

百年未有之大变局下,全球经济治理的格局呈现出一系列新的特征,主要包括以下几个方面。

(一)全球经济治理的机制正在从一中心向多元化转变

2008年的次贷危机在全球经济治理的发展中具有举足轻重的影响。与以往的历次危机不同,这次危机首先是在美国(发达国家)爆发,然后逐渐蔓延到欧洲和新兴经济体,因此,相对于新兴经济体而言,这一首先在发达国家爆发的危机对之后发达国家和新兴经济体在全球经济治理中的地位产生了巨大影响。次贷危机爆发以后,世界经济遭受重创,全球陷入长期的经济衰退之中。特别是发达国家在全球经济治理中的地位有所下降,新兴经济体的地位逐渐上升,全球经济治理从过去的一中心(以美国为中心的单边治理)逐渐向以美国为首的西方世界主导和新兴经济体及其他发展中国家共同参与的多边治理的多元化趋势转变,新兴经济体如中国在全球经济治理中的地位和话语权上升。

（二）全球经济治理的范围从传统领域向新兴领域拓展

国际货币基金组织、世界银行和世界贸易组织是第二次世界大战以后全球经济治理的三大支柱，分别对于全球经济治理的主要领域如金融、贸易和投资进行管辖。随着经济全球化的迅猛发展，全球经济治理的范围已经逐渐从传统的投资贸易金融领域向全球气候治理、全球公共卫生治理（尤其是新冠肺炎疫情暴发并在全球蔓延之后）、数字经济治理等新兴领域拓展，对于全球生态和可持续发展的关注也让全球更多的目光关注到绿色金融等发展领域。

（三）全球经济治理的规制开始从国际向国内延伸

经济全球化的发展特别是跨国公司在全球的投资使得国际经济和国内经济更紧密地联系在一起，相互渗透。由于在很多国家实施的是国际法优于国内法的原则，在很多司法实践中，已经将全球经济治理的部分内容延伸到国内，并加以实践。例如外资的国家安全审查问题，由于新冠肺炎疫情暴发并在全球迅速蔓延，引发了各国在双向投资上的矛盾，部分国家出于对本国产业和企业的保护，对外商投资开始进行限制。又如中国，双循环新发展格局的提出，进一步推动中国的对外开放从传统的边境开放向境内开放延伸。因此，国际规制与国内规制在很大程度上不再像以前那样是割裂的，而是或多或少呈现出彼此接纳和融合的特征。

（四）全球经济治理的两种模式逐步走向"互动"与"磨合"

长期以来，全球经济治理的特征是以美国为中心的单边治理，之后走向以美国为首的西方世界为主导，西方发达国家在国际经贸规则和国际金融规则的制定中占据了主导地位，这一模式可以说是典型的西方模式。1978年以来，中国在对外开放的过程中，从最初的接受国际通行经贸规则，到主动对接国际经贸规则，一直到2013年提出"一带一路"倡议，开始积极引领国际经贸规则。2018年中国提出了"要推动由商品和要素流动型开放向规则等制度型开放转变"，2020年进一步提出"逐步形成以国内大循环为主体、国内国际双循环相互促进的新发展格局"。制度型开放和双循环新发展格局的提出，为中国以制度型开放参与全球经济治理提供了一种新的可能性，全球经济治理的两种模式逐步走向"互动"与"磨合"。

二、全球经济治理新格局下中国制度型开放的新内涵、新特征

全球经济治理新格局下，中国的制度型开放出现了新的内涵和特征。

主要包括以下几个方面。

（一）接轨高标准的国际经贸规则

新全球政治经济形势要求处于"百年未有之大变局"中的中国，必须与世界同步，接轨高标准的国际经贸规则，以避免与美国和世界的"脱钩"。也就是说，中国必须进一步扩大开放，不仅要开放，而且是与国际接轨的制度型、规则型开放，否则难以保证中国经济的可持续发展。

（二）以制度创新完善体制机制建设

中美第一阶段经贸协议的签署及逐步落实表明中国进一步扩大开放、接轨国际最高标准进行制度型开放的立场。协议的贯彻落实要求中国多层次、多领域的体制机制建设。因此，以制度创新完善体制机制建设将成为"十四五"期间中国制度型开放的主要内容之一。

（三）寻求与其他国家共同的合作空间

中美在制度和战略上长期存在的结构性矛盾涉及政治、经济、科技等各方面，中美之间虽然在很多方面存在竞争关系，但在某些议题上仍存在合作的空间。这就需要中国从"互动"与"磨合"中去解决这些问题，在全球加强抗疫合作，共同应对世界经济增长所受到的冲击中去寻找共同点，通过"参与"＋"引领"全球经贸规则，逐渐向"共建"全球经济治理新规则拓展。

（四）对内改革与对外开放在"双循环"新发展格局下的战略协同

"双循环"新发展格局下的制度型开放将同时具有对内改革与对外开放这两种特征。与商品和要素流动型开放不同，改革是制度型开放在"双循环"新发展格局下的典型特征。同时，中国与美国之间长期存在的结构性矛盾，也意味着中国与以美国为代表的西方发达国家之间共建全球经济治理新规则的过程将是一个长期的过程，不可能在短时间内一蹴而就。

第三节 新冠肺炎疫情后中国对外投资面临的国际经济环境

40多年改革开放取得的巨大成就表明，中国具备制度型开放的基本条件。全球经济治理新格局下中国的对外开放必须从商品和要素流动型开放向规则等制度型开放转变。

一、百年未遇之大疫情:地区差异显著,已现双轨制特征

自从新冠肺炎疫情暴发以来,各国对于疫苗接种以及防疫抗疫的认知和应对措施上的差异,导致不同国家之间在自然人流动方面出现一定障碍,进而产生经济、文化和政治的影响。

同时,疫情影响所导致的生产、贸易的变化,商品流通遇到的困难,不仅使国际贸易和跨国投资受到阻碍,也使得通货膨胀在全球盛行;公共卫生和医疗水平的差异以及发达经济体和新兴经济体之间接种率的高低更是直接影响到不同地区经济增长的表现,部分地区已出现明显的分化现象。

根据2021年10月WTO公布的贸易统计和前瞻报告显示,全球贸易有所反弹但地区之间存在显著差异,一些发展中地区远远落后于全球平均水平。数据表明,2020年,最不发达国家的商品出口降幅低于全球平均水平,但进口降幅高于全球平均水平。特别是中东、南美、非洲地区的出口复苏缓慢,中东、独联体、非洲地区的进口复苏缓慢。

二、新冠肺炎疫情后全球外资政策调整的新趋势

新冠肺炎疫情引发全球公共卫生危机,对次贷危机以来已经陷入衰退的世界经济造成冲击性影响。一是受新冠肺炎疫情影响,全球生产供应链暂时中断,贸易保护主义开始盛行。二是疫情在全球的迅速蔓延引发了各国在双向投资上的矛盾。一方面,2009年以来欧美实施再工业化战略以吸引本国海外企业回流的趋势迅速扩大化,对中国的外资流入产生负面影响。另一方面,部分国家出于对本国产业和企业的保护,对外商投资开始进行限制。特别是对于5G等高科技领域的争夺正在对中美各自的盟友产生压力,这一影响通过生产、贸易、流通等渠道逐渐渗透到其他经济领域,对于中国对外投资产生了一定影响。

（一）美国

2020年5月20日,美国参议院通过一项新的法案《外国公司问责法案》,要求外国公司根据美国证券交易委员会的规定,披露有关外国司法辖区阻止该外国企业向上市公司会计监督委员会提交材料、阻碍其监管的信息。该法案的推出旨在对2002年的《萨班斯-奥克斯利法案》进行修正,最初在2019年3月提交。2020年12月2日获美国众议院表决通过。该法案的实施不利于中国对美国的直接投资。

2021年6月8日,美参议院以68票赞成、32票反对通过《2021年美国创新与竞争法案》(United States Innovation and Competition Act of 2021, USICA)。USICA由6个部分组成,包括:芯片和O-RAN 5G紧急拨款、《无尽前沿法案》《2021年战略竞争法案》《国土安全和政府事务委员会相关条款》《2021年迎接中国挑战法案》以及其他事项。其中,《2021年战略竞争法案》要求美国外国投资委员会审查美国高校某些来自国外的礼物和相关协议,以应对来自中方的影响;《国土安全和政府事务委员会相关条款》第4495节,禁止不可接受的外国主体收购新兴技术企业。

(二)欧盟

鉴于欧盟外资安全审查制度的不健全、不完善以及各国政策不一所形成的碎片化特征,德国、法国、意大利于2017年2月联合向欧盟委员会提交提案,建议构建欧盟层面的外资安全审查机制。2019年3月,欧盟颁布《建立外国直接投资监管框架条例》,拟通过"成员国＋欧委会"的多边、双重机制对投资欧盟国家的外资进行安全审查。该条例于2020年10月11日全面正式实施,对所有欧盟成员国具有直接效力。2020年3月25日,欧盟委员会发布《有关外商直接投资(FDI)和资本自由流动、保护欧盟战略性资产收购指南》。该指南主要针对新冠肺炎疫情下《建立外国直接投资监管框架条例》正式实施之前所可能发生的外国投资者对欧盟战略性资产进行的收购,以避免新冠肺炎疫情所引发的全球公共卫生危机导致欧盟关键资产和技术的损失。从该指南具体内容来看,在新冠肺炎疫情背景下所发生的与医疗相关的企业或产业的并购,包括疫苗研究机构等的外商直接投资,都将受到特别关注,以防欧盟自身医疗保护能力受到影响。2021年5月20日,欧洲议会以高票通过宣布"冻结"中欧投资协定的审议程序。

此外,为了保护能源、交通、通信等战略性领域企业设施和国家资产,意大利政府于2012年通过并实施了"黄金权力"法,规定政府有权干预并阻止外国资本对意大利相关领域的收购行为。2020年,意大利政府动用该法规,阻止了华为参与电信集团Fastweb的5G核心网建设。2021年4月,意大利阻止了中国深圳投资控股收购一家总部位于米兰的半导体设备公司LPE。

(三)其他国家

新冠肺炎疫情暴发后,其他国家也纷纷加强对于外资安全的审查,例如,澳大利亚于2020年3月通过对外国投资审查框架的临时变更政策,将所有外国收购的审批金额门槛降低至零,审查期限从 30 天延长至 6 个月。加拿大于 2020 年 4 月通过关于外资审查和 COVID-19 的政策申明,规定在公共卫生和关键产品或服务供应领域,无论 FDI 价值多少均需要接受审查。日本于 2020 年 5 月颁布《外汇和对外贸易法》修正案,规定外国投资者在获取武器、核能、半导体、铁路和其他领域相关业务的日本上市公司 1% 或以上股权之前,需要事先得到政府批准。印度于 2020 年 4 月 18 日宣布对外国直接投资规则进行修改,规定与印度领土接壤的国家在印度的外国直接投资,需要得到政府批准后才能实施。

全球外资政策的调整及其变化趋势,对于中国对外投资的政策实践提出了更高的要求,中国必须在对外投资的同时,做好必要的风险防范与控制,争取在大踏步"走出去"的同时,以制度型开放积极参与全球经济治理,通过"双循环"新发展格局的构建,助推中国经济平稳健康可持续发展。

第二章
中国对外直接投资——美国篇

十几年来,美国一直是全球最大的外商直接投资流入地。即便中国在2020年超越美国,荣登全球第一大吸引外商直接投资的国家,美国仍旧是中国企业对外直接投资的重要选择目标。然而,在新冠肺炎疫情反复和美国国内外局势动荡等多重负面因素影响下,2020年美国经济增速创下近80年来的新低,且财政赤字和公共债务持续扩大。2021年拜登政府上台后延续了之前的政策路线,持续收紧外国直接投资政策并全面推行外商投资审查机制,严重阻碍了外国企业对美投资业务的开展,也打击了我国企业赴美投资的积极性。本章以阐述美国经济基本面为出发点,归纳了2020年我国对美直接投资的主要特征,梳理了美国外商直接投资政策的主要变化以及部分针对中方企业造成的可能性影响。

第一节 美国经济增长概况

2020年,特立独行的特朗普政府未能有效遏制新冠肺炎疫情,使美国经济受到新冠肺炎疫情的猛烈冲击,出现了近百年未有的经济衰退。2021年拜登政府上台后,实现了新冠疫苗接种率的有效上升。尽管疫情在美国依旧未能得到全面控制,但是在一系列政府财政政策及美联储大规模经济刺激计划的双重影响下,2021年的美国经济实现了较大程度的复苏。

一、经济基本面

主要表现为:2020年经济增速大幅下挫,2021年经济复苏势头强劲。2020年,美国国内生产总值(以下简称GDP)增速同比下降2.2%,剔除价格因素影响,其实质GDP增速同比下降3.4%,创下20世纪50年代以来的新低。2019年,美国现价和不变价的GDP增速则分别为4.1%和2.3%。美国国内52个州在2020年绝大部分都呈现出大幅衰退。其中,夏威夷州、内华达州、康涅狄格州和怀俄明州的实质增速更是分别降低至-10.8%、

7.2%、6.2%和6.0%。仅有南达科他州和犹他州实现了正增长,但增幅均仅为0.1%。2021年,美国经济分析局的统计数据显示,美国GDP增速跃升至10.1%,但扣除价格因素后,实质增速为5.7%。从季度数据可以看出,在经历了2020年经济环比增速的巨幅波动后,2021年各季度的GDP环比增速呈现出稳中上升的态势。2021年的季度GDP环比最高达到3.5%,最低为2.0%,是美国2000年以来最高纪录。即便剔除价格因素,不变价GDP环比增幅最高达到1.7%,最低也达到0.6%。经济表现优于之前增长率普遍低于1.0%的长期表现。

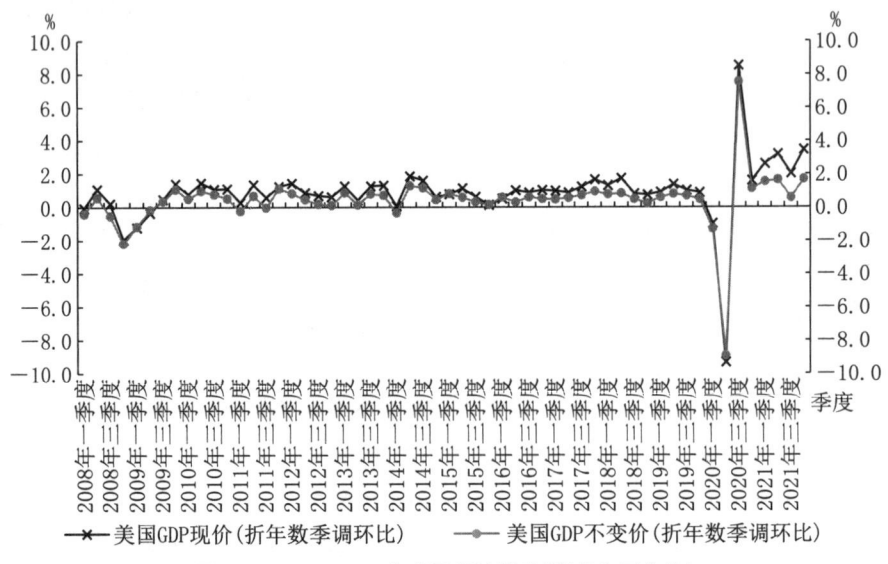

图2-1 2008—2021年美国经济增速(现价和不变价)

• 资料来源:Wind数据库。

(一)从GDP要素构成来看

美国在2020年第一季度和第二季度出现了个人消费支出的大幅下降,是美国经济在当年陷入巨幅下滑的最重要因素。第二季度的贡献率更是达到令人震惊的-7.3个百分点。这主要是因为新冠肺炎疫情的暴发对美国社会经济的正常秩序产生了极大的冲击。尽管其在第三季度和第四季度分别反弹了5.7个百分点和0.57个百分点,但这个长期以来一直驱动美国经济增长的重要因素所表现出的韧性,仍旧不足以抵消第二季度的大幅下滑。同样呈现类似表现的是投资方面。美国私人投资在第二季度下降了3.1个百分点。所幸第三季度和第四季度的反弹分别实现了2.5个和1.0个百分点,显现出更为强劲的韧性。贸易差额的贡献在上下半年由正转负,第三季度贡献率降至-1.3个百分点。政府消费支出和投资的贡献较小,同样也是由正转负。这不但体现出特朗普政府的单极主义和中美"脱钩"行为造成美国自身外贸的困局,还体现出美国国内社会撕裂导致的行政效率低下。2021年的数据则显示,拜登政府延续前任政府中美"脱钩"政策后,贸易差额的贡献并未得到显著改善,仍旧为负值。支撑美国经济增长的要素在上半年主要为个人消费支出,贡献率接近2个百分点,下半年则主要为私人投资。

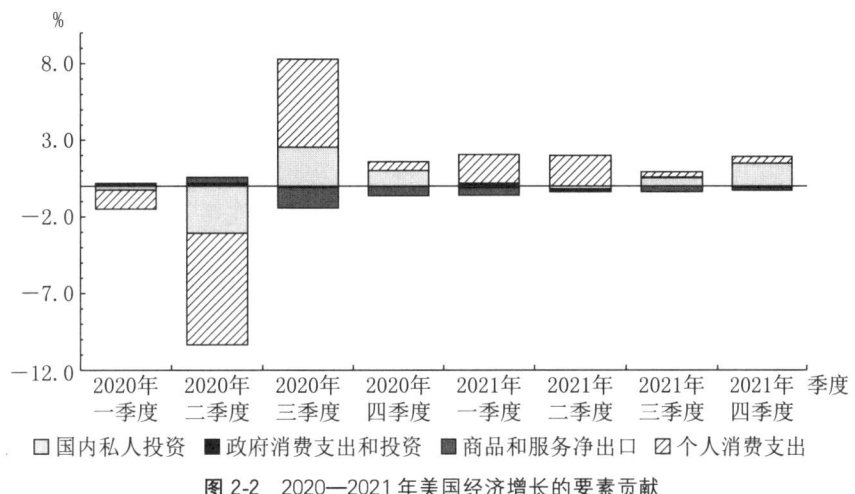

图 2-2 2020—2021 年美国经济增长的要素贡献

• 资料来源:Wind 数据库。

(二)从就业情况来看

2020年一季度,美国就业规模超过1.5亿人。但新冠肺炎疫情导致二季度就业规模快速下滑至1.4亿人以下,降幅约0.6%。随后,美国就业规模平缓恢复至1.5亿人。2021年的美国就业市场规模并未受到新冠肺炎疫情的影响,在2020年的基础上稳步增长,从1.5亿人逐渐增长至近1.6亿人,但始终未能突破新冠肺炎疫情前的就业规模纪录。失业数据也表现出相似的情形。从下图可以看出,美国失业率在2020年4月飙升至14.7%,较2020年一季度4%的失业率上升了10.7个百分点。虽然失业率在第二季度快速下降,但整体仍旧高于10%。随后,美国的失业率呈现出稳步下降的态势,并逐渐稳定在6%的水平以上。2021年后,失业率再次缓慢下降,但仍旧高于4%的水平。失业率的稳步下降离不开新冠疫苗接种率的提高。还有研究和报道认为,高福利的失业救济降低了劳动力的工作意愿,而美疫苗接种中存在着种族、性别、职业等方面的不均,这些都造成劳动人口规模的萎缩,也是失业率的数值下降的部分解释原因。

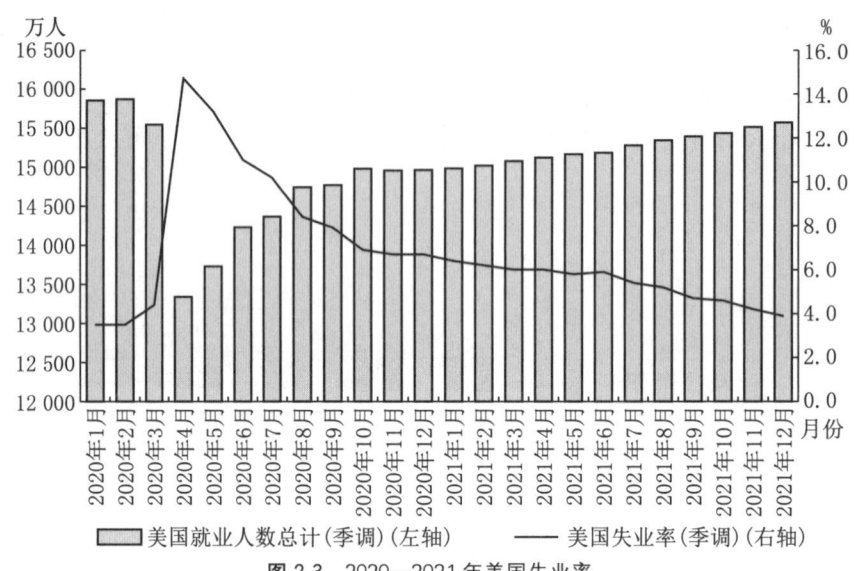

图 2-3　2020—2021 年美国失业率

• 资料来源:Wind 数据库。

在失业率上升的情况下,美国的职位空缺规模也呈现出极高的增速。从图 2-4 可以看出,美国在经历了 2020 年第二季度的大幅职位空缺回落后,第四季度就已经快速恢复至早前的职位空缺水平,且在 2021 年继续快速提高。除了公共部门外,私人部门出现了不同程度的职位空缺规模的大幅波动。例如,制造业在 2020 年 8 月结束职位空缺规模下降的情况后,出现快速扩大的情况,并一度在 2021 年 3 月至 7 月保持了同比 100% 的增幅。其中最大增幅达到 184.5%。休闲住宿业也在 2021 年 3 月开启持续高速职位空缺规模的扩大,并在同年 4 月达到惊人的 257.4% 的增幅。从各部门的规模看,贸易运输和公用事业、专业和商业服务、教育和保健服务、休闲住宿业是美国当前职位空缺最主要的来源。截至 2021 年底,上述四个部门的职位空缺规模均达到近 200 万人。

(三)从通货膨胀来看

美国在应对疫情过程中采取了宽松的货币政策和积极的财政政策,为本土的通货膨胀创造了有利的空间。美国 2020 年的消费者价格指数(以下

第二章　中国对外直接投资——美国篇 | 13

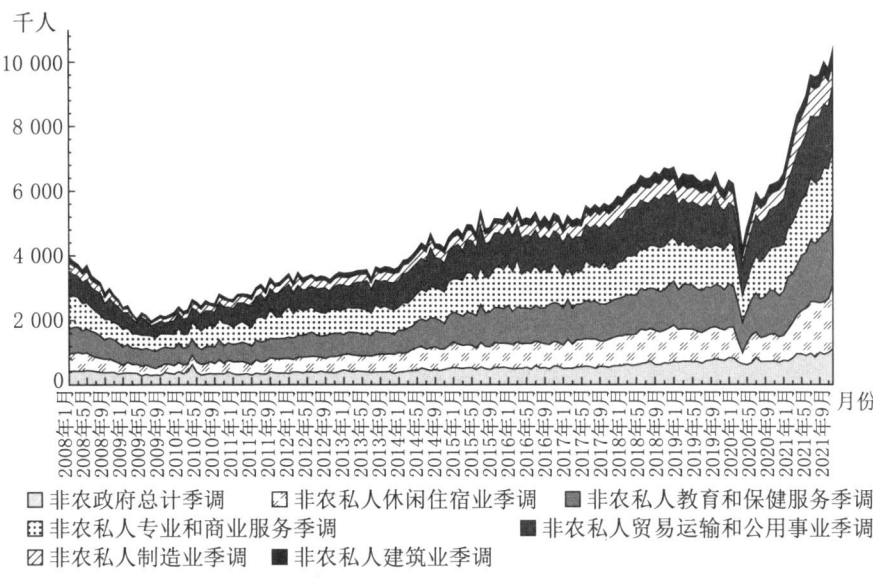

图 2-4　2008—2021 年美国各部门职位空缺数

• 资料来源：Wind 数据库。

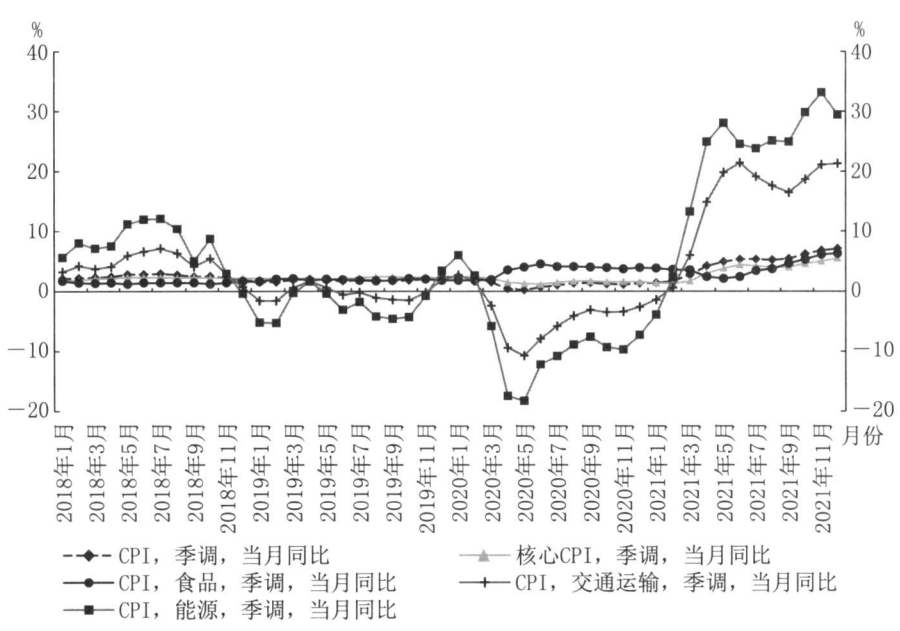

图 2-5　2018—2021 年美国的消费者价格指数同比增幅

• 资料来源：Wind 数据库。

简称CPI)的同比增幅基本稳定在1.0%至2.5%的区间,只有第二季度低于1%。其通胀水平高于2019年,同2018年十分接近。其核心CPI则在2%上下的区间,十分接近美联储预设的货币政策目标。其中,能源和交通运输的CPI出现了较大程度的下降,一方面是因为全球能源价格的下降走势,另一方面则是受到疫情对北美跨境贸易的负面冲击。2021年第二季度后,美国的CPI同比增幅连续攀升,在12月达到了惊人的7.1%。核心CPI也达到了5.5%。能源、交通运输和食品的CPI都呈现走高的态势。能源CPI更是一度达到33.1%。

生产者价格指数(以下简称PPI)也具有相似的表现。从下图可以看出,2020年初绝大多数部门在经历小幅下降后,在2021年实现了持续且快速的攀升。

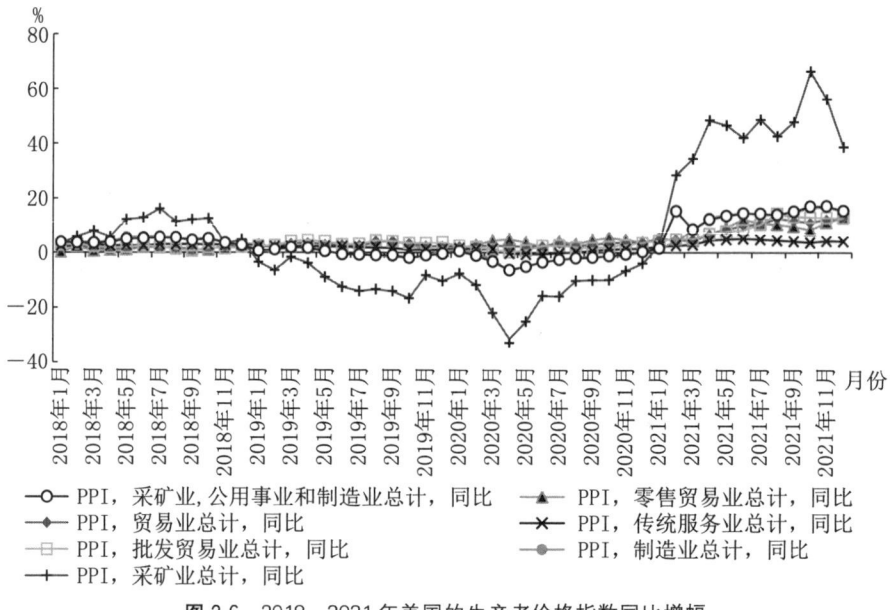

图2-6　2018—2021年美国的生产者价格指数同比增幅

• 资料来源:Wind数据库。

(四)从国际贸易看

2020年和2021年美国对外商品和服务的出口规模分别约为21.3万亿美元(同比下降15.6%)和25.3万亿美元(同比增长18.7%)。其中商品出口总额约为14.3万亿美元(同比下降13.5%)和17.6万亿美元(同比增长

23.3%);服务出口总额约为 7.1 万亿美元(同比下降 19.5%)和 7.7 万亿美元(同比增长 9.3%)。美国对外商品和服务贸易的进口规模分别约为 28.1 万亿美元(同比下降 9.5%)和 33.9 万亿美元(同比增长 20.8%)。其中,商品进口总额约为 23.5 万亿美元(同比下降 6.5%)和 28.5 万亿美元(同比增长 21.4%);服务进口总额约为 4.6 万亿美元(同比下降 22.1%)和 5.4 万亿美元(同比增长 17.6%)。也就是说,2020 年和 2021 年美国对外整体贸易平衡仍旧为巨额贸易逆差,分别达到约 6.8 万亿美元(较 2019 年扩大 1.0 万亿美元)和 8.6 万亿美元(扩大 1.8 万亿美元)。其中,美国商品对外贸易逆差从 2020 年的 9.2 万亿美元进一步扩大至 2021 年的 10.9 万亿美元;服务对外贸易顺差则从 2.5 万亿美元缩小至 2.3 万亿美元。根据 WTO 数据显示,2020 年美国的商品出口规模位居全球第二,服务出口规模居全球第一,商品以及服务的进口规模均为全球第一。

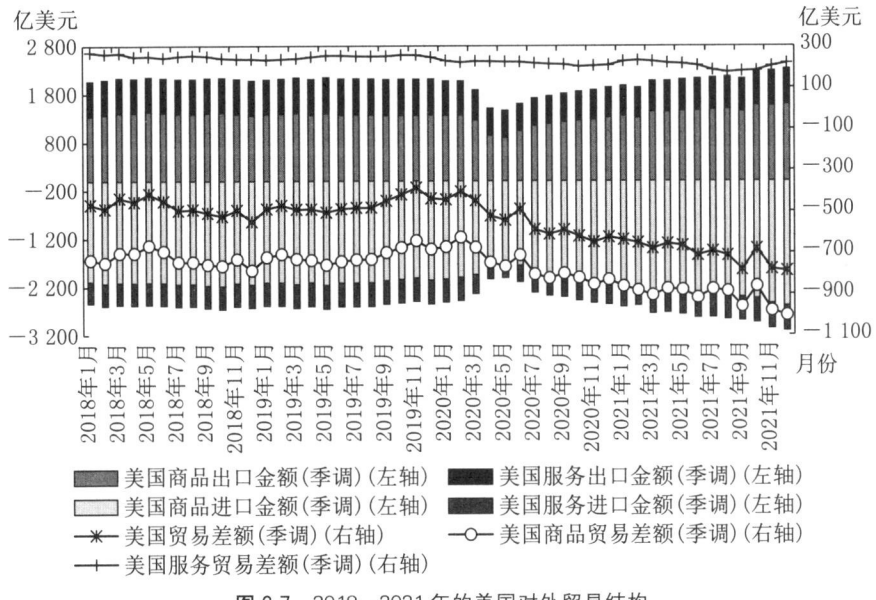

图 2-7　2018—2021 年的美国对外贸易结构

• 资料来源:Wind 数据库。

美国前五大主要货物贸易伙伴基本保持稳定。从出口结构看,2020 年加拿大、欧盟和墨西哥是美国前三大出口目的地,中国和日本分别位列第四和第五。在《美墨加三国协议》(USMCA)的加持下,2021 年加拿大和墨西哥成为美国前两位出口伙伴,欧盟占比略有下降,虽占比超过15%,但是增幅远低于墨西哥。中国和日本的占比则略微下降。从进口结构看,2020年中国、欧盟、墨西哥和加拿大是美国前四大进口来源地,日本位列第五。2021年,前五大进口来源地中,除加拿大占比提高外,其他均出现略微下降的情况。对于中国而言,在美国两届政府保持当前的对华政策的情况下,中国在美国重要的贸易地位仍旧无法替代。即便中国进口和出口的份额都出现了小幅下滑,但是中国仍旧是美国极为重要的进口来源地和出口目的地。而且,中国也始终是美国最大的贸易逆差来源地。其中,2020年美国对华贸易逆差为3 097.5亿美元,较2019年缩小336.2亿美元,但是2021年贸易逆差达到3 546.0亿美元,扩大了448.5亿美元。由此可见,美国对中国进口产品征收惩罚性关税的行径,不仅违反世界贸易组织的有关规定,而且在实质上无法达到中美"脱钩"的目的。

表2-1 2020—2021年美国主要货物贸易伙伴

经济体	出口 排名 2020年	出口 比重 2020年	出口 排名 2021年	出口 比重 2021年	经济体	进口 排名 2020年	进口 比重 2020年	进口 排名 2021年	进口 比重 2021年
加拿大	1	17.9%	1	17.5%	中国	1	30.4%	1	28.8%
墨西哥	3	14.8%	2	15.7%	欧盟	2	29.2%	2	28.0%
欧盟	2	16.2%	3	15.5%	墨西哥	3	23.1%	3	22.2%
中国	4	8.8%	4	8.6%	加拿大	4	19.3%	4	20.7%
日本	5	4.5%	5	4.3%	日本	5	8.4%	5	7.7%
英国	6	4.1%	7	3.5%	越南	6	5.6%	6	5.8%
韩国	7	3.6%	6	3.8%	韩国	7	5.4%	7	5.5%
巴西	8	2.4%	8	2.7%	中国台湾	8	4.2%	8	4.4%
印度	10	1.9%	9	2.3%	印度	9	3.6%	9	4.2%
中国台湾	9	2.1%	10	2.1%	英国	10	3.5%	10	3.2%

• 资料来源:美国经济分析局,2022。

二、宏观经济政策

(一)从产业政策来看

美国政府已无意对本国的产业政策再行掩饰。中美经济和科技实力差距的缩小，迫使标榜自由主义经济的美国政府转变以往对产业政策嗤之以鼻的态度，大张旗鼓地推出具有保护主义意味的产业政策，并冠以"保护美国竞争力"等名义。2020年至2021年正值美国大选，但两党摒弃争议，出台了一系列产业范围宽泛、扶持力度极大的产业政策。这些政策旨在确保美国在诸多尖端科技领域全面领先。2021年6月，美国参议院通过了《2021年美国创新与竞争法案》。其在《无尽前沿法案》的基础上，纳入了《芯片和开放式无线电接入网(O-RAN)5G紧急拨款》《2021年战略竞争法案》《确保美国未来法案》等其他法案，被称为美国有史以来最全面的产业政策。根据该法案，美国将在未来5年内对科学研究和发展投入2500亿美元，特别是半导体制造、量子计算、网络安全和人工智能、机器人技术、无人机、生物医学、先进通信、先进能源、航天存储技术等诸多全球尖端技术产业领域。其中，《无尽前沿法案》提出加速技术商业化的机制，而且明确了为10个关键技术领域[①]的科研提供1000亿美元的支持。《芯片和开放式无线电接入网(O-RAN)5G紧急拨款》则在美财政部内设立扶持美半导体的基金，并于2022年至2026年间，为美本土半导体、微芯片和电信设备的研发和生产提供540亿美元财政拨款。《确保美国未来法案》则提出"推进美国制造"，加强美国本土制造业。

（二）从货币政策来看

美联储尝试退出超常规货币政策，但是为应对新冠肺炎疫情对美国造成的严重冲击，不得不重新启动零利率和无限量化宽松政策，以期应对经济冲击和稳定物价水平。早前维持基准利率不变的美联储，在2020年3月3日和15日两次宣布紧急调低基准利率，分别调低50个基点和100个基点，不断刷新历史最大降幅。自此，美国联邦目标利率区间维持在0—0.25%的"零利率"水平。美联储在宣布零利率的同时，还宣布正式重新启动7000亿美元的量化宽松，取消银行准备金率要求，并在3月23日宣布启动无上限的量化宽松。为提高政策效率，美联储推出针对居民、企业和政府等实体部门的三类信贷支持工具，包括外汇稳定基金注入资本金的工具、一级交易

---

① 10个关键技术领域包括：人工智能、机器学习、自动驾驶等相关技术；高性能计算、半导体和先进的计算机软硬件；量子信息科学和技术；机器人技术、自动化和先进制造业；自然和人为灾害的预防或缓解；先进的通信技术和沉浸式技术；生物技术、医疗技术、基因组学和合成生物学；数据存储、数据管理、分布式账本技术和网络安全，包括生物识别技术；先进能源、工业效率技术，包括电池，以及先进的核技术，包括用于发电的技术；尖端材料科学，包括复合材料和二维材料。

商信贷工具(PDCF)和工资保障计划流动性贷款(PPPLF)两类无须财政补助资金的项目以及专项拨款作资本金的项目。另一方面,美联储在2020年8月对货币政策目标框架做出重要调整,调整为以平均通胀目标作为目标,显示其将保护就业作为更优先的考虑。美联储于2020年8月调整货币政策目标框架,将2020年美联储的总资产扩张了76.8%,远高于欧洲央行49.5%和日本央行22.6%的扩张步伐。可以看出,在超常规货币政策的影响下,美联储资产规模快速扩张,货币规模大幅增长,通货膨胀问题逐渐凸显。这使得美联储在2021年下半年一再释放出控制通胀的"鹰派"信号。

(三)从财税政策来看

新冠肺炎疫情暴发后,美国政府采取了一系列大规模财政刺激政策,力图抵御疫情对经济增长和就业造成的巨大负面冲击。2020年3月至12月,特朗普政府前后推出六轮财政救助,签署了《冠状病毒防备和响应补充拨款法案》《家庭有限冠状病毒应对法案》《冠状病毒援助、救济和经济安全法案》《薪资保护计划与优化医疗保健法案》和2021年《综合拨款法案》中的冠状病毒救济和政府资助法案五项抗疫纾困法案。美国2020年财政救助以中小企业和居民为重点救助对象,主要包括针对居民的失业救济金补贴、针对医疗体系的资金补助和针对实体企业的税费减免、递延和贷款/担保。据统计,2020年美国六轮财政援助规模达到惊人的3.4万亿美元,但这也导致美国政府赤字不断创出新高。2021年拜登政府上台后,以其"重建美好"(Build Back Better)的竞选纲领,先后出台了《美国救援计划》《美国就业计划》《美国家庭计划》和《基础设施投资和就业法案》等财政政策。其中,3月11日拜登政府签署的《美国救援计划》为1.9万亿美元财政规模的抗疫救济计划。3月31日拜登签署的《美国就业计划》通过政府增加电动汽车、清洁能源等新兴领域和传统的基础设施建设和研发投资,达到促进本土就业的目的,其规模达到2.3万亿美元。美财政部于4月11日发布了配套的《美国制造税收计划》,主要包括提高联邦政府的公司所得税税率、设置公司账面收入征收最低税、修改跨国公司的海外利润税率、取消国外衍生的无形资产收入抵扣以及取消化石燃料的税收补贴,满足《美国就业计划》的资金需求。4月28日,拜登政府签署了1.8万亿美元的《美国家庭计划》,对儿童、学生和家庭进行补贴。与之配套的是提高针对富人群体的税收,包括上调100万美元以上的个人"长期资本利得税"、调整房产继承税等。11月15日,拜登又签署了预算1.2万亿美元的《基础设施投资和就业法案》,主要用于美国家庭用水、互联网、路桥、铁路、机场港口、电动车充电器网络、电力基础设施等八大公共基础设施的建设和投资补贴,促进本土就业增长。此外,为应对数字经济发展对国际税收政策带来的挑战以及发展中国家中较为普遍的减税竞争等问题,美国说服七国集团(G7),积极推动全球性最低税率。在二十国集团(G20)峰会中,美国也积极主导推动税基侵蚀与利润转移行动计划的研究。2021年5月,美财政部在G20和OECD会议上提议,为跨国企业全球利润设定最低15%的企业所得税,以推动国际税收体制改革谈判。同年7月,130个税收管辖区就OECD/G20主导的税基侵蚀和利润转移包容性框架的国际税收改革方案达成一致。美国财政部是该方案的重要支持者和推动者,特别希望以此提高美本土企业将业务转移至海外的成本。

（四）从经济安全政策来看

新冠肺炎疫情暴发后美国发现抗疫医疗物资高度依赖海外市场以及全球芯片产业高度依赖亚洲产业链,上述窘境不仅未能打消美国"中美脱钩"的战略思维,反而加深了美国对本土经济安全的焦虑。为此,美国的经济安全政策主要包括制造业回流、产业链管控、限制中资在内的特定外资企业投融资以及各种形式打压特定外资企业。在制造业回流方面,美国政府不仅善用"购买美国货"的保护主义手段,还利用产业政策和税改吸引制造业回流。2020年8月6日,美政府签发《确保基本药物、应急医疗产品和关键原料在美国制造的行政令》,限制联邦机构从海外采购医疗物资。在产业链管控方面,美国利用单边主义措施加强美国在芯片等尖端产业链的管控能力。2021年6月8日,美国白宫发布《构建弹性供应链、振兴美国制造及促进广泛增长》报告,对美国在半导体、大容量电池、关键矿物与材料、医药4种关键产品供应链进行评估,并提出对应政策建议。2021年9月,美商务部以协助解决全球缺芯瓶颈问题的名义发起了《半导体供应链风险公开征求意见》,强制要求台积电、英飞凌等全球半导体企业在11月8日前提交芯片供应链信息,引发各界对美国这种可能严重侵害外资企业商业机密等权益的行为表示担忧。在限制外资企业投融资方面,2020年8月6日,美方发布《保护美国投资者免遭中资企业巨大风险的报告》,建议在中资上市企业的审计底稿要求、券商信息披露、资金来源等方面制定更高要求。2021年12月2日,美国会众议院通过了《外国公司问责法案》,该法案对在美上市企业提出了额外的信息披露要求。在打压外资企业方面,在不断延长针对特定公司的各种限制措施和扩大黑名单企业列表外,美时任总统特朗普在2020

年4月签发行政令，正式成立美国电信服务业外国参与度评估委员会，以"国家安全和执法问题"的角度，对外国实体收购美国电信资产的活动进行审查。该委员会被要求向美联邦通信委员会（FCC）提出建议，包括对外国许可证作出驳回、否决、限制和撤销。这导致FCC在2021年10月以"国家安全"为由撤销部分外资分公司在美运营的授权。此外，2020年4月，美国商务部宣布以防止特定国家出于军事目的获取美方科技为由，对出口管制的法规进行调整，实质造成军民两用的终端产品范围进一步扩大以及相关产品出口许可的废除。在技术和产品封锁的基础上，美方政府还对科技人才交流做出种种限制或惩罚措施。此外，特朗普政府还签署大量行政令，对诸多外资企业开发的应用软件做出不实指控和市场准入或运营限制措施。

（五）从经济表现预期看

新冠肺炎疫情致死率下降以及新冠疫苗接种普及率不断提升后，美国率先放宽防疫标准和恢复经济活动，美国经济逐步重返正轨。尽管存在较大的通货膨胀压力，在美国积极财政政策和宽松货币政策的双重利好下，2021年美国经济表现较2020年强势反弹，经济增速和失业率都出现回稳态势。根据国际货币基金组织2022年4月的预测，拜登政府上台后的一系列政策在短期有利于美国经济的整体表现，但存在明显的边际递减效应。从表2-2可以看出，2021年美国GDP增幅达到5.7%，其后几年呈现逐渐滑落的趋势，并从2024年起降至2.0%以下。在美联储将调控目标调整为就业和消费者价格的情况下，其关注就业的优先权高于物价水平，所以2022年的失业率降低至3.5%，而消费者价格指数飙升至7.7%，所幸2023年起失业率稳定在4.0%的水平及以下，CPI将逐渐回归至美联储设定的2%调控目标。同时，拜登政府对中国延续了打压政策，势必造成美对华贸易逆差缩小，进而造成经常账户余额占比的上升。

表2-2　2020—2025年美国经济指标预测　　　　　　　　　　（%）

	2020年	2021年	2022年*	2023年	2024年	2025年
GDP（不变价）	-3.4	5.7	3.7	2.3	1.4	1.7
消费者价格指数	1.2	4.7	7.7	2.9	2.3	2.0
政府赤字占比	-10.4	-8.0	-5.3	-4.6	-4.7	-5.2
经常账户余额占比	-2.9	-3.5	-3.5	-3.2	-2.8	-2.5
失业率	8.1	5.4	3.5	3.5	3.9	4.0

- ＊2022年及后续年份的数据为IMF的预测值。
- 资料来源：IMF, "World Economic Outlook Database", https://www.imf.org/en/Publications/WEO/Issues/2022/07/26/world-economic-outlook-update-july-2022, [2022-8-30]。

第二节　中国对美国直接投资的基本情况

2020年,中国对美国的直接投资流量达60.2亿美元,同比增长58.1%,占中国对外直接投资流量总额的3.9%。但是,巨大的增幅无法正确刻画出中国对美直接投资疲软的整体态势。中国对美直接投资流量大幅反弹的情况下,仍较2018年74.8亿美元的规模缩小了近1/5。其主要原因在于中美贸易摩擦的影响以及新冠肺炎疫情的冲击。从直接投资存量角度看,2020年末中国对美国直接投资存量突破800亿美元,占中国对全球直接投资存量的3.1%。在美不断推出限制中国企业投资的背景下,美国在中国对外直接投资结构中的比重不断下降。具体见表2-3。

表2-3　2018—2020年中国对美国直接投资流量和存量　　　　　　（亿美元）

	2018年	2019年	2020年
对美国直接投资流量	74.8	38.1	60.2
增幅	16.4%	−49.1%	58.1%
比重	5.2%	2.8%	3.9%
对美国直接投资存量	755.0	778.0	800.5
比重	4.1%	3.5%	3.1%

- 资料来源:商务部、国家统计局、国家外汇管理局,《2019年度中国对外直接投资统计公报》,中国商务出版社2020年版,第38页;商务部、国家统计局、国家外汇管理局,《2020年度中国对外直接投资统计公报》,中国商务出版社2021年版,第39页。

一、行业分布

（一）从整体行业分布来看

2020年中国对美国直接投资流量的第一大行业是制造业,达到约45.5亿美元,同比增加96.3%,占比达到75.6%,较上年提高了14.7个百分点。批发和零售业、金融业以及信息传输/软件和信息技术服务业位列第二至第四,投资流量分别达到约11.6亿美元、7.6亿美元和6.6亿美元。文化/体育和娱乐业以及住宿和餐饮业为负数,表明这两个行业存在中资企业撤资的情况。其中,文化/体育和娱乐业的撤资规模达到约22.4亿美元。从流量的变化情况看,制造业和金融业是流量增长最大的两大行业,分别较上年增长了约22.3亿美元和13.6亿美元。文化/体育和娱乐业、租赁和商务服务业是流量下降最大的两个行业，分别下降了约 24.8 亿美元和 6.5 亿美元。具体见表 2-4。

表 2-4　2020 年中国对美国直接投资流量的主要行业　　　（万美元）

行　　业	流量	比重(%)	流量变化	比重变化(%)
制造业	455 290	75.6	223 320	14.7
金融业	75 574	12.6	136 393	28.6
信息传输/软件和信息技术服务业	65 513	10.9	85 944	16.3
租赁和商务服务业	4 617	0.8	−65 372	−17.6
批发和零售业	115 943	19.3	51 366	2.3
采矿业	6 576	1.1	−18 981	−5.6
科学研究和技术服务业	39 347	6.5	49 449	9.2
房地产业	8 486	1.4	−6 306	−2.5
文化/体育和娱乐业	−223 939	−37.2	−248 302	−43.6
建筑业	15 235	2.5	−13 443	−5.0
住宿和餐饮业	−17 026	−2.8	−18 092	−3.1
交通运输/仓储和邮政业	26 341	4.4	21 640	3.2
电力/热力/燃气及水生产和供应业	14 860	2.5	14 343	2.4
居民服务/修理和其他服务业	3 003	0.5	3 001	−0.1
农/林/牧/渔业	3 567	0.6	3 349	0.5
其他行业	8 480	1.3	5 111	0.3
合计	601 867	100.0	221 199	0.0

- 资料来源：商务部、国家统计局、国家外汇管理局，《2019 年度中国对外直接投资统计公报》，中国商务出版社 2020 年版，第 38 页；商务部、国家统计局、国家外汇管理局，《2020 年度中国对外直接投资统计公报》，中国商务出版社 2021 年版，第 39 页。

（二）从投资存量的行业分布看

制造业仍然是中国对美投资的最大行业，截至 2020 年，中国对美国直接投资存量达到约 234.2 亿美元，占比 29.3%。其次金融业约为 116.8 亿美元，占比 14.6%；信息传输/软件和信息技术服务业约为 93.1 亿美元，位居第三，占比 11.6%。租赁和商务服务业约 76.8 亿美元，占比 9.6%；批发和零售业约 67.6 亿美元，占比 8.4%；采矿业约 53.5 亿美元，占比 6.7%。具体见表 2-5。

表2-5　2020年中国对美国直接投资存量的主要行业　　　　　　　　（万美元）

行　　业	存量	比重(%)	存量变化	比重变化(%)
制造业	2 341 783	29.3	413 144	4.5
金融业	1 167 915	14.6	−23 891	−0.7
信息传输/软件和信息技术服务业	930 808	11.6	−9 650	−0.5
租赁和商务服务业	767 903	9.6	7 993	−0.2
批发和零售业	675 544	8.4	85 465	0.8
采矿业	535 233	6.7	−38 590	−0.7
科学研究和技术服务业	342 896	4.3	−219 189	−2.9
房地产业	337 308	4.2	−38 370	−0.6
文化/体育和娱乐业	335 647	4.2	−1 049	−0.1
建筑业	203 701	2.5	12 230	0.0
住宿和餐饮业	95 346	1.2	−7 357	−0.1
交通运输/仓储和邮政业	84 538	1.1	27 673	0.4
电力/热力/燃气及水生产和供应业	55 056	0.7	5 299	0.1
居民服务/修理和其他服务业	44 410	0.6	−3 447	0.0
农/林/牧/渔业	38 707	0.5	7 875	0.1
其他行业	47 976	0.5	6 886	−0.1
合计	8 004 771	100	225 021	0.0

- 资料来源：商务部、国家统计局、国家外汇管理局，《2019年度中国对外直接投资统计公报》，中国商务出版社2020年版，第38页；商务部、国家统计局、国家外汇管理局，《2020年度中国对外直接投资统计公报》，中国商务出版社2021年版，第39页。

二、地域分布

从地域分布来看，2020年中国对美FDI投资主要分布在西海岸的加利福尼亚州，FDI流量达到38.1亿美元，占比为24.0%。第二大目的地为东部的宾夕法尼亚州，FDI流量为9.5亿美元，占比6.0%。其他投资目的地相对较小，但主要集中在东部的纽约州、马萨诸塞州、新泽西州和北卡罗来纳州，中部的伊利诺伊州和密苏里州，南部的路易斯安那州、亚拉巴马州和得克萨斯州。这些地区的FDI流量在1亿美元至2亿美元的水平。

三、所有权性质

从所有权性质来看，中国企业对美国的FDI方式存在一定的特征。荣鼎咨询（Rhodium Group, RHG）的美国—中国投资数据库显示，尽管少数控股的FDI总规模为108.2亿美元，占比达到68.1%，但是只有在加利福尼亚州和得克萨斯州的FDI是少数控股型投资为主。在其他绝大多数投资目的地,绝对控股是中国对美投资的主要选择。这主要是因为2020年腾讯集团对华纳音乐公司在文化影视娱乐行业做出了巨额投资,属于少数控股的所有权性质。

四、投资模式

从投资模式看,2016年至2020年间,并购型投资模式在中国对美直接投资中的规模和比重都呈现快速下降。这一方面是因为中国企业"走出去"过程中,通过兼并等方式购买外资优质资产的方式逐渐触发美国等西方保守势力的反弹,认为中资企业的兼并行为有可能造成本土品牌、技术等优质资源的流失。特别是2018年西方陷入经济危机后,使遭受财务冲击的当地企业在面对外资收购时处于被动地位。另一方面,美中经济差距和科技差距的不断缩小,引发美国反华势力的担忧,因而不断以各种议题对华进行打压,进而提高了中资企业并购美资企业的难度和成本。此外,尽管中国对美国投资中,绿地投资的规模呈现逐步下降的趋势,但是其降幅相对较小。在全球对外直接投资整体规模下降以及新冠肺炎疫情冲击的背景下,绿地直接投资可能是未来中国对美国直接投资的潜在增长点。具体见表2-6。

表2-6 2016—2020年中国对美国直接投资存量的主要行业 （亿美元）

年 份	投资总额	绿地投资	比重	并购	比重
2016年	624.7	128.5	20.6%	496.2	79.4%
2017年	509.5	123	24.1%	386.5	75.9%
2018年	205.3	101.3	49.3%	104	50.7%
2019年	193.3	105.2	54.4%	88.1	45.6%
2020年	158.9	84	52.9%	74.9	47.1%

• 资料来源:Hanemann, Thilo, Rosen, Daniel H., Witzke, Mark, Bennion, Steve, Smith, Emma. "Two-Way Street-US-China Investment Trends-2021 Update"[R/OL], May 2021, https://rhg.com/research/twowaystreet-2021/. Accessed August 2022.[2022-8-30]。

第三节 美国对中国投资开放政策的主要变化

正如上文所述,中国企业对美国直接投资的逐渐萎缩,特别是并购模式的快速下滑,部分原因在于美国对中国投资开放政策的变化。首当其冲的是2018年美国对《关于外国人在美国进行特定投资的规定》(以下简称FIRRMA)的修订,即对美国外国投资委员会(简称CFIUS)的职能及其范围作出重要改革。2020年和2021年,美方对其投资开放政策做出进一步修改,增加了中资企业对美直接投资的不确定性。

一、FIRRMA的全面实施及修订

2020年1月13日,美国财政部颁布新法规FIRRMA及《关于外国人在美国进行有关不动产特定交易的规定》,正式宣告FIRRMA的全面实施,并对早前的拟议法规做出部分修订。其中主要的变动包括:增加了新定义的术语、强调了某些条款的特殊性、更改了某些例外情况的门槛以及包含了说明性示例等。具体如下:

CFIUS的管辖权得到实质性扩大:(1)从"控制"型投资扩大至包含关键技术、关键基础设施或敏感个人数据(TID)的非控制性、非被动性投资;(2)建立了适用于某些国家的"例外投资人"这一免除审核豁免的类别;(3)要求强制申报某些外国政府持有"重大利益"的投资及其流程和时限要求;(4)允许所有CFIUS报备通过简要报备的方式进行;(5)进一步定义和/或明确了某些关键术语和/或规定,例如"关键技术""基金例外"以及评估美国国家安全风险的方法;(6)为CFIUS提供了额外处罚选项。新规颁布了单独的规定来涵盖涉及位于美国政府所在地附近的房地产的交易。此外,新规还规定了与澳大利亚、加拿大和英国有实质性联系的"例外投资人"投资交易的例外规定。

二、CFIUS强制申报范围再扩大

2020年9月15日,CFIUS发布最终规则,对强制申报条款的范围和"重大权益"的定义等内容作出修改。该规则于2020年10月15日生效。首先,在申报条款范围上,美国将原有基于北美产业分类体系(NAICS)的审查机制调整为基于美国四个政府部门各自管制条例和产品清单的方式,即由美国国务院《国际武器贸易条例》(ITAR)、美国商务部《出口管理条例》(EAR)、美国能源部管理协助某些外国原子能活动的条例以及核监管委员会管理某些核设备和材料进出口的条例共四个不同职能部门共同搭建起的强制申报条款范围。这样不仅意味着四个部门均被赋予设定管制产品清单的权力,而且还意味着适用申报许可豁免的范围变窄。其次,"关键技术表决权"的定义修改,对企业经营活动中的外国控制权作出明确规定,即企业的一般合伙人、管理人中外国权益在29%或以上,便触发强制申报要求。

此外，2021年11月15日，美国财政部公布提案，拟对FIRRMA做出修订。根据该提案，其修订内容是对"例外国家"和"例外国家的不动产"的认定予以明确。

三、CFIUS改革对中国企业的影响

自2018年正式完成职能改革后，CFIUS被认为从幕后走向幕前，成为美国遏制中国企业对美投资的重要机制。虽然有观点认为，西方发达国家普遍加强外商投资安全审查，而且CFIUS并不会完全针对中国企业的投资。但是，在美国政府当前政策大背景下，CFIUS的改革在实质上构成了中资企业赴美直接投资的拦路虎。其负面影响主要有以下几点：

一是CFIUS审查范围变宽，提高中资投资成本。CFIUS改革后，受理的外国投资范围显著扩大已经成为不争的事实。一方面，CFIUS的审核范围从外资"控制性"投资交易扩大至"非控制性"投资交易，导致审查案件数量的激增。另一方面，CFIUS还被赋予追溯已完成交易的外国直接投资的权力。以北京中长石基信息技术股份有限公司为例，该公司旗下全资子公司于2016年至2018年完成对美国StayNTouch公司的全资收购。但在CFIUS的建议下，特朗普总统于2020年3月6日签发《关于北京中长石基信息技术股份有限公司收购StayNTouch, Inc.的行政命令》，要求该公司在120天内剥离与其收购的酒店运营软件公司StayNTouch相关的所有权益，包括资产、知识产权、技术、管理资料和客户数据、人员和客户合同公司的投资。CFIUS调查认为中资企业的投资将使得美国酒店顾客的数据存在泄露给中方的风险。

二是"国家安全"概念泛化，增加投资不确定性。尽管美方通过添加定义和案例等方式，避免"国家安全"概念过于泛化的问题，但是考虑到其对"国家安全"的定义中依旧存在依赖主管部门非客观标准的问题，所以其对"国家安全"范畴做出界定也并未解决问题。尤其是在其涉华企业案件的经验可以看出，仍旧存在"国家安全"泛化的问题。CFIUS报告也显示，在新冠肺炎疫情导致全球FDI萎缩的背景下，CFIUS在2020年审查的案件数量反而达到了126件，较2019年增加了32件。尤其值得注意的是，2018年至2020年间，中资企业所涉申请的案件数从55件快速下滑至17件。在187件作出审核的案件中，3件并购方主动撤销，29件被CFIUS作出否定判决。

三是存在长臂管辖机制,阻挠中资对外投资。CFIUS 在改革中废除了"非控制性"交易的审查限制门槛,从而摇身一变,成为美国长臂管辖的又一个重要机制。以智路资本收购韩国半导体公司麦格纳(Magnachip)公司为例,该公司前身为 Hynix 半导体公司的系统集成电路业务部门,是韩资在美上市企业。麦格纳的半导体总部和主要工厂均设在韩国。尽管在 2021 年 3 月同智路资本达成最终协议,并获得董事会一致批准,但由于 CFIUS 将"美国企业"界定为从跨州展业的公司扩展到与美国有关系的公司,导致只是在美国设立上市主体、在美上市的韩资企业成为"美国企业",从而阻挠中资企业通过收购海外资产发展半导体产业。

四是多边投资规则缺失,中资企业国民待遇存疑。由于国际投资规则中缺乏与多边贸易体制相匹配的运行体制和机制,美国在 FIRRMA 中设置了实质歧视性规则。2020 年 2 月 13 日,CFIUS 宣布将加拿大和澳大利亚明确为"例外国家",新西兰和英国则被认定为"临时性"的"例外国家",预计将在 2023 年 2 月 13 日正式转正成为"永久性""例外国家"。可以看出,美国在设置例外国家时,将具有盎格鲁-撒克逊血统的国家优先考虑列为"例外国家",在相当程度上构成了歧视性待遇。这种体现种族主义的规则政策,等效于提高其他经济体的投资成本。尤其是对中资企业而言,美国参众议员一再毫无根据地要求 CFIUS 对在美中资企业的投资和运营进行审查,对中资企业对美投资和运营构成了实质上的困阻和歧视。

表 2-7 2020—2021 年部分 CFIUS 审查中资投资案例

日 期	中资企业	外资企业(美企)	行 业	状 态
2020 年 3 月 6 日	中长石基	StayNTouch(是)	酒店运营	剥离业务
2020 年 8 月 14 日	字节跳动	Musical.ly(是)	应用软体	未批准
2021 年 6 月 9 日	智路资本	麦格纳(否)	半导体	未批准
2021 年 11 月 3 日	中国电信	中国电信美洲子公司(否)	通信服务	撤销牌照
2021 年 11 月 30 日	腾讯	Sumo Group(否)	视频游戏	审查中

• 资料来源:作者自制。

第四节 中美第一阶段经贸协议

一、主要内容

2020 年 1 月 15 日,中国和美国签署了《中华人民共和国政府和美利坚合众国政府经济贸易协议》,即《中美第一阶段经贸协议》。该协议的主要内容涉及农业、货币和外汇、金融服务、知识产权、技术转让等领域的市场开放和体制机制改革。同时,该协议包含了双方降低经贸摩擦的承诺。特别重要的是,该协议建立的中美双边争端解决机制,为协议的执行效果带来了高效的促进机制。可以说,在国际政治动荡和经贸摩擦频繁的节点上,该协议具有重要的历史意义,不仅为中美重返正常经贸关系打下了坚实的基础,而且也为全球经贸复苏打上了一剂强心剂。

二、未来前景

《中美第一阶段经贸协议》已经于 2021 年年底到期。根据美方统计,因新冠肺炎疫情、通胀因素、高水平目标以及美远洋运输困局等共同影响,中国自美国采购目标并未达成。尽管目前中国和美国尚未就第二阶段经贸协议进行谈判达成共识,但是在中美双方均未表示中止协议的情况下,双方仍在执行该协议。

第五节 中国对美国投资典型案例

一、海外拓展型投资

凯莱英医药集团(天津)股份有限公司是一家成立于 1998 年的中外合资的上市股份有限公司,是全球领先的医药工艺开发、放大及商业化生产服务(CDMO)企业。该公司在全球拥有八大研发生产基地,合计共 20 家公司,分布在中国天津市、北京市、上海市、江苏省、吉林省、辽宁省,以及美国和英国。其五个医药制造工厂设立在天津市、江苏省、吉林省和辽宁省。该公司于 2016 年 11 月 18 日在深圳交易所主板成功上市。上市后,该公司参与了 617 个创新药的服务项目,已经成为全球第五大创新药原料药 CDMO 企业,也是中国最大商业化阶段化学药物 CDMO 企业。员工规模也从两千余人扩大至超过七千人。公司经营范围为开发、生产、销售高新医药原料及中间体和生物技术产品,制剂研发,以及上述相关技术咨询服务和技术转让。为默沙东、辉瑞、百时美施贵宝、艾伯维、礼来等大中型制药公司提供服务,已形成与国内外制药巨头深度的嵌入式合作关系。

2020 年 12 月,凯莱英发布公告,计划以 500 万美元自有资金在美国波士顿投资设立全资子公司(以下简称"美国研发中心"),主要从事创新药CDMO研发服务及相关高新医药原料的销售。在美国设立研发中心是该公司战略部署的重要环节。此举将加强其与以波士顿为核心的国际创新药产业集群的沟通与合作,完善客户结构,储备创新药项目,全面优化布局创新药研发产业链,扩大该公司的服务客户范围。

二、企业并购型投资

有中信国际集团背景的哈药集团有限公司是一家国有控股的中外合资企业,是全国领先的医药制造和研发企业。哈药集团拥有哈药总厂、哈药三精、哈药六厂、哈药中药二厂、哈药世一堂、哈药生物、哈药三精四厂、哈药三精明水、哈药三精千鹤、哈药三精儿童、哈药疫苗等11家工业企业和哈药人民同泰、哈药营销有限公司2家商业流通企业及1家药物研究院。哈药集团于1988年5月16日成立于黑龙江省哈尔滨市,于1993年6月在上海证券交易所上市,也是全国首家医药行业上市公司。该公司除了医药生产经营外,保健品也是其重要的组成部分。[①]

2020年10月7日,美国保健品GNC(健安喜)破产重组的交易截止日期限,哈药集团作为唯一出价方,耗费7.8亿美元完成对GNC公司的全额收购。其中,5.5亿美元为现金。哈药集团旗下哈药股份在2018年投资约3亿美元,认购了GNC发行的可转换优先股,转股完成后成为持有GNC 40.1%股权的单一最大股东。但GNC利润下降的总体趋势并未完全扭转。2020年6月,GNC公司再次陷入财务危机,负债达到约8.95亿美元。其宣布依据美破产法向法院申请破产重组程序。根据法院裁定,并购交易完成后,GNC将以"新GNC"的名义,成为哈药集团的全资子公司。此项交易为典型的企业并购型投资。[②]

三、风险规避型投资

乐歌人体工学科技有限公司是一家成立于2002年的民营上市股份有限公司。该公司是全国人体工学行业的领先企业,参与国内行业相关标准的起草。乐歌股份总部位于浙江省宁波市。该公司已形成了覆盖智慧家居

[①] 哈药集团官网,http://www.hayao.com/about/about1.html.
[②] Camron, Victoria A.F.. GNC completes sale to Chinese shareholder Harbin[N/OL]. New Hope Network. 2020-October 14. https://www.newhope.com/news/gnc-completes-sale-chinese-shareholder-harbin.

产品和公共海外仓两大成熟产业,形成了市场调研、产品企划、研发设计、供应链管理、生产制造、渠道建设、品牌营销和售后服务的全价值链业务模式。该公司在中国宁波、广西和越南共布局四个制造基地,在中国、美国、德国、英国、日本、越南、菲律宾等地拥有4 000名员工。该公司于2017年12月1日在深圳交易所创业板成功上市。

2020年5月,乐歌股份发布公告,因业务发展需要,拟在美国特拉华州设立全资子公司,注册资本100万美元,主要从事海外仓储物流服务即货物销售。该公司认为,中美贸易摩擦持续存在,美方为扭转贸易逆差势必采取贸易保护主义措施。该公司通过设立子公司的方式,一方面可以实现多地仓储快速物流,为美国客户提供更优质的服务;另一方面,也可以用直接投资的方式应对美国惩罚性关税等措施。

第三章
中国对外直接投资——欧盟篇

本章聚焦中国对欧盟的直接投资研究。受新冠肺炎疫情影响,2020年欧盟经济增速创下新低,且财政赤字和公共债务持续扩大。在此背景之下,欧盟持续收紧外国直接投资政策并全面推行外商投资审查机制,这些举措无疑增加了中国对欧盟投资障碍,也打击了中国企业的积极性。本章以阐述欧盟经济基本面为出发点,归纳了2020年中国对欧盟直接投资的主要特征,梳理了欧盟各国外商直接投资政策的变化以及对中国造成的可能性影响。

第一节 欧盟经济增长概况

2020年,欧盟经济呈现整体性衰退。各成员国经济复苏步伐差异显著,复苏前景各有不同,反映出各成员国疫情传播严峻程度、公共卫生措施严格程度和应对政策力度的不同。从积极一面看,欧盟一揽子复苏计划或将给欧盟经济带来比预期更大的推动力。若欧盟和英国能够达成贸易协议,也将对2021年欧盟经济产生积极影响。

一、宏观经济基本面的简要分析

2020年,欧盟经济增速同比下降了6.2%,欧元区同比下降了6.6%(见表3-1),2019年两个区域分别呈现了1.3%和1.2%的正增长。其中,德国GDP下降5.0%,法国下降8.3%,西班牙下降11.0%,波兰下降2.8%,比利时下降6.2%,唯一收获增长的经济体是爱尔兰,实现了3%的GDP增速。截至2021年第二季度,根据欧盟统计局的数据,欧盟经季调后的GDP环比增速为2.1%,欧元区则为2.2%。若与仍处于疫情时期的2020年第二季度相较,欧盟和欧元区分别增长了13.8%和14.3%,两个区域在2019年第二季度的GDP增速均为-1.2%。这一增长态势略高于美国,美国本季度的环比增速为1.6%,较2019年同期增长了12.2%。从欧盟成员国来看,爱尔兰表现最为亮眼,第二季度环比增速达到6.3%,其次为葡萄牙的4.9%,

拉脱维亚的4.4%和爱沙尼亚的4.3%。但马耳他和克罗地亚均为负增长，分别为-0.5%和-0.2%。

表3-1　2020年欧元区及欧盟GDP增速　　　　　　　　　　（%）

	2020年第一季度	2020年第二季度	2020年第三季度	2020年第四季度	全　年
欧元区	-3.3	-14.6	-4.2	-4.9	-6.6
欧盟	-2.7	-13.8	-4.1	-4.6	-6.2

• 资料来源：Eurostat. GDP up by 2.2% and Employment up by 0.7 in the Euro Area. Eurostat News Release. No.101/2021. 7, September 2021, https://ec. europa. eu/eurostat/documents/2995521/11563259/2-07092021-AP-EN. pdf, ［2022-5-30］。

（一）从GDP要素构成来看

2020年第四季度，欧盟和欧元区的家庭最终消费支出分别下降了2.8%和3.0%，固定资本形成总额分别增长了1.3%和1.6%，出口分别增长了3.7%和3.5%，进口分别增长了4.1%和4.0%。截至2021年第二季度，欧元区和欧盟的家庭最终消费支出分别增长了3.7%和3.5%（第一季度分别为-2.1%和-1.7%），政府最终消费支出均增长了1.2%（第一季度均为-0.5%），固定资本形成总额分别增长了1.1%和1.0%（第一季度分别为-0.2%和0.3%），出口分别增长了2.2%和1.8%（第一季度出口均增长了0.7%），进口分别增长了2.3%和2.2%（第一季度分别为0.4%和0.6%）。见表3-2。在欧元区和欧盟，家庭最终消费支出对GDP增长都有显著的正贡献（分别为1.9个和1.7个百分点），政府最终支出（两个区域均为0.3个百分点）和固定资本形成总额（两个区域均为0.2个百分点）也为正值。贸易差额的贡献接近中性，而欧元区的存货变化略显负贡献，欧盟则为中性。

表3-2　至2021年第二季度欧元区及欧盟各要素增速　　　　（%）

	欧元区			欧盟		
	2020年第四季度	2021年第一季度	2021年第二季度	2020年第四季度	2021年第一季度	2021年第二季度
家庭最终消费支出	-3.0	-2.1	3.7	-2.8	-1.7	3.5
政府最终消费支出	0	-0.5	1.2	0	-0.5	1.2
固定资本形成总额	1.6	-0.2	1.1	1.3	0.3	1.0
进口	4.0	0.4	2.3	4.1	0.6	2.2
出口	3.5	0.7	2.2	3.7	0.7	1.8

• 资料来源：Eurostat. GDP up by 2.2% and Employment up by 0.7 in the Euro Area. Eurostat News Release. No.101/2021. 7, September 2021, https://ec. europa. eu/eurostat/documents/2995521/11563259/2-07092021-AP-EN. pdf, ［2022-5-30］。

（二）从就业情况来看

2020年第四季度，欧盟就业人数达2.06亿人，其中1.579亿人在欧元区，全年欧元区和欧盟的就业人数分别下降了1.6%和1.5%，2019年则为1.2%和1.0%。2020年12月，欧盟的季调失业率为7.5%，较之2019年12月的6.5%上升了1.0%。欧元区的季调失业率为8.3%，较之2019年12月的7.4%上升了0.9%。截至2021年8月，欧盟的季调失业率为6.8%，低于2021年7月的6.9%和2020年8月的7.7%。欧元区的季调失业率为7.5%，低于2021年7月的7.6%和2020年8月的8.6%。欧盟统计局数据进一步显示，欧盟有1 446.9万失业人口，其中1 216.2万在欧元区。与2021年7月相比，欧盟和欧元区的失业人数分别减少了224 000人和261 000人；与2020年8月相比，失业人数分别减少了196.5万人和186.1万人。见表3-3。

表3-3 至2021年8月欧元区和欧盟的失业情况　　　　　　（%）

	欧元区	欧　盟
季调失业率(%)		
2020年12月	8.3	7.5
2021年5月	8.0	7.3
2021年6月	7.8	7.1
2021年7月	7.6	6.9
2021年8月	7.5	6.8
失业人数(千人)		
2020年12月	13 671	16 332
2021年5月	13 156	15 571
2021年6月	12 712	15 050
2021年7月	12 423	14 693
2021年8月	12 162	14 469

- 资料来源：Eurostat. GDP up by 2.2% and Employment up by 0.7 in the Euro Area. Eurostat News Release. No.101/2021. 7, September 2021, https://ec.europa.eu/eurostat/documents/2995521/11563259/2-07092021-AP-EN.pdf, [2022-5-30]。

GDP和就业数据的结合可以估测劳动生产率。2013年至2018年期间，两个区域的劳动生产率增速均在1%左右波动。受新冠肺炎疫情大流行的影响，2021年第二季度欧元区和欧盟的劳动生产率较之上年同期分别增长了12.2%和11.6%。按照生产工时计算，与上年同期相比，欧元区的劳动生产率下降了1.5%，欧盟则增长了0.3%。

(三) 从通货膨胀来看

2020年12月，欧盟通胀率仅为0.3%，2019年同期则为1.6%；欧元区通胀率为-0.3%，2019年同期则为1.3%。通胀率最低的国家依次为：爱尔兰-1.0%，斯洛文尼亚-1.2%，希腊-2.4%。通胀率最高的国家依次为：捷克2.4%，匈牙利2.8%，波兰3.4%。截至2021年9月，欧元区的年通胀率预计为3.4%，高于8月的3.0%。从通胀主要构成来看，预计能源的通胀率在9月已攀顶至17.4%，8月为15.4%。其次是非能源工业品，9月为2.1%，8月为2.6%；食品和烟酒在9月的数据为2.1%，8月则为2.0%；服务业在9月的数据为1.7%，8月为1.1%。具体见表3-4。

表3-4 至2021年9月欧元区的年通胀率及其构成 (%)

	权重(‰)	年通胀率							月通胀率
	2021	2020 9月	2021 4月	2021 5月	2021 6月	2021 7月	2021 8月	2021 9月[1]	2021 9月[1]
所有项目	1 000.0	-0.3	1.6	2.0	1.9	2.2	3.0	3.4	0.5
排除能源之后	905.0	0.5	0.7	0.9	0.8	0.9	1.7	1.9	0.4
排除能源和未加工食品之后	854.5	0.4	0.8	0.9	0.9	0.9	1.6	1.9	0.4
排除能源、食品、烟酒之后	687.4	0.2	0.7	1.0	0.9	0.7	1.6	1.9	0.5
食品、烟酒	217.6	1.8	0.6	0.5	0.5	1.6	2.0	2.1	-0.1
加工食品和烟酒	167.1	1.4	0.9	0.7	0.8	1.5	1.7	1.9	-0.1
未加工食品	50.5	3.1	-0.3		-0.3	1.9	3.0	2.6	0.0
能源	95.0	-8.2	10.4	13.1	12.6	14.3	15.4	17.4	1.3
非能源工业品	269.1	-0.3	0.4	0.7	1.2	0.7	2.6	2.1	2.3
服务业	418.3	0.5	0.9	1.1	0.7	0.9	1.1	1.7	-0.6

- 注1：9月为预测数据。
- 资料来源：Eurostat. GDP up by 2.2% and Employment up by 0.7 in the Euro Area. Eurostat News Release. No.101/2021. 7, September 2021, https://ec.europa.eu/eurostat/documents/2995521/11563259/2-07092021-AP-EN.pdf, [2022-5-30]。

(四) 从国际商品贸易来看

2020年1月至12月，欧盟对外商品出口下降至19 316亿欧元（与2019年同期相比下降9.4%），进口下降至17 143亿欧元（与2019年同期相比下降11.6%）（见表3-5）。全年欧盟录得2 173亿欧元盈余，而2019年为1 915亿欧元。2020年1月至12月，欧盟内部贸易降至28 417亿欧元，与2019年同期相比下降了7.5%。2020年，中国是欧盟的主要合作伙伴，缘于中国对欧盟的进口增加了5.6%，欧盟对中国的出口提高了2.2%。与此同时，与美贸易均出现了显著下降，进出口分别下跌了13.2%和8.2%。2021

年 8 月,欧盟对外商品出口额为 1 647 亿欧元,比 2020 年 8 月(1 396 亿欧元)增长 18.0%。来自世界其他地区的进口为 1 698 亿欧元,比 2020 年 8 月的 1 288 亿欧元增长 31.8%。同月,欧盟内部贸易额增至 2 478 亿欧元,与 2020 年 8 月相比增加了 18.9%。2021 年 1 月至 8 月,欧盟商品出口增加至 14 000 亿欧元(与 2020 年 1 月至 8 月相比增长 13.8%),进口增加至 13 066 亿欧元(与 2020 年 1 月至 8 月相比增长 16.7%)。因此,欧盟录得 934 亿欧元盈余,而 2020 年同期为 1 106 亿欧元。

表 3-5 至 2021 年 8 月的欧盟内外贸易情况 (10 亿欧元)

	2020 年 1 月至 12 月		2021 年 8 月		2021 年 1 月至 8 月	
	金额	增速	金额	增速	金额	增速
欧盟商品出口	1 931.6	−9.4%	164.7	18.0%	1 400.0	13.8%
欧盟商品进口	1 714.3	−11.6%	169.8	31.8%	1 306.6	16.7%
欧盟内部贸易	2 841.7	−7.5%	247.8	18.9%	2 187.6	20.6%

- 资料来源:Eurostat. GDP up by 2.2% and Employment up by 0.7 in the Euro Area. Eurostat News Release. No.101/2021. 7, September 2021, https://ec.europa.eu/eurostat/documents/2995521/11563259/2-07092021-AP-EN.pdf,[2022-5-30]。

二、宏观经济政策的简要概括

从产业政策来看,欧盟选择数字经济领域作为产业政策的发力点,以适应当前技术革命和应对自身经济增长面临的挑战。2020 年 2 月,欧盟委员会发布《塑造欧洲数字化未来》的报告,为欧盟数字化战略搭建了总体发展框架。后续相继发布了《欧盟通用数据保护条例》《欧盟数据战略》《人工智能白皮书》《数据治理法案》《数字市场法案》和《数字服务法案》等报告和法律法规,从而构成了欧盟数字化发展战略和规则措施的主体内容,以确保欧盟在产业数字化转型方面处于全球领先地位。同年年底,欧盟通过了"下一代欧盟"复兴计划,将 1.8 万亿欧元中的 37% 投入绿色转型领域,这是欧盟委员会关注的另一个核心议题,也是欧盟实现碳中和目标的基础。2021 年,欧盟发布"全球数字合作战略",并在 G7、WTO 和联合国等平台推广欧盟方案,致力于形成全球使用的数字经济国际标准与规则。

从货币政策来看,新冠肺炎疫情暴发后,全球普遍放松货币政策以应对疫情冲击,欧盟也不例外。2020 年欧盟和欧元区通胀率降至四年多的最低水平,加剧了对新冠肺炎疫情引发通缩螺旋式上升的担忧,欧洲中央银行保持了宽松政策,同时继续推行紧急购债计划。统计显示,截至 2020 年 9 月 4 日,正在实施的规模高达 1.35 万亿欧元的紧急购债计划已经累计完成债券购买 5 123 亿欧元。欧洲新冠疫苗接种速度落后于美国,货币政策退出时间也相应后延,2021 年 6 月,欧央行会议宣布维持主导利率和购债计划不变。7 月,欧央行发布了新的货币政策,主要包括:一是调整中期通胀目标为"对称 2%"(之前为"低于但接近 2%");二是拟将"房价"纳入通胀指标;三是提出关于"气候变化"的行动计划;四是加快欧央行紧急抗疫购债计划(PEPP)下的购债速度,维持资产购买计划至少至 2022 年 3 月。欧央行的新策略旨在进一步消除市场对通胀走高后货币政策可能过快收紧的怀疑,同时调和消费者物价指数(HICP)篮子的调整将可能推升通胀,这意味着客观上欧央行实现 2% 的通胀目标难度可能更低。而将气候变化操作纳入货币政策操作,表明欧盟旨在通过宏观经济政策促进经济绿色转型和碳中和达标。

从财税政策来看,新冠肺炎疫情暴发后,欧盟采取了一系列财政刺激政策恢复区域经济增长。尤其是高达 7 500 亿欧元的欧洲复苏基金将在 2021—2023 年陆续落地。该笔基金中约 3 900 亿欧元将以赠款的形式分配,其余将以贷款的形式提供,以促进成员国的复苏。当然,成员国需要制订承诺改革其经济的国家复苏计划,才可获得相应的资助份额。需要指出的是,进入 2021 年之后,意大利等国与德国就财政政策的走向产生分歧。面对美国等其他经济体实施大规模财政刺激计划的外部环境,以及越来越强烈的改变财政紧缩局面的内部呼声,欧盟的财政政策在后默克尔时代有望出现向扩张的改变。为应对全球经济数字化发展给国际税收政策带来的挑战以及与之相关的单边数字服务税、平衡税等问题,G20 委托经济合作与发展组织(OECD)启动税基侵蚀与利润转移(BEPS)行动计划研究。2019 年,OECD 提出包含两大支柱方案的 BEPS 第二阶段倡议,其中第一支柱重新划分跨国企业全球剩余利润在各税收管辖区之间的征税权,第二支柱解决跨国公司将利润转移至低税或免税地来逃避税收问题,也就是"全球最低企业税率议题"。2021 年 7 月,130 个税收管辖区就 OECD/G20 主导的税基侵蚀和利润转移包容性框架的国际税收改革方案达成一致。该方案将对国际税收制度产生重大影响,其随后也可能对国内税收制度产生连带影响,但毫无疑问,包括欧盟在内的 OECD 各国在引导国际税收规则构建上又前进了一步。

从经济安全政策来看,新冠肺炎疫情暴发以来,欧盟已经表示出掌握"经济主权"的强烈决心,着力推动供应链产业链本地化以提高应急应变能力。为防范产业链过长造成"断链"风险,欧盟督促各成员国加快引导关乎国家安全的战略性产业回流本土,尤其强调要把与公共卫生、关键原材料和重要战略产品相关的产业链或其核心环节回归本土,增强产业链的自主可控性。如2020年6月,德国政府计划投入15亿欧元用于支持本国的动力电池研究和生产,以摆脱对亚洲电池制造商的依赖以及满足欧洲电气化对动力电池持续增长的市场需求。又如2020年5月,法国政府提出"重振法国汽车制造业计划",拟出台80亿欧元重振法国汽车业,其中包括对电动和混合动力汽车制造的补贴,旨在助力法国2025年时每年环保汽车产量可以达到100万辆。

往后看,欧盟和欧元区经济将随着新冠疫苗接种普及率提升而逐渐恢复至新平庸下的增长,而宏观经济政策也将随着GDP、通胀和就业等情况相机抉择。根据国际货币基金组织2021年10月的最新预测,2021年欧盟经济将实现5.2%的增速,具体见表3-6,表中2021年和2022年数据是预测值。

表3-6 2020—2022年欧盟经济指标预测 (%)

国家	实际GDP 2020	实际GDP 2021	实际GDP 2022	消费者价格 2020	消费者价格 2021	消费者价格 2022	经常账户余额[1] 2020	经常账户余额[1] 2021	经常账户余额[1] 2022	失业状况[2] 2020	失业状况[2] 2021	失业状况[2] 2022
欧洲全部	−5.0	5.4	4.1	2.0	4.2	3.6	1.7	2.3	2.3	…	…	…
发达欧洲	−6.5	5.2	4.4	0.4	2.1	1.8	2.0	2.5	2.5	7.0	7.3	7.3
欧元区	−6.3	5.0	4.3	0.3	2.2	1.7	2.2	2.6	2.7	7.9	8.0	8.1
德国	−4.6	3.1	4.6	0.4	2.9	1.6	6.9	6.8	6.9	3.8	3.7	3.6
法国	−8.0	5.8	4.2	0.5	2.0	1.8	−1.9	−1.7	−1.4	8.0	8.1	8.3
意大利	−8.9	5.8	4.2	−0.1	1.7	1.8	3.5	3.7	3.6	9.3	10.3	11.6
发展中欧洲	−2.0	6.0	3.6	5.4	8.4	7.1	0.1	1.6	1.0	—	—	—

- 注:1是指占GDP的比重;2是比例,各国对于失业的定义各有不同。
- 资料来源:International Monetary Fund, *World Economic Outlook*: *Recovery during a Pandemic-Health Concerns, Supply and Price Pressure*, Washington DC, October 2021, https://www.imf.org/en/Publications/WEO/Issues/2021/10/12/world-economic-outlook-october-2021,[2022-5-30]。

第二节 中国对欧盟投资的基本情况

2020年,中国对欧盟的直接投资流量达100.99亿美元,同比增长5.2%,

占流量总额的6.6%。从流向来看,荷兰居首位,流量达49.4亿美元,同比增长26.8%,占对欧盟投资流量的48.9%;其次为瑞典19.3亿美元,同比增长0.7%,占比为19.1%;第三为德国13.8亿美元,同比下降5.7%,占比为13.6%。2020年末,中国对欧盟直接投资存量已达830.16亿美元,占中国对外直接投资存量的3.2%。存量上百亿美元的国家为荷兰、卢森堡、德国和瑞典。其中,对荷兰直接投资存量居首位,达260.4亿美元,占对欧盟投资存量的31.4%;其次为卢森堡160.0亿美元,占比19.3%;德国依旧位列第三,投资额为145.5亿美元,占比17.5%。具体见表3-7。

表3-7　2020年中国对外直接投资流量和存量前20位的欧盟国家　　(亿美元)

中国对欧盟直接投资流量				中国对欧盟直接投资存量			
排序	国家	投资额	占比(%)	排序	国家	投资额	占比(%)
6	荷兰	49.4	48.9	7	荷兰	260.4	31.4
8	瑞典	19.3	19.1	10	卢森堡	160.0	19.3
13	德国	13.8	13.6	11	德国	145.5	17.5
16	瑞士	10.7	10.6	14	瑞典	106.0	12.8

• 资料来源:商务部、国家统计局、国家外汇管理局:《2020年度中国对外直接投资统计公报》,中国商务出版社2021年版。

一、中国对欧盟直接投资的行业分布特征

2020年中国对欧盟直接投资流量的第一大行业是制造业约31.11亿美元,同比下降44.3%,占比30.8%,主要流向瑞典、德国、波兰、法国等国;其次是采矿业约26.59亿美元,同比增长6.3倍,占比26.3%,主要集中于荷兰;信息传输/软件和信息技术服务业位列第三,约17.97亿美元,同比增长121.2%,占比17.8%,主要流向荷兰、德国等国。余下依次为批发和零售业约8.71亿美元,同比增长99%,占比8.6%;租赁和商务服务业约6.91亿美元,占比6.9%;金融业约4.38亿美元,同比下降43.5%,占比4.3%;科学研究和技术服务业约1.41亿美元,同比下降77.9%,占比1.4%;建筑业约0.79亿美元,同比增长9.9%,占比0.8%;交通运输/仓储和邮政业约0.61亿美元,同比增长31.3%,占比0.6%;电力/热力/燃气及水生产和供应业约0.53亿美元,同比增长67.1%,占比0.5%;等等。具体见表3-8。

表 3-8　2020 年中国对欧盟直接投资流量的主要行业　　　　　（万美元）

行　　　业	流量	比重(%)	主要流向
制造业	311 059	30.8	瑞典、德国、波兰、法国、奥地利
采矿业	265 929	26.3	荷兰
信息传输/软件和信息技术服务业	179 687	17.8	荷兰、德国
批发和零售业	87 099	8.6	荷兰、法国、德国、卢森堡
租赁和商务服务业	69 125	6.9	德国、卢森堡、塞浦路斯
金融业	43 773	4.3	卢森堡、意大利、爱尔兰
居民服务/修理和其他服务业	14 820	1.5	卢森堡、德国
科学研究和技术服务业	14 111	1.4	德国、西班牙、意大利
建筑业	7 942	0.8	—
交通运输/仓储和邮政业	6 062	0.6	—
其他行业	5 725	0.6	—
电力/热力/燃气及水生产和供应业	5 273	0.5	
房地产业	2 272	0.2	
住宿和餐饮业	929	0.1	
文化/体育和娱乐业	29	0.0	
农/林/牧/渔业	−3 952	−0.4	
合计	1 009 883	100.0	

• 资料来源：商务部、国家统计局、国家外汇管理局：《2020 年度中国对外直接投资统计公报》，中国商务出版社 2021 年版。

二、中国对欧盟直接投资存量的行业分布特征

制造业仍然处于首位，达到约 287.61 亿美元，占比 34.7%，主要分布于瑞典、德国、荷兰、卢森堡、法国等国；位于第二的采矿业约为 154.31 亿美元，占比 18.6%，主要分布于荷兰、卢森堡、塞浦路斯等国；金融业约为 118.68 亿美元，位居第三，占比 14.3%，主要分布于卢森堡、德国、法国和意大利等国。余下依次为租赁和商务服务业约 76.07 亿美元，占比 9.2%；批发和零售业约 50.27 亿美元，占比 6.1%；信息传输/软件和信息技术服务业约 48.95 亿美元，占比 5.9%；科学研究和技术服务业约 24.37 亿美元，占比 2.9%；电力/热力/燃气及水生产和供应业约 22.12 亿美元，占比 2.7%；等等。具体见表 3-9。

表 3-9　2020 年中国对欧盟直接投资存量的主要行业　　　　　（万美元）

行　　业	存量	比重(%)	主要流向
制造业	2 876 060	34.7	瑞典、德国、荷兰、卢森堡、法国
采矿业	1 543 147	18.6	荷兰、卢森堡、塞浦路斯
金融业	1 186 807	14.3	卢森堡、德国、法国、意大利
租赁和商务服务业	760 672	9.2	卢森堡、德国、捷克、法国、荷兰
批发和零售业	502 712	6.1	法国、卢森堡、德国、荷兰、意大利
信息传输/软件和信息技术服务业	489 469	5.9	荷兰、德国
科学研究和技术服务业	243 679	2.9	卢森堡、德国、瑞典、西班牙、意大利
电力/热力/燃气及水生产和供应业	221 179	2.7	卢森堡、西班牙、德国、意大利
交通运输/仓储和邮政业	127 396	1.5	德国、希腊
住宿和餐饮业	92 450	1.1	瑞典、比利时
农/林/牧/渔业	69 951	0.8	—
文化/体育和娱乐业	60 094	0.7	—
居民服务/修理和其他服务业	52 916	0.6	—
房地产业	43 215	0.5	—
建筑业	19 607	0.2	—
其他行业	12 210	0.2	—
合计	8 301 564	100.0	—

• 资料来源:商务部、国家统计局、国家外汇管理局:《2020 年度中国对外直接投资统计公报》,中国商务出版社 2021 年版。

三、中国对欧盟直接投资的地域分布特征

2020 年中国对欧盟 FDI 的地域分布仍以"三大经济体"——法国、德国和英国为主,占中国对欧盟 FDI 总额的比重从 2019 年的 35% 上升至 52%。"三大经济体"中德国表现最好,占比从 2019 年的 29% 提高到 30%;英国则从 2019 年的 29% 下降至 12%,为近十年来的最低水平。波兰的排名上升至第二位,吸引了创纪录的 8.15 亿欧元的中国投资,其中很大一部分是由于普洛斯收购了古德曼集团在东欧的物流系列服务。该交易促使东欧在 2020 年成为中国投资者的第二大目的地,总计吸引了 15 亿欧元的投资。由于平均交易规模较小,中国对欧洲其他地区的投资分布相对均匀。北欧占比从 2019 年的 53% 下降到 2020 年的 11%,金额近 7.03 亿欧元,但该地区发生了若干重大收购事件,如恒大集团以 3.33 亿欧元收购瑞典国家电动

汽车公司(NEVS AB)的剩余股份。南欧和比利时、荷兰、卢森堡三国所占比重均略有增加,南欧占比达 9.4%,金额约 5.98 亿欧元;比利时、荷兰、卢森堡三国占比为 3.3%,金额达 2.13 亿欧元。

表 3-10　2019—2020 年中国对欧盟 FDI 的地域分布变化　　　　(%)

国家或区域	2019 年	2020 年
法国、德国和英国	35	52
比利时、荷兰和卢森堡	3	3.3
北欧	53	11
南欧	6	9.4
东欧	3	24.3
小计	100	100

• 资料来源:Rhodium Group & MERICS, "Chinese FDI in Europe 2020 Update", MERICS Report, June 2021, https://rhg.com/wp-content/uploads/2021/06/MERICSRhodium-GroupCOFDIUpdate2021.pdf,[2022-5-30]。

四、中国对欧盟直接投资的所有制构成

历史数据显示国有企业是中国对欧盟直接投资的主体,2010 年至 2015 年期间在对欧盟总投资中的占比达 59% 以上。私营部门的比重从 2014 年开始逐步上升,这得益于我国对外直接投资制度的自由化。政府逐步放松了行政管制,加大了鼓励企业投资海外的力度。到 2019 年,国有企业对欧盟直接投资已降至对欧盟直接投资总额的 11%。2020 年,国有企业投资的绝对值保持稳定,总计 12 亿欧元(见表 3-11)。但是私营部门的投资大幅下降至 49%,金额仅为 53 亿欧元,因此国有企业对欧盟直接投资在 2020 年的占比提高到了 18%。代表性的并购交易包括:三峡集团公司以 2.29 亿欧元收购了葡萄牙最大能源公司——葡萄牙电力集团(Electricidade de Portugal,缩写为 EDP)的股份;中国铁建以 2.42 亿欧元收购了西班牙建筑公司 Aldesa;中车株洲以 4 400 万欧元收购了德国沃斯洛机车公司(Vossloh Locomotive)。

表 3-11　2011—2020 年中国对欧盟 FDI 的所有制构成　　　(10 亿欧元)

	国有企业		私营部门	
	金额	占比(%)	金额	占比(%)
2011 年	6.3	83	1.3	17
2012 年	8.4	87	1.3	13
2013 年	3.9	59	2.7	41
2014 年	9.2	63	5.4	37

续表

	国有企业		私营部门	
	金额	占比(%)	金额	占比(%)
2015 年	14.0	67	6.7	33
2016 年	12.9	29	31.2	71
2017 年	21.8	73	8.0	27
2018 年	7.2	40	10.6	60
2019 年	1.2	11	10.5	89
2020 年	1.2	18	5.3	82
合 计	86.1	51	83.0	49

- 资料来源：Rhodium Group & MERICS, "Chinese FDI in Europe 2020 Update", MERICS Report, June 2021, https://rhg.com/wp-content/uploads/2021/06/MERICSRhodium-GroupCOFDIUpdate2021.pdf, [2022-5-30]。

截至 2021 年第一季度，全球并购活动（已完成和进行中）已攀升至 1.08 万亿欧元（约合 1.3 万亿美元），创下了 10 年来的新高。这是缘于各国政府采取宏观刺激政策导致了较低的资本成本。2021 年第一季度，中国的全球海外并购月交易量约为 20 笔单笔交易。在欧盟 27 国和英国，已完成的中国外商直接投资交易金额继续下降，降至近 10 年来最低的季度金额，约 7.07 亿欧元。从月度交易额来看，1 月份为 1.55 亿欧元，2 月份为 7.08 亿欧元，3 月份则反弹至 46 亿欧元，大幅反弹来自高瓴资本拟斥资 37 亿欧元收购飞利浦的家用电器业务。

2021 年初的低投资水平反映了几个因素，这些因素可能会持续到全年，主要包括：一是尽管我国经济迅速复苏，但政府严格的资本管制继续限制着外国直接投资。2020 年以来全球跨境资本流动出现骤然流出和大幅波动的局面，可能存在国际资本通过直接投资方式进入我国境内但并未直接进入实体投资领域的现象。为杜绝外资流入引发的各类风险，我国采取了渐进式解除限制的措施，如小幅提高通过 QDII（合格境内机构投资者）进行境外组合投资的额度等。二是逐步扩大"互联互通"合格股票范围，同意加快香港上市未有盈利的生物科技公司和内地科创板股票在符合特定条件下纳入标的。但并没有采取同步措施来提振对外直接投资，多数监管改革旨在促进资金流入而非流出。随着中国政府将政策重点从刺激转向去杠杆和防范金融风险，许多境外投资者在获取资本方面也受到限制。三是欧盟持续收紧外国直接对欧盟投资政策，欧盟 FDI 筛选框架于 2020 年全面运作。自 2019 年以来，包括法国和意大利在内的 14 个欧盟国家对投资筛选机制进行了审查;德国等其他国家则继续微调其投资政策,这些政策无疑增加了中国对欧投资的障碍,加大了投资难度,也打击了我国企业"走出去"的积极性。

第三节 欧盟对中国投资开放政策的主要变化

2019年3月19日,欧盟议会和欧洲理事会的第2019/452号条例通过了《欧盟外商直接投资审查条例》(以下简称《条例》),《条例》允许欧盟委员会审查(但无权否决)"影响欧盟利益"的特定投资,并向投资涉及的成员国出具无约束力的意见。《条例》同时澄清了成员国在适用本国的审查制度时在不与欧盟法律冲突的前提下可以考虑的问题范围,为该等制度设定了若干共同标准,并确立了成员国和欧委会之间执法合作和信息交换制度。《条例》确立了关于外商对欧盟直接投资的审查框架,于2020年10月10日起生效。实际上,2020年以来欧盟各国就纷纷强化了外资审查机制,一部分原因固然源于《条例》的全面生效,另一部分原因则是新冠肺炎疫情削弱了欧洲战略性企业的整体力量,欧盟各界担忧财大气粗的竞争对手会将并购目标对准这些企业。

一、欧盟针对外资安全审查措施的主要变化

2020年11月,OECD、UNCTAD和WTO联合发布的第24份《二十国集团投资和贸易措施》监测报告显示,各国投资政策中的安全审查措施有增多趋势,与国家安全有关的投资措施成为监测报告中与投资措施、一般性措施、国际投资协定并列的第四类投资措施。[1]在涉及国家安全的投资领域,欧盟的应对措施在全球显然具有代表性,具体而言:

一是外资安全审查的范围和领域进一步拓展。作为欧洲经济的"领头羊"和最开放的国家,德国2020年以来三次强化投资审查机制,旨在加强对卫生医疗领域审查,并允许政府阻止外资并购疫苗、口罩等相关企业。2021年1月,德国政府又宣布了扩大投资筛选规则的计划,拟涵盖人工智能、半导体、自动驾驶和航空航天等高科技领域。法国强化了生物技术领域外资

---

[1] OECD, WTO and UNCTAD. Report on G20 Trade and Investment Measures. http://www.oecd.org/investment/g20.htm. 2021-10-23.

并购审查,投资限制措施延长至 2020 年底;意大利将外资审查范围扩展至"所有与战略性活动相关的企业",同时提高对外部投资的警戒意识;西班牙改革了外国投资规则,对于非欧盟或非欧洲自贸联盟国家投资战略性或公共卫生领域企业,需要经过政府审批。表 3-12 列示了 2020 年以来欧盟和英国针对中国企业的海外并购所实施的投资审查措施案例。

表 3-12　2020 年和 2021 年第一季度欧盟和英国采取投资审查的案例

投资者	投资标的	国家	行业	措施
深圳投资控股有限公司	LPE 公司	意大利	半导体	意大利政府与欧盟委员会、瑞典和荷兰的讨论之后,以国家安全为由否决了该项收购案
中国第一汽车集团有限公司	依维柯公司	意大利	汽车	意大利和法国经济部长协调一致,反对出售依维柯公司的某个部门。最终,依维柯的所有者们退出了谈判
中国航天科工集团有限公司	ISMT 公司	德国	卫星通信雷达	由于 ISMT 是德国卫星通信、雷达和无线电技术的重要供应商,德国以国家安全为由阻止了该交易。经济事务和能源部表示,这笔收购将危及德国的技术主权
浙江双环传动机械股份有限公司	STP 公司 WTP 公司	德国	汽车	在《股权购买协议》约定的最后交割期限内与德国联邦经济与能源部就外商投资审查所要求的公共协议中部分条款未能达成一致意见,经审慎评估,公司决定终止本次股权收购事项
先导稀材国际有限公司	PPM 公司	德国	金属材料	德国政府最初阻止了这项交易,因为 PPM 公司的产品供应给德国军方。直至 2019 年 12 月才最终敲定该项收购

• 资料来源:Rhodium Group & MERICS, "Chinese FDI in Europe 2020 Update", MERICS Report, June 2021, https://rhg.com/wp-content/uploads/2021/06/MERICSRhodium-GroupCOFDIUpdate2021.pdf, [2022-5-30]。

二是触发外资安全审查的条件进一步降低。受新冠肺炎疫情影响,欧盟一些国家已开始降低外资国家安全审查的股权或资金标准。如德国已许诺保护企业估值暴跌后汽车、航空等重点产业,并将强制性股权审查门槛从之前的 25% 降低到 10%;法国表示"战略公司"市值下降后,不排除将其直接国有化可能,以防止落入其他国家手中;意大利拟将米兰证券交易所上市的全部企业纳入"战略性资产"范畴,并接受审查;西班牙直接将外资安全审查的股权限制降低到 10%,而此前没有此项规定。

三是公共卫生领域在外资安全审查中的地位进一步提升。新冠肺炎疫情暴发后,各国重建公共卫生应急机制和加强国家疫苗/医疗产品储备的需求日益迫切,各国对公共卫生研究、生物技术、先进制药等行业在国家安全中的态度愈加敏感。2020 年,欧盟曾明确表态:疫情紧急状态下,必须限制外资收购当地医疗相关企业或产业,尤其是生产医疗或防护设备以及疫苗研发机构,从而确保不对欧盟医疗保护能力产生有害影响。典型案例是美国政府意图收购德国 Cure Vac 公司①以获得新冠疫苗研发的独家权力,德国政府以涉及国家安全利益为由予以拒绝。

二、欧盟针对中国对欧盟投资的其他举措

除针对外国直接投资之外,欧盟委员会还升级了其他对中国的防范措施,其中一些措施明显提高了中国对欧盟投资的壁垒。最为典型的是,经欧洲议会多年谈判,欧盟 27 个成员国于 2021 年 6 月在国际采购文书(International Procurement Instrument, IPI)适用的意见上达成共识:针对没有向欧盟开放公共采购市场的第三国,该国企业参与欧盟公共采购投标时,欧盟委员会将提高其参与门槛,或直接将这些企业排除在欧盟公共采购市场之外,或在其参与欧盟公共采购投标中加入溢价,或进行质量标准方面调整措施。与此同时,欧盟还将在货物、服务、工程以及 PPP 项目设置差异化门槛措施。同年 9 月 2 日,欧洲人民党党团向欧盟议会提交了 IPI 的立法草案(2021 版),欧洲议会国际贸易委员将对此进行讨论和审议。该草案若经欧洲议会和欧盟分别批准后将进入落实阶段,将成为一种向第三国施加压力以开放采购市场的手段。于我国而言,影响主要在以下三个方面:一是在我国加快加入《政府采购协议》(Government Procurement Agreement,缩写为 GPA)谈判的背景下,欧盟会借机加大与中国谈判的筹码,促使中国扩大开放范围,从而进一步打开中国政府采购市场;二是中国国有企业或被认定为政府采购实体,其采购活动有很大可能被认定具有"限制性"和"歧视性";三是若中国未能顺利与欧盟就公共采购领域达成相关协定,中国企业可能将无法参与欧盟市场的公共采购,或承受投标基础价溢价 20%的价格调整措施。

另一项会产生重要影响的举措是,欧盟委员会于 2021 年 5 月 5 日就针对扰乱欧盟内部市场的外国补贴发布了一项立法提案。该提案旨在为现有欧盟管控工具补充新的监管工具,以有效应对外国补贴扰乱欧盟内部市场秩序的问题,并确保营造一个公平的竞争环境。针对在欧盟内部市场运营的企业因享有外国补贴而扰乱竞争秩序的情况,提案赋权欧盟委员会作为"一站式审查平台",对该类外国补贴采取调查、责令禁止交易或要求相关方

---

① Cure Vac 公司 2000 年创立,总部设在德国图林根州,在法兰克福和波士顿设有分部,定位于"癌症治疗、基于抗体的治疗、罕见病治疗和预防性疫苗的开发",旗下实验室与德国卫生部下属的保罗-埃利希研究所合作。

采取救济等措施。提案将"外国补贴"定义为：非欧盟国家提供的、在法律上或事实上使一个或多个企业或行业获益的财务支持，财务支持包括资金或债务的转让、公共收入的放弃或不收取和货物或服务的提供或采购。提案还就如何评估"扰乱竞争秩序"列出了相关指标，包括补贴金额和性质、相关企业和市场的情况、相关企业的经济活动水平、外国补贴的目的及所附条件以及该类外国补贴在欧盟内部市场的使用情况，等等。同时提案引入经营者集中的事前申报、公共采购程序的事前申报和依职权审查外国补贴这三项工具来推进具体监管工作。

第四节　中欧投资谈判进展及典型案例分析

中欧投资协定于2020年底完成谈判。在协定中，中方首次在包括服务业和非服务业在内的所有行业以负面清单形式作出承诺，还纳入了金融等领域的自主开放举措。不少欧盟企业都认为，这一协定对深耕中国市场是重大利好。

一、中欧投资谈判最新进展

2021年7月，商务部召开例行新闻发布会，对中欧投资协定进展情况进行了回应。商务部介绍，习近平主席同法国总统马克龙、德国总理默克尔举行了视频峰会，达成一系列重要共识，为中欧扩大互利共赢合作、妥善应对全球性挑战提供了强有力的政治指引，极大提振了双方企业深化合作的信心。商务部进一步介绍，目前双方正在开展CAI的相关法律审核、翻译等技术准备工作。

二、中国对欧盟投资典型案列分析

江苏日盈电子股份有限公司成立于1998年，总部设在江苏省常州市，拥有江苏常州、广东江门、吉林长春三大制造基地，四个生产工厂，总占地面积近8.6万平方米，员工总数1 200余人。公司于2017年6月27日在上海证券交易所主板成功上市。2019年8月，公司成功收购常州惠昌传感器有限公司90%的股份，成为其控股股东。2020年3月20日，公司成功收购德国EMS GmbH和MST GmbH公司各49%的股份，成为其参股股东。2020年3月25日，公司收购长春众鼎科技有限公司27.27%的股权，成为其参股股东。公司主营洗涤系统、精密注塑、汽车电子、车用线束等四类产品,已成为一汽大众、上汽通用、重庆长安、上海汽车、吉利、北京汽车、北京奔驰、广州汽车和一汽集团等公司的配套供应商。

其全资子公司日盈电子(香港)有限公司以自有资金总计1.71亿欧元通过收购及增资方式取得 EMS Elektromechanische Schaltsensoren GmbH(简称"EMS GmbH")和 MST Mikroschalttechnik GmbH(简称"MST GmbH")各49%股权。EMS GmbH 和 MST GmbH 是两家总部位于德国 Bosel 的汽车注塑零部件生产厂商,MST GmbH 为 EMS GmbH 的代工工厂。两家公司主要生产转换器注塑件(微动开关),为大众集团一级供应商,具有行业先进的相关产品生产经验。本次交易是日盈电子出于对未来业务协同发展考虑的战略入股投资,着力于提升公司在汽车电子零部件领域的竞争力,进一步扩大境内汽车转换器市场。

第四章
中国对外直接投资——日俄篇

本章聚焦中国对日本和俄国的直接投资。2020年中日两国之间的直接投资因外资审查等受挫,中俄两国之间则保持稳定增长态势。本章首先对日俄两国的经济基本面做简要阐述,总结了2020年中国在日俄的直接投资概况,并梳理两国对中国企业对外直接投资的政策变化。

第一节 中国对日投资研究

联合国贸发会议(UNCTAD)《2021世界投资报告》显示,2020年全球对外直接投资流量0.74万亿美元,年末存量39.25万亿美元。其中,中国对外直接投资流量达1 537.1亿美元,首次位居全球第一;日本为1 157亿美元,居全球第三。虽然两国对外直接投资流量均居世界前列,但两国间直接投资却呈下滑趋势。

一、日本经济增长概况

2020年,日本名义GDP下滑至535.72万亿日元,实际国内生产总值大幅下降了4.6%,为1955年有统计以来第二大年度降幅。按1.258亿人口计算,人均GDP就由初值的略微超过4万美元,缩减至3.99万美元——再度跌破4万美元。

(一)经济基本面

2020年日本经济创有统计以来的第二大年度降幅,2021年步入缓慢修复通道。从需要要素对经济增长的贡献来看,2020年占日本经济比重1/2以上的个人消费下降5.9%,设备投资下降5.8%,住宅投资下降7.1%,出口下降12.3%。内需拖累日本经济增长3.8个百分点,外需拖累经济增长1.0个百分点。实际GDP季度环比增速分别为:第一季度-0.59%,第二季度-7.93%,第三季度5.36%,第四季度2.84%。可见,2020年日本GDP增速呈现明显的前低后高特征,受新冠疫苗逐步普及、东京奥运会经济和日本政府系列刺激政策的拉动,日本经济在第三季度呈现明显复苏态势,但复苏延续性受挫。2021年第一季度只录得−1.05%的经济增速,第二季度才缓慢上行到0.47%。具体见图4-1。

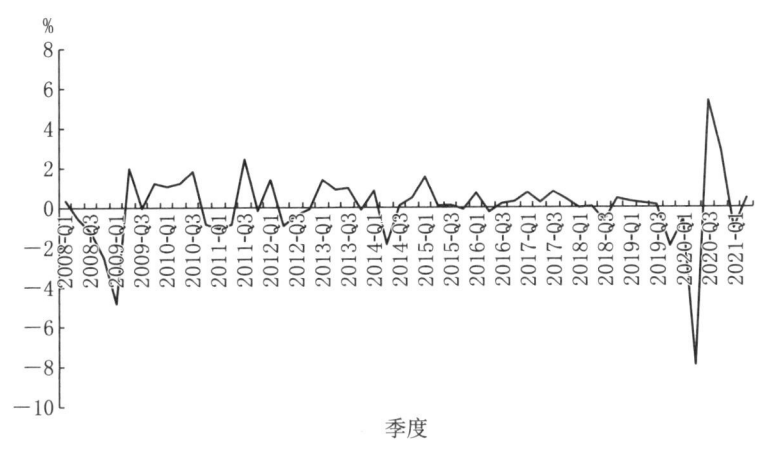

图4-1 2008—2021年日本GDP季度增速(较上一季度环比)

• 资料来源:经合组织统计局官网,http://data.oecd.org。

从就业情况来看,2020年四个季度失业率分别为2.43%、2.73%、2.97%和3.03%,全年为2.8%。2021年上半年就业情况持续好转,第一季度失业率为2.8%,第二季度为2.9%,见图4-2。较低的失业率一方面在于日本老龄化日益严重,不少企业面临劳动力短缺问题;另一方面得益于日本政府应对新

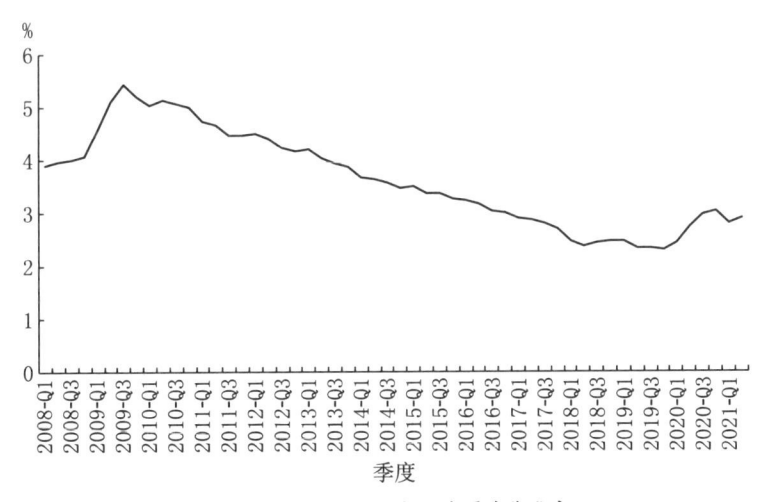

图4-2 2008—2021年日本季度失业率

• 资料来源:经合组织统计局官网,http://data.oecd.org。

冠肺炎疫情的系列紧急应对政策，主要包括支持中小企业经营、提高失业救济等举措。

从通货膨胀来看，2020年全年走势前高后低，9月后进入负值区间，并一直延续到2021年8月，从适度通胀进入了显著通缩状态。原因在于，全球原油需求疲软导致汽油价格下跌，抵消了食品和耐用消费品如电饭煲和空调的增长。显然，疫情之后日本经济转向另一种常态之时，日本央行制定的2%的通胀目标更加难以实现。

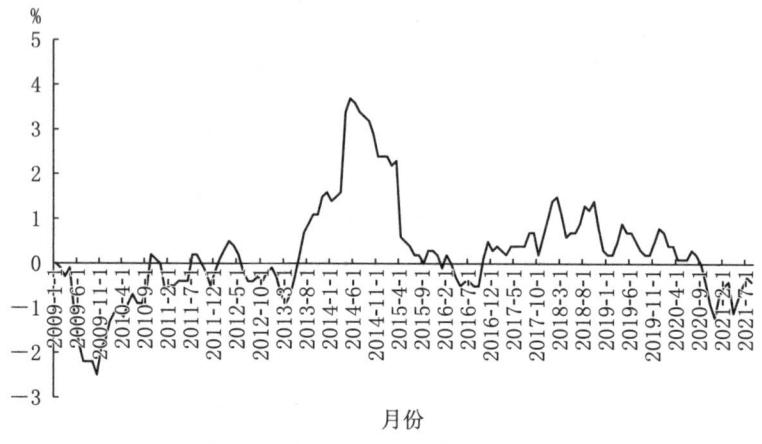

图4-3　2009—2021年日本月度通胀率

• 资料来源：经合组织统计局官网，http://data.oecd.org。

从国际贸易相关指标来看，2020年日本出口总额约为6 400亿美元，较之2019年下降了9.3%，进口总额约为6 341亿美元，较之2019年下降了12.0%。显然，进出口总额均呈现大幅下降趋势，直至2021年逐渐恢复。2021年1月至5月的出口同比增长超过20%，进口同比增长了10.4%，具体见表4-1。

表4-1　2019年至2020年5月日本的国际贸易趋势

年(月)	2019	2020	2020(1—5月)
出口总额(百万美元) (变化率,%)	705 682 −4.4	639 963 −9.3	305 456 20.6
进口总额(百万美元) (变化率,%)	720 765 −3.7	634 053 −12.0	300 056 10.4
贸易余额(百万美元) (较上年差额,百万美元)	−15 083 −4 820	5 909 20 992	5 400 23 713

续表

年(月)	2019	2020	2020(1—5月)
出口量指数 (变化率,%)	103.0 −4.3	90.9 −11.7	100.4 14.4
进口量指数 (变化率,%)	104.6 −1.1	97.8 −6.5	102.0 5.0

- 资料来源:日本财政部官网,https://www.mof.go.jp/;日本央行官网,https://www.boj.or.jp/;日本贸易振兴机构(JETRO),"Macroeconomics and FDI in Japan", June, 2021。

(二) 宏观政策面

2020年日本维持宽松宏观政策组合,2021年根据疫情情况实施政策微调。从经济刺激计划来看,日本政府4月在内阁会议上敲定应对新冠病毒感染扩大的第三轮紧急经济对策,资金规模达约108万亿日元(约合人民币7.04万亿元),占日本名义GDP的20%左右,成为日本史上最大规模的经济对策。资金将主要用于向营业额大幅下降的中小企业提供最高200万日元的补贴,向收入大幅减少的个体经营者发放最高100万日元的补贴,对符合条件的家庭发放"生活援助补贴"等。同时,日本政府还面向受新冠肺炎疫情影响、难以缴纳税款和社会保险费的个人和中小企业,推出延期1年缴纳税款和社会保险费的办法;通过政府及民间金融机构,为面临资金困难的企业提供免息贷款;允许符合条件的企业暂缓缴纳法人税和社会保险费;为保护就业,通过民间金融机构提供无利息贷款,并暂缓困难企业约26万亿日元社保和税负。

从财政政策来看,2020年3月27日日本国会参议院批准了总额为102.7万亿日元的2020财年(截至2021年3月)财政预算案,预算案中社会保障支出总额达35.9万亿日元。这是日本财政预算连续第二年超过100万亿日元,连续第八年创新高,而社保支出预算创历史最高纪录,该预算案旨在充分利用消费税增税带来的财政收入来扩大社会保障并落实经济刺激政策。4月,日本政府为应对新冠肺炎疫情编制了第一次补充预算案,规模为25.6万亿日元;6月,日本政府编制的第二次补充预算案获日本国会通过,规模为31.9万亿日元,再创日本补充预算规模新高,2020财年预算规模由102.7万亿日元扩大至160万亿日元。具体见表4-2。全年来看,日本经济刺激计划总规模超过230万亿日元,年内预算赤字规模提高至GDP的11.3%。

表 4-2 2020 年日本政府的补充预算案　　　　　　　　　（万亿日元）

第一次补充预算案		
项目	规模	资金用途
保护就业和企业经营连续性	19.5	采取措施支持企业现金流和维持就业以补偿其受到的新冠肺炎疫情影响
制定防止感染、医疗机构布局和药品补给等预防措施	1.8	加强新冠病毒检测和治疗,加快药物和疫苗的开发,加强针对回国人员的接收能力,并向其他国家提供紧急支持
通过公共和私人部门共同努力恢复经济	1.8	支持旅游、交通、餐饮和其他相关行业,这些行业的消费深度消化,同时采取措施振兴地方经济
发展弹性经济结构	0.9	审查日本公司的供应链,促进公司开展海外业务扩张,支持加强农业、林业、渔业产品的出口,并加快数字化转型
未雨绸缪	1.5	根据新冠肺炎疫情的发展情况,设立新的应急基金,以实施必要的措施
针对新冠肺炎疫情的应急经济方案预算	25.5	以上项目总和

第二次补充预算案		
项目	规模	资金用途
提高金融支持力度	11.6	用以补充企业经营现金流,尤其是中小企业和小微企业
其他支持	4.7	向实施新冠肺炎疫情应对措施和相关项目的地方政府提供补贴。扩大"支持企业的补贴计划",支持企业发展业务并采用信息和通信技术
支持医疗服务提供者	3.0	向地方政府提供补贴以加强医疗、护理和福利系统。确保疫苗生产系统安全和医疗机构融资等费用
为中小企业设立租金支持	2.0	补贴租金的费用,用于帮助中小企业和小微企业持续经营
提高就业调整补贴	0.5	支持被迫停止营业的企业和员工等
新冠肺炎疫情应急基金	2.0	用于根据新冠肺炎疫情和经济形势采取必要措施
平抑基金	8.1	抑制能源价格上涨
针对新冠肺炎疫情的应急经济方案预算	31.9	以上项目总和

- 资料来源:日本财政部官网,https://www.mof.go.jp/;日本央行官网,https://www.boj.or.jp/;日本贸易振兴机构(JETRO),"Macroeconomics and FDI in Japan", June, 2021。

从货币政策来看,日本央行 3 月提前召开货币政策例会,决定通过扩大资产购买计划等手段进一步加大货币政策宽松力度,以应对新冠肺炎疫情对经济的冲击。具体举措包括扩大交易型开放式指数基金购买规模和房地产投资信托基金购买规模,继续积极购买国债,并在 9 月底之前购买更多商业票据和企业债。4 月底日本央行宣布将无限量购买日本国债,取消之前每年约 80 万亿日元的购债额度限制。6 月,日本央行又宣布维持基准利率不变,同时扩大特别贷款计划的规模;同时推出针对中小企业的 30 万亿日元无息贷款计划,并通过类似计划向主要的大型企业提供 25 万亿日元的贷款。10 月,日本央行货币政策会议决定:维持利率在 -0.1% 不变,将 10 年期国债收益率目标维持在0%附近不变,维持资产购买规模不变。12月18日公布的《当前金融政策运营》报告中除维持原有利率和国债收益率水平之外,日本央行决定对"应对新冠肺炎疫情的金融支援特别操作"延期半年,原计划则是在2021年3月末结束。同时对另外两项措施予以调整:一是为鼓励金融机构向中小企业进行贷款,日本央行决定废除此前制定的可对每家符合资格认定的金融机构提供1 000亿日元资金支持的约束上限;二是此前决定在原有5兆日元的基础上新增购买15兆日元的商业票据和公司债,并于2021年3月末完成,此次会议在总额保持不变的前提下将期限延长至2021年9月底。

从政策效果来看,在非常时期,大型紧急经济对策是必须的。短期放宽财政赤字容忍度,动用财政政策有助于推动经济恢复常态。而且日本央行低利率宽松政策也为积极财政政策创造出一定空间。长期来看,财政赤字居高不下、低利率环境及疫情融资制度宽松化背景下,要注重防范系统性金融风险,包括短期金融市场波动风险、长期经济泡沫风险和金融机构资产质量下降风险。IMF预测,日本经济将在2021年和2022年得以逐步修复,2021年实际GDP增速预计达到2.3%,2022年进一步提高到3.7%;继2020年的零通胀后,2021年步入通货紧缩状态,2022年则转入温和通胀;2021年失业率与2020年持平,2022年进入小幅下降通道,具体见表4-3。

表4-3 2020—2022年日本经济指标预测 (%)

项目	实际GDP			消费者价格			经常账户余额[1]			失业状况[2]		
年份	2020	2021	2022	2020	2021	2022	2020	2021	2022	2020	2021	2022
日本	−3.8	2.3	3.7	0.0	−0.2	0.5	3.3	3.5	3.3	2.8	2.8	2.4

- 注:1是指占GDP的比重;2是比例,各国对于失业的定义各有不同。
- 资料来源:International Monetary Fund, *World Economic Outlook: Recovery during a Pandemic-Health Concerns, Supply and Price Pressure*, Washington DC. October 2021, https://www.imf.org/en/Publications/WEO/Issues/2021/10/12/world-economic-outlook-october-2021, [2022-5-30]。

二、中国对日投资的基本情况

2019年,日本前10位的FDI流入来源地,中国香港地区居于第三,中国大陆居于第五,中国台湾地区居于第十,在日本FDI流入总额中的占比较之2018年分别提高了6.4%、5.3%和2.8%。2020年日本FDI流入总额较2019年增加了约660亿美元,同比增长65.2%,但结构发生了很大变化。

其中来自欧洲的 FDI 占日本 FDI 流入总额的 58%,同比增长 364.3%;来自美国的 FDI 占日本 FDI 流入总额的 31.9%,同比增长 23.0%,可见美欧完全主导了日本的 FDI 流入。来自中国内地和中国香港的 FDI 分别下降了 29.2% 和 44.7%,表明在新冠肺炎疫情叠加外资审查政策等诸多因素影响之下,中国企业对日投资更为谨慎,见表 4-4。但另一方面,日本对我国的直接投资在 2021 年取得了高额回报,平均回报率高达 14.9%,远远超过其他主要投资目的地,如北美(6.1%)、欧洲(5.1%)和东盟(9.1%),而在运输设备、批发和零售等行业的回报率更是超过了 20%。

表 4-4 2020 年至 2021 年 5 月部分国家和地区对日本的 FDI （百万美元,%)

国家和地区	2020 年 投资额	2020 年 增速	2021 年(1—5月)(预测值) 投资额	2021 年(1—5月)(预测值) 增速
亚洲	9 580	0.6	13 258	371.5
中国内地	1 354	−29.2	−188	—
中国香港地区	1 147	−44.7	10 592	—
东盟国家	5 990	47.3	2 746	21.4
新加坡	5 119	103.6	2 835	21.6
泰国	1 000	−4.2	−139	—
北美洲	21 135	22.6	5 198	187.0
美国	21 058	23.0	4 859	171.0
拉丁美洲	−1 847	—	2 807	983.8
大洋洲	−1 227	—	216	—
欧洲	38 262	364.3	−6 355	—
全球	65 977	65.2	15 064	530.1

- 资料来源:日本财政部官网,https://www.mof.go.jp/;日本央行官网,https://www.boj.or.jp/;日本贸易振兴机构 (JETRO),"Macroeconomics and FDI in Japan", June, 2021。

从投资存量的国家和地区分布来看,截至 2020 年底,对日投资存量居于首位的为美国,占比 23.7%;其次为英国,占比 14.7%;中国香港地区占比为 3.70%。具体见图 4-4。

从投资流量的行业分布来看,2020 年对日制造业的 FDI 占比仅为 3.2%,非制造业占比为 96.8%。其中金融保险业投资总额高达 12 445 亿日元,位居所有细分行业之首,见表 4-5。制造业占比如此之低有多重原因:日本制造业实力在世界首屈一指,令广大技不如人的外国企业望而却步;同时日本投资环境对制造业具有更大制约作用,本国企业均纷纷向海外发展,对外资的吸引力就更为有限。而新冠肺炎疫情暴发之后,日本政府拨款22亿美元鼓励企业将生产转移至国内,外资投资于制造业的积极性毫无疑问受到了一定阻碍。

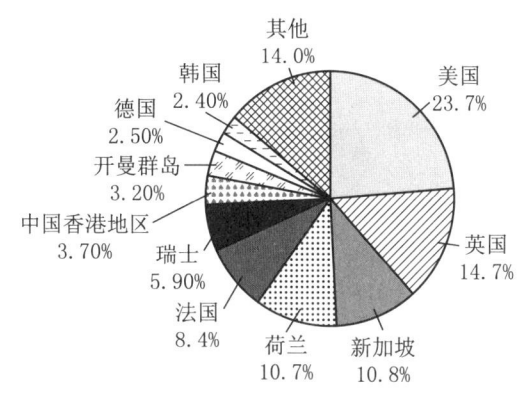

图 4-4　按国家和地区来源的日本 FDI 存量分布

- 资料来源:日本财政部官网,https://www.mof.go.jp/;日本央行官网,https://www.boj.or.jp/;日本贸易振兴机构(JETRO),"Macroeconomics and FDI in Japan", June, 2021。

表 4-5　2020 年日本 FDI 流量居于前十的行业　　　　　　　　（亿日元,%）

排　序	行　业	投资额（2020年数据）	在前十行业中占比
1	金融保险业	12 445	70.64
2	运输设备业	1 992	11.31
3	服务业	1 950	11.07
4	电力机械业	325	1.84
5	交通运输业	256	1.45
6	通用机械业	254	1.44
7	玻璃陶瓷业	243	1.38
8	石油化工业	77	0.04
9	纺织业	40	0.02
10	铁、有色金属和金属业	35	0.02

- 资料来源:日本财政部官网,https://www.mof.go.jp/;日本央行官网,https://www.boj.or.jp/;日本贸易振兴机构(JETRO),"Macroeconomics and FDI in Japan", June, 2021。

从投资存量的行业分布来看,截至 2020 年底,制造业占比 37.2%,非制造业占比 62.8%,其中金融保险业占比达到 41.6%,具体见图 4-5。这一格局有着深刻的历史背景,日本金融保险业原受大藏省的多重保护,后在美国频繁施压之下,日本金融市场日益开放,许多欧美大型金融保险公司纷纷进入。尤其是1997年亚洲金融危机叠加日本本国经济动荡,为外资大规模进入日本提供了机遇。

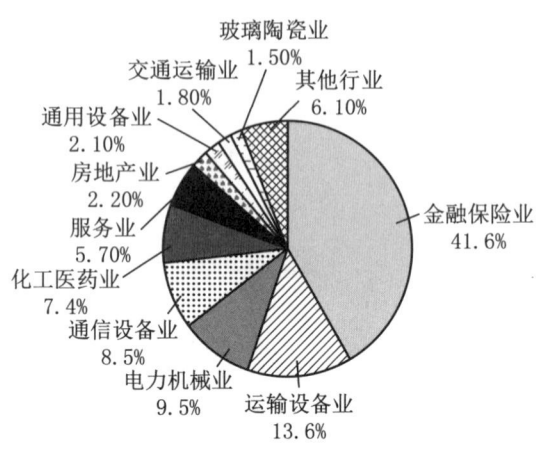

图4-5　按行业划分的日本FDI存量分布

- 金融保险业 41.6%
- 运输设备业 13.6%
- 电力机械业 9.5%
- 通信设备业 8.5%
- 化工医药业 7.4%
- 服务业 5.70%
- 房地产业 2.20%
- 通用设备业 2.10%
- 交通运输业 1.80%
- 玻璃陶瓷业 1.50%
- 其他行业 6.10%

- 资料来源:日本财政部官网,https://www.mof.go.jp/;日本央行官网,https://www.boj.or.jp/;日本贸易振兴机构(JETRO),"Macroeconomics and FDI in Japan", June, 2021。

从投资方式来看,股权投资占比日趋下降,债务融资比例持续上升,盈利再投资保持平稳。整个2020年,日本的并购和新投资活动都相当缓慢。

三、日本对中国投资开放政策的主要变化

2020年5月8日,日本新《外汇法》开始生效,该法案对外国投资者向日本国内重要行业的投资加强了审查和限制。同日,日本财政部发布了一份企业名单,将518家日本上市公司归类在12个核心行业、1584家企业归类在155个指定行业(不包括核心行业),其余1698家归类在非指定行业。表4-6列示了12个核心行业,包括了武器、飞机、太空、核设施等。外国投资者若非日本企业也非白名单国家企业,若打算获得上述限制行业上市公司1%或以上的股权,必须依法事先通知日本财务省或与该业务有关的政府部门并接受审查。如果外国投资者已持有日本上市公司1%或以上的股份,也需要在交易前事先通知日本财务省或相关政府部门,获得批准后方可额外购买该公司的股份。

修订后的法案也提供了事先报告的豁免待遇,但以下情形不能享受豁免:一是未经财政部认证的外国政府基金,二是不能遵守投资组合条件或附加组合投资条件的活跃外国投资者,三是外国投资者在收购股份后改变其

策略,并寻求被任命为被投资公司的董事会成员,或提议出售或处置被投资公司在任何指定行业的业务。若有该种情形,外国投资者必须在采取此类行动之前通过提交事先通知获得批准。

表4-6 日本加强外资审查的12个核心行业

核心行业	范围
武器	全部
飞机	全部
太空	全部
核设施	全部
两用技术	全部
网络安全	● 网络安全相关服务(如网络安全监控、软件) ● 为关键基础设施设计的项目服务提供商
电力	● 通用输电和配电设施 ● 输电设施 ● 最大发电能力为 50 000 kW 或以上发电厂的发电公用事业公司
天然气	● 通用天然气/指定天然气管道服务的供应商 ● 天然气制造商 ● 拥有储存设施或气瓶灌装站的液化石油气公司
通信	● 跨区域提供服务的电信运营商
供水	● 向5万人及以上提供用水服务的供水公司 ● 日供水能力超过2.5万 m^3 的供水公司
铁路	● 运营公共设施/基础设施的铁路服务公司
石油	● 炼油厂 ● 储油业务 ● 原油和天然气生产

• 资料来源:日本财政部官网,https://www.mof.go.jp/。

鉴于新冠肺炎疫情的蔓延和临床治疗的需求,2020年7月日本政府在核心行业中增加了药品和医疗器械行业,事前报告对象的企业数量也从518家扩大到715家。为了防止技术流到外国企业,日本自民党明确表示要强化外汇法的运用,同时还提议扩充事前申请的审查及事后的监控体制。2021年8月,日本政府开始限制对钨、钼、稀土、锂、钴、铟等34种稀有金属领域的外商投资,即将钨、钼、稀土等重要矿产行业追加到重点审查对象中,旨在最大限度地减少日本关键原材料供应链的脆弱性,同时提高其相关行业如汽车、电池、航空母舰等在国际上的竞争地位。

四、中国对日本投资典型案例

深圳市英唐智能控制股份有限公司成立于2001年,并于2010年在深圳证券交易所创业板上市,公司总部位于深圳市宝安区海纳百川总部大厦,主要从事电子元器件分销,芯片研发、设计及制造等业务,在全球四个国家或地区设立有22个分公司或子公司,是中国领先的半导体元器件综合解决方案供应商之一。在欧美等国家逐渐加大对中国半导体产业封锁的背景下,公司积极响应国家关于半导体芯片行业自立自强的号召,自2019年开始就确立了向上游半导体芯片研发领域转型升级,打造设计、制造及销售为一体的半导体芯片全产业链的战略规划。

2020年3月,英唐智控发布公告称,为实现向上游半导体领域纵向衍生的战略布局,英唐智控控股重孙公司科富香港控股有限公司与日本先锋集团签署《股权收购协议》,双方同意以基准价格30亿日元现金(约1.92亿元人民币)收购先锋集团所持有的先锋微技术有限公司(以下简称"先锋微技术")100%股权。2020年7月16日晚间,再度发布公告,宣布收购先锋微技术100%股权的交易已经通过日本政府的审批。根据公告显示,先锋微技术成立于2003年,其前身可追溯至母公司先锋集团于1977年成立的半导体实验室,专注于光盘设备和图像处理的模拟IC和数字IC产品的研发生产,经过多年的发展,已经形成了包括光电集成电路、光学传感器、显示屏驱动IC、车载IC、MEMS镜在内的主要产品,并提供MBE以及晶圆代工服务。先锋微技术2019年4月1日至2019年12月31日未经审计净利润为−731.16万元,较前期出现下滑。

2020年11月25日,英唐智控公司核心团队抵达日本,正式开始对公司完成收购的英唐微技术有限公司(原名"先锋微技术有限公司",以下简称"英唐微技术")的现有技术、业务等方面进行现场的全面梳理整合,并将进一步推动公司第三代半导体产线改造的准备工作。新成立的英唐微技术有限公司(Yitoa Micro Technology Corporation,缩写为YMTC)坐落于日本山梨县甲府市国母工业区,现有员工130多人,拥有平均从业经验在12年以上的研发和工艺团队,形成了数量众多的完整的知识产权及其他专利,同时拥有一条6英寸硅基晶圆生产线。英唐智控正在对其升级改造,从而使其兼具硅和碳化硅器件的复合生产能力。

第二节 中国对俄投资研究

2020年,中俄新时代全面战略协作伙伴关系保持了高水平运行和高度互信,进一步发展了对两国关系具有"压舱石"作用的经贸关系,使双方经贸关系向更大规模、更深层次和更高水平迈进。

一、俄罗斯联邦经济增长概况

俄罗斯联邦 2020 年的国内生产总值比 2019 年下降了 3.0%,低于全球平均水平的－3.8%和发达经济体－5.4%,显示了一定的经济韧性。这既是得益于与中国巩固和发展了战略协作伙伴关系,又是得益于俄罗斯联邦政府多管齐下的政策调控措施。

(一)经济基本面

2020 年俄罗斯经济增长好于全球平均水平,2021 年继续稳步复苏。从实际 GDP 来看,俄罗斯 2020 年四个季度的环比增速分别为:－0.19%、－4.39%、2.36%和 1.06%,呈现前低后高的增长趋势。在新冠肺炎疫情、油价暴跌、美欧封锁等多重压力下,俄罗斯联邦取得了相对较好的经济增长,内部影响因素主要在于:一是俄罗斯联邦进行了重大的宏观财政稳定改革,较大程度地改善财政状况;二是加大了对银行体系的清理力度并加强了资本市场监管;三是适时采取了针对新冠肺炎疫情的经济刺激政策。2021 年第一季度和第二季度分别录得 0.97%和 3.26%的环比增速,俄罗斯联邦经济整体呈现稳步复苏态势。具体见图 4-6。

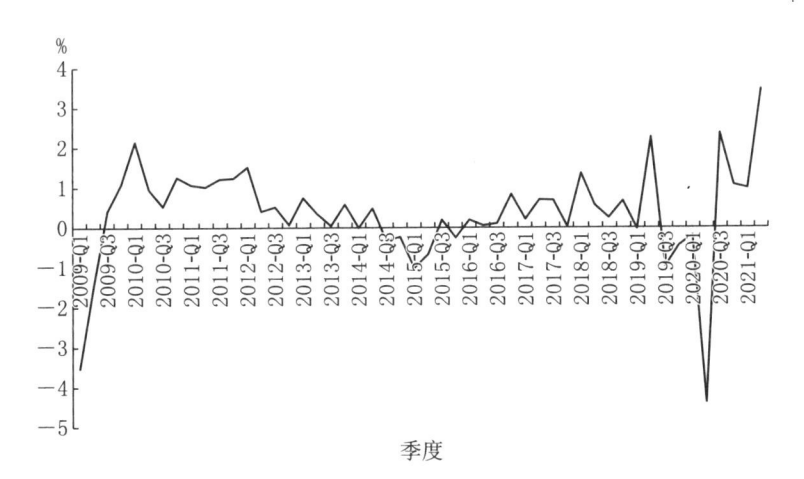

图 4-6 2009—2021 年俄罗斯联邦 GDP 季度增速(较上一季度环比)

• 资料来源:经合组织统计局官网,https://data.oecd.org/。

从就业情况来看,尽管就业率仍低于新冠肺炎疫情暴发前的水平,但到2020年底,俄罗斯联邦劳动力市场显现出一些改善的迹象。自2020年8月达到6.4%的峰值以来,全国失业率一直在下降,2021年3月跌至5.4%,比2020年同期高0.7个百分点。另外,失业保险覆盖率在2020年第四季度明显下降,或者说尽管失业率有所下降,但获得失业保险保护的失业者比例下降得更快,导致失业人数比疫情之前更多。

从就业结构来看,服务业吸纳了最多的就业人数且保持上升势头,从2021年第一季度的4 786.3万人增长到第四季度的4 893.7万人,增长近107万人。①70%的新增就业岗位集中在贸易、建筑和制造业三个行业,而这三个行业的就业人数在2020年下降最为严重。需要指出的是,虽然2021年强劲的国内需求刺激了劳动力市场,但疫情同步造成了建筑等行业的工人短缺。

从通货膨胀来看,截至2020年12月,其通胀率上升至4.9%,远远超过俄罗斯联邦央行4%的预设目标,较之2019年2.6%的水平也有较大提升。根据俄罗斯联邦统计局的数据,通胀攀升主要在于:食品价格较11月份上涨1.5%,按年计算上涨6.7%。非食品类产品价格较11月上涨0.4%,按年计算上涨4.8%。与上年同期相比,12月份的服务价格比11月份上涨0.4%,按年计算上涨2.7%。进入2021年,在大宗商品和食品价格上涨等因素的推动下,俄罗斯联邦通货膨胀率持续上升,8月上升到6.7%,9月持续上升到7.4%,为近五年高点。见图4-7。

从国际贸易来看,经常账户盈余同比收缩了两倍,截至2020年第四季度为55亿美元,全年为325亿美元。由于大量大宗商品的世界价格不断上涨,第四季度出口下降速度较第三季度有所放缓,出口萎缩被进口减少和其他部分的赤字所抵消。商品和服务出口额在第三季度同比下降26%,第四季度同比下降了21%,出口呈现小幅回暖趋势。原因在于:全球石油价格下跌放缓,欧洲天然气价格以及全球铝和镍价格转为正增长,以及铁矿石和铜价格的上涨速度加快。第四季度商品和服务进口额的下降幅度小于出口额,同比下降了12%。与2019年一样,卢布走软、经济活动萎缩以及国外旅行限制共同影响了进口。具体见表4-7。

---

① 经合组织统计局官网,https://data.oecd.org/。

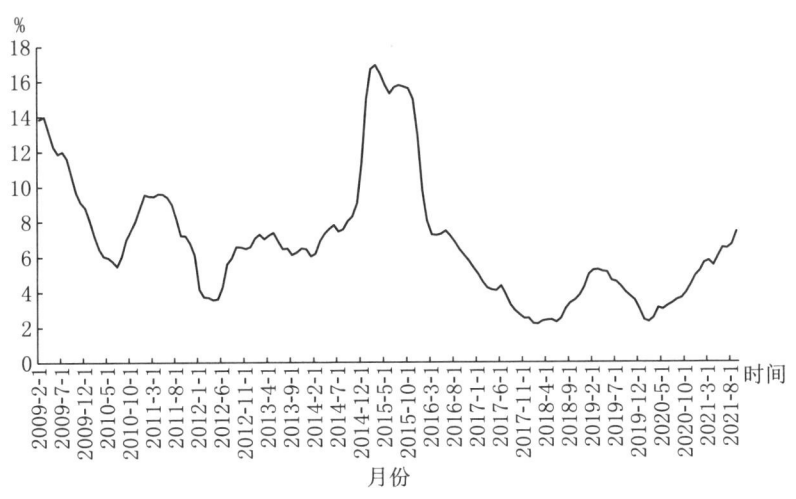

图 4-7　2009—2021 年俄罗斯联邦通胀率

- 资料来源：经合组织统计局官网，https://data.oecd.org/。

表 4-7　2020 年俄罗斯联邦国际贸易数据　　　　　　　　　（10 亿美元）

	第一季度	第二季度	第三季度	第四季度	全年
经常账户	22.9	0.9	3.2	5.5	32.5
贸易余额	33.2	16.5	18.3	21.5	89.4
出口	89.3	70.4	78.5	91.3	329.5
进口	56.1	53.9	60.2	69.8	240.1
服务余额	−6.8	−2.2	−3.9	−5.4	−18.3
出口	13.6	9.9	10.5	10.5	44.5
进口	20.3	12.1	14.5	15.9	62.8
初次和二次收入余额	−3.5	−13.4	−11.2	−10.6	−38.6
资本账户	0.0	−0.2	−0.1	−0.4	−0.7

- 资料来源：俄罗斯央行官网，https://www.cbr.rll/。

（二）宏观政策面

2020 年实施宽松政策组合，2021 年着力以货币政策控制通胀风险。从财政政策来看，2020 年 6 月俄罗斯联邦政府出台了一项旨在恢复经济活动的全国性计划，该复苏计划预计在 2020 年 6 月至 2021 年 12 月开支总计 5 万亿卢布（约合 730 亿美元），优先扶持受疫情打击最严重的行业，包括汽车及航空制造、非食品贸易、展览会务、文化休闲娱乐、体育健身、旅游酒店、餐饮、辅导培训、美容、维修和其他生活服务业等。同时俄政府还从国家福利基金中提取约 6 000 亿卢布（约合 83 亿美元）以完成预算拨款。俄联邦委员会还将2020—2022年的俄政府财政支出分别提高了1 627亿卢布(约合23亿美元)、5 569亿卢布(约合77亿美元)和6 776亿卢布(约合94亿美元)。另外,俄罗斯联邦还把中小企业作为扶持重点,采取了中小企业应纳社会保险费率由30%降至15%、暂缓6个月征收中小企业应纳税款、向中小企业提供优惠贷款等多种措施。

从货币政策来看,2020年4月和6月,俄罗斯联邦央行两次降息,基准利率从6.0%降至4.5%的历史低点。7月,俄罗斯联邦央行降息25个基点至4.25%,并在年内保持不变。面对2021年的通胀压力,俄罗斯联邦央行多次提高了基准利率,预计2021年关键利率将在5.7%—5.8%之间。2021年9月10日,俄罗斯联邦央行宣布加息25个基点至6.75%,已为年内第五次加息。为了稳定卢布汇率,俄央行采取了在国内市场出售外汇、向俄银行系统注入5 000亿卢布,以及从3月10日起停止在国内市场上购买外汇等措施。同时俄央行表示,如果乌拉尔原油价格不恢复到每桶42.4美元以上,俄央行将一直停止购汇。

从政策实施效果来看,宽松货币政策组合较为有效地止住了俄罗斯联邦经济的下跌势头,并逐步步入上升通道。往后看,随着新冠疫苗接种工作的推进和大宗商品价格的逐步恢复,俄罗斯联邦经济呈现稳步复苏的迹象。根据IMF于2021年10月发布的《世界经济预测》,2021年俄罗斯联邦实际GDP增速预计为4.7%,失业率降至4.9%,具体见表4-8。

表4-8 2020—2022年俄罗斯联邦经济指标预测　　　　(%)

项目	实际GDP			消费者价格			经常账户余额[1]			失业状况[2]		
年份	2020	2021	2022	2020	2021	2022	2020	2021	2022	2020	2021	2022
俄罗斯联邦	−3.0	4.7	2.9	3.4	5.9	4.8	2.4	5.7	4.4	5.8	4.9	4.6

- 注:1是指占GDP的比重;2是比例,各国对于失业的定义各有不同。
- 资料来源:International Monetary Fund, *World Economic Outlook*: *Recovery during a Pandemic-Health Concerns, Supply and Price Pressure*, Washington DC, October 2021, https://www.imf.org/en/Publications/WEO/Issues/2021/10/12/world-economic-outlook-october-2021,[2022-5-30]。

二、中国对俄罗斯联邦的投资

中国商务部的统计数据表明,2020年的中俄经贸合作经受住了新冠肺炎疫情的考验,显示了较强的韧性,主要体现在:一是中方对俄投资和工程承包逆势增长,中方对俄非金融类直接投资达3.4亿美元,同比增长41.7%;新签工程承包合同额达58.7亿美元,占对欧洲新签合同额的近

30%;二是战略性大项目稳中有进,中俄东线天然气管道中段启动供气、阿穆尔天然气化工项目开工建设;三是科技创新合作全面深化,总额10亿美元的中俄联合科技创新基金启动运营,双方在5G、云服务、智慧出行等领域的合作取得积极进展;四是地方合作走深走实,中国稳居俄远东、西伯利亚、乌拉尔、西北等联邦区第一大贸易伙伴,双方修订了《中俄在俄罗斯远东地区合作发展规划(2018—2024年)》,两国地方积极开展线上对接洽谈,推动贸易往来和复工复产。

基于以上多方位的合作基础,2020年中国对俄罗斯联邦的投资流量为5.7亿美元,占流量总额的0.4%,占对欧洲投资流量的4.5%。截至年末,中国对俄罗斯联邦的投资存量为120.71亿美元,占中国对外投资存量的0.5%,对欧洲投资存量的9.9%。共在俄罗斯联邦设立近1 000家境外企业,雇用外方员工超过2.2万人。从投资行业分布来看,流量投资主要集中在采矿业(约2.14亿美元)、科学研究和技术服务业(约1.63亿美元)、建筑业(约0.65亿美元)、农/林/牧/渔业(约0.5亿美元)、租赁和商务服务业(约0.48亿美元)等。存量投资则主要分布在:采矿业约49.95亿美元,占比41.4%;农/林/牧/渔业约27.72亿美元,占比23.0%;制造业约15.69亿美元,占比13.0%;租赁和商务服务业约6.43亿美元,占比5.3%。具体见表4-9。

表4-9 2020年中国对俄罗斯联邦直接投资的主要行业 (万美元)

行 业	流量	比重(%)	存量	比重(%)
采矿业	21 368	37.9	499 523	41.4
农/林/牧/渔业	4 994	8.7	277 186	23.0
制造业	2 088	3.7	156 943	13.0
租赁和商务服务业	4 762	8.4	64 266	5.3
科学研究和技术服务业	16 335	28.7	52 252	4.3
金融业	548	1.0	49 732	4.1
批发和零售业	1 165	2.0	33 164	2.7
房地产业	—	—	31 145	2.6
建筑业	6 454	11.3	27 010	2.2
信息传输/软件和信息技术服务业	−919	−1.6	6 853	0.6
交通运输/仓储和邮政业	−79	−0.1	5 342	0.4
电力/热力/燃气及水的生产和供应业	12	0.0	2 259	0.2
其他行业	14	0.0	1 414	0.2
合计	57 032	100.0	1 207 089	100.0

• 资料来源:商务部、国家统计局、国家外汇管理局,《2020年度中国对外直接投资统计公报》,中国商务出版社2021年版。

从净流入情况来看,根据俄罗斯联邦央行的统计数据,2020年中国内地对俄罗斯联邦的FDI净流入为53亿美元,较之2019年增长了600万美元;中国香港地区对俄罗斯联邦的FDI净流入为22.97亿美元,较之2019年下降了3.9亿美元。具体见表4-10。

表4-10　中国内地与中国香港地区对俄罗斯联邦FDI净流入[1]　　（百万美元）

	中国内地	中国香港地区
2019年第一季度	−13	−3
第二季度	115	58
第三季度	10	2 644
第四季度	−36	−11
小计	47	2 687
2020年第一季度	−70	89
第二季度	58	252
第三季度	−9	1 809
第四季度	75	148
小计	53	2 297
2021年第一季度	1	548

- 注1:根据国际收支平衡表,以流入减流出计算。
- 资料来源:俄罗斯央行官网,https://www.cbr.rll/。

三、中俄投资谈判进展

2019年10月25日,国务院总理李克强和欧亚经济联盟各成员国总理共同发表《关于2018年5月17日签署的〈中华人民共和国与欧亚经济联盟经贸合作协定〉生效的联合声明》。《中华人民共和国与欧亚经济联盟经贸合作协定》(以下简称《协定》)自2019年10月25日起正式生效。联合声明表示,《协定》的生效是建设共同经济发展空间、实现"一带一路"倡议与欧亚经济联盟对接,以及"一带一路"倡议与大欧亚伙伴关系倡议协调发展的重要举措,认为《协定》将有助于双方在经贸领域开展互利合作和建设性对话,有必要尽早启动旨在促进双边贸易与合作的《协定》条款的实施工作,并保证包括《协定》联合委员会在内的合作机制应有的作用。

2020年10月28日,《中华人民共和国与欧亚经济联盟经贸合作协定》联委会首次会议以视频会议形式召开,商务部副部长兼国际贸易谈判副代表王受文与欧亚经济委员会贸易委员斯列普涅夫共同主持。双方积极评价

《协定》实施一年来双边经贸关系的发展,探讨在技术法规、贸易救济、海关、投资等方面加强对话合作。双方表示将共同落实好《协定》各项安排,为区域经济一体化创造更好的政策环境。会议还审议通过了《联委会关于联委会会议程序的决定》。

四、中国对俄投资典型案例

2019年6月,中国石化与俄罗斯联邦西布尔公司签订了在俄罗斯联邦远东阿穆尔地区投资建设大型化工综合体(AGCC)项目的框架协议,2020年6月正式签署合资合作协议,中国石化持有40%的股权。这是中俄两国最大的化工合作项目,初步投资100亿—110亿美元,以阿穆尔气体加工厂提供的乙烷和LPG作为原料,采用轻烃裂解技术和先进的聚烯烃技术,生产聚乙烯和聚丙烯等产品,年产能为270万吨,包括230万吨的聚乙烯和40万吨的聚丙烯,该项目计划于2024年完成建设和调试。中俄阿穆尔大型化工综合体的建设与俄罗斯联邦天然气工业股份公司(Gazprom)的阿穆尔天然气加工厂的逐步投产同步进行,以便后者向阿穆尔天然气化工园区供应乙烷和液化石油气,以加工成高附加值的产品。同年12月,俄罗斯联邦政府外国投资委员会审议通过中国石化参与西布尔公司阿穆尔天然气化工综合体项目,并表示"该项目不仅是俄罗斯联邦最大石化项目之一,也是世界上最大石油天然气化工项目之一"。

2021年5月,项目正式开工,占地面积约28万平方米,包含土方工程、桩基工程等。截至2021年8月,项目建设已完成22%。作为"一带一路"重点项目,该项目将发挥投资、技术、工程、运营、贸易及服务一体化优势,打造新时代中俄能源化工务实合作的典范工程。

第五章
中国对外直接投资——
亚洲"一带一路"篇

亚洲"一带一路"沿线国家是中国企业对外投资的主要市场之一,中国与亚洲"一带一路"沿线国家经济互补性强,经贸合作潜力巨大,前景可期。随着中国"一带一路"建设的不断推进,中国企业"走出去"的步伐不断提速,迄今,中国企业与亚洲"一带一路"沿线国家的经济合作已取得很大成绩。然而,新冠肺炎疫情对沿线国家的经济发展造成冲击,也给中国企业在"一带一路"沿线国家的投资前景带来更多不确定性。本章旨在回顾中国企业与亚洲"一带一路"沿线国家直接投资的现状,分析疫情对沿线国家经济发展与基建投资的影响,展望中国企业与亚洲"一带一路"沿线国家未来投资合作的前景。考虑到数据口径的统一与权威性,本章主要引用中华人民共和国商务部及国家统计局的数据。需要说明的是,由于本章写作时2020年数据尚未发布,本章使用当时最新的2019年投资数据。

第一节 中国对亚洲"一带一路"沿线国家投资的概况

在"一带一路"倡议指引下,近年来中国不断与"一带一路"沿线国家深化经贸合作,提升贸易投资自由化与便利化水平,持续推进更高水平的对外合作,影响和塑造了"一带一路"沿线的经济格局与面貌。越来越多的国家和国际组织加入这个共商共建共享的"朋友圈"。截至2020年5月,中国已先后与138个国家、30个国际组织签署200份共建"一带一路"合作文件,"六廊六路多国多港"互联互通架构基本形成。未来中国将继续秉持共商共建共享原则,坚持高质量发展,与"一带一路"沿线国家进一步加强各领域经贸合作,推动与相关国家实现优势互补、互利共赢,共同把疫情对经贸合作与经济发展的影响控制在最小程度,实现"一带一路"沿线国家共同繁荣。

一、投资流量稳步增长

2019年末,中国境内投资者在"一带一路"沿线国家设立境外企业近1.1万家,涉及国民经济18个行业大类,当年实现直接投资186.9亿美元,同比增长4.5%,占同期中国对外直接投资流量的13.7%。截至2019年末,中国对"一带一路"沿线国家的直接投资存量为1 794.7亿美元,占中国对外直接投资存量的8.2%。

图5-1 2013—2019年中国对"一带一路"沿线国家直接投资流量

- 资料来源:商务部、国家统计局、国家外汇管理局,《2019年度中国对外直接投资统计公报》,中国商务出版社2020年版,第49—56页。

表5-1 2019年中国企业对亚洲"一带一路"沿线国家(地区)投资情况　　(万美元)

国家(地区)	2019年流量	2019年末存量
合计	1 824 267	15 959 724
阿富汗	2 408	41 894
阿拉伯联合酋长国	120 741	763 567
阿曼	−315	11 634
巴基斯坦	56 216	479 798
巴勒斯坦	—	—
巴林	−34	7 074
东帝汶	−1 630	8 085
菲律宾*	−429	66 409
哈萨克斯坦*	78 649	725 413
吉尔吉斯斯坦	21 566	155 003
柬埔寨*	74 625	646 370

续表

国家(地区)	2019年流量	2019年末存量
卡塔尔	2 932	45 892
科威特*	−10 052	83 451
老挝*	114 908	824 959
黎巴嫩	—	222
马尔代夫	694	8 247
马来西亚*	110 954	792 369
蒙古	12 806	343 054
孟加拉国	37 549	124 830
缅甸*	−4 194	413 445
尼泊尔	20 678	53 866
沙特阿拉伯*	65 437	252 773
斯里兰卡	9 280	55 147
塔吉克斯坦	6 961	194 608
泰国*	137 191	718 585
土库曼斯坦	−9 315	22 656
文莱*	−405	42 696
乌兹别克斯坦	−44 583	324 621
新加坡*	482 567	5 263 656
叙利亚	1 270	1 357
也门	−7 881	54 419
伊拉克	88 709	137 752
伊朗	−5 917	305 562
以色列*	19 168	377 502
印度*	53 460	361 009
印度尼西亚	222 308	1 513 255
约旦*	3 093	31 173
越南	164 852	707 371

- 注:"*"表示该国家(地区)2019年末存量数据中包含对以往历史数据进行调整。
- 资料来源:商务部、国家统计局、国家外汇管理局,《2019年度中国对外直接投资统计公报》,中国商务出版社2020年版,第49—56页。

二、重点国家投资集中

2019年,中国对亚洲"一带一路"沿线国家直接投资流量主要分布在新加坡、印度尼西亚、越南、泰国、阿拉伯联合酋长国、老挝、马来西亚、伊拉克、哈萨克斯坦、柬埔寨、沙特阿拉伯、巴基斯坦、印度等国。其中,中国对新加坡投资流量与存量在亚洲"一带一路"沿线国家中均居首位,分别达到48.3亿美元和526.4亿美元。

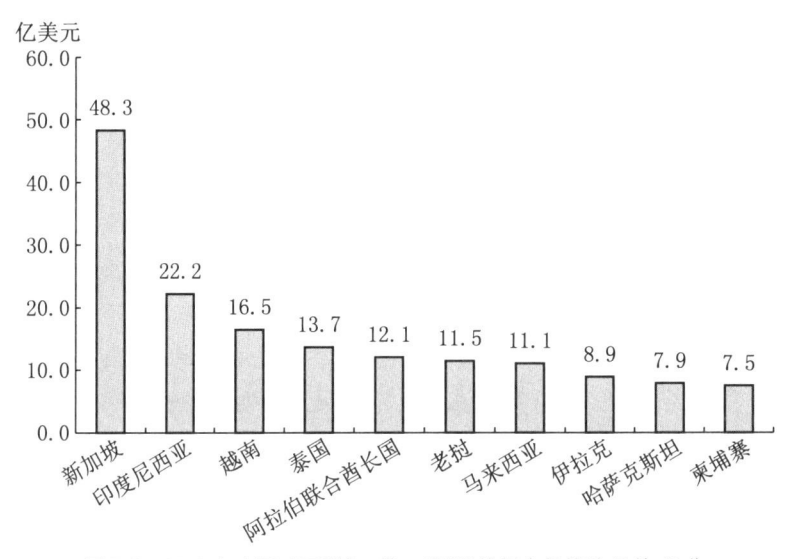

图 5-2　2019年中国对亚洲"一带一路"沿线国家投资流量前10位

国家	金额（亿美元）
新加坡	48.3
印度尼西亚	22.2
越南	16.5
泰国	13.7
阿拉伯联合酋长国	12.1
老挝	11.5
马来西亚	11.1
伊拉克	8.9
哈萨克斯坦	7.9
柬埔寨	7.5

• 资料来源:商务部、国家统计局、国家外汇管理局,《2019年度中国对外直接投资统计公报》,中国商务出版社2020年版,第49—56页。

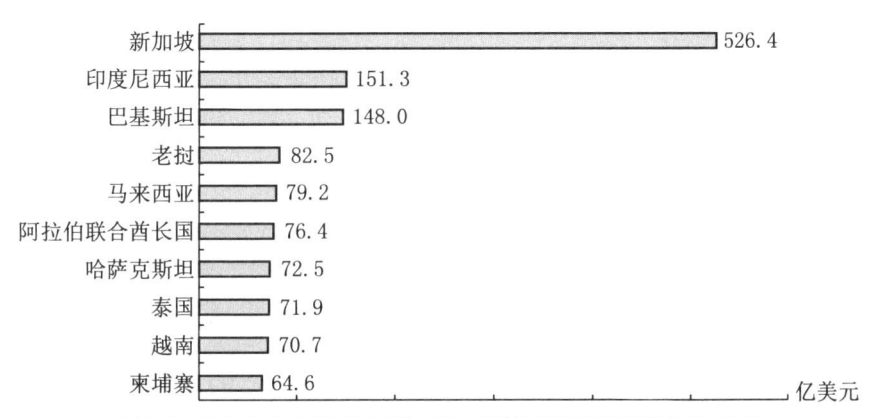

图 5-3　2019年末中国对亚洲"一带一路"沿线国家投资存量前10位

国家	金额（亿美元）
新加坡	526.4
印度尼西亚	151.3
巴基斯坦	148.0
老挝	82.5
马来西亚	79.2
阿拉伯联合酋长国	76.4
哈萨克斯坦	72.5
泰国	71.9
越南	70.7
柬埔寨	64.6

• 资料来源:商务部、国家统计局、国家外汇管理局,《2019年度中国对外直接投资统计公报》,中国商务出版社2020年版,第49—56页。

三、投资领域更趋多元

2019年,中国企业对"一带一路"沿线国家的投资领域更加多元化,除传统认知的制造业、建筑业、采矿业、电力/热力/燃气及水生产和供应业、批发和零售业等以外,还向租赁和商务服务业、金融业、农/林/牧/渔业、科学研究和技术服务业等领域拓展。从行业构成看,以投资较为集中的东盟国家为例,2019年中资企业投资东盟的第一目标行业是制造业约56.7亿美元,同比增长26.1%,占43.5%,主要流向印度尼西亚、泰国、越南、马来西亚和新加坡,显示这些国家劳动力成本优势显著,仍是吸引中国制造业产能转移的主要目的地;第二是批发和零售业约22.7亿美元,同比下降34.7%,占17.4%,主要流向新加坡;租赁和商务服务业位列第三,投资额约11.9亿美元,同比下降20.8%,占9.1%,主要流向新加坡、老挝、印度尼西亚。从2019年中国对东盟投资存量的行业构成看,投向制造业约266.0亿美元,占24.2%,是中国对东盟投资存量最大的行业,主要分布在印度尼西亚、越南、马来西亚、泰国、新加坡、柬埔寨、老挝等;租赁和商务服务业约188.5亿美元,占17.2%,主要分布在新加坡、印度尼西亚、老挝等;批发和零售业约178.1亿美元,占16.2%,主要分布在新加坡、马来西亚、泰国、印度尼西亚等。

表5-2　2019年中国对东盟直接投资的主要行业　　　　　　　　　　（万美元）

行　　业	流量	比重(%)	存量	比重(%)
制造业	567 065	43.5	2 659 869	24.2
租赁和商务服务业	118 912	9.1	1 885 206	17.2
批发和零售业	226 896	17.4	1 781 139	16.2
电力/热力/燃气及水生产和供应业	89 820	6.9	949 871	8.6
建筑业	47 395	3.6	790 793	7.2
采矿业	−5 275	−0.4	770 447	7
金融业	79 597	6.1	688 537	6.3
农/林/牧/渔业	56 365	4.3	536 063	4.9
交通运输/仓储和邮政业	42 119	3.2	378 940	3.4
房地产业	2 368	0.2	160 799	1.5
科学研究和技术服务业	21 304	1.6	122 186	1.1
信息传输/软件和信息技术服务业	18 270	1.4	118 888	1.1
居民服务/修理和其他服务业	14 369	1.1	49 006	0.4
教育	660	0.1	25 862	0.2
卫生和社会工作	4 665	0.4	22 625	0.2
其他行业	17 848	1.5	48 883	0.3
合计	1 302 377	100	10 989 115	100

• 资料来源:商务部、国家统计局、国家外汇管理局,《2019年度中国对外直接投资统计公报》,中国商务出版社2020年版,第49—56页。

四、跨国并购项目有所增长

2019年中国企业对"一带一路"沿线国家实施并购项目91起,较上年增加12起,并购金额29.4亿美元,占并购总额的8.6%。其中,新加坡、科威特、马来西亚吸引中国企业并购投资超5亿美元。从区域分布看,东南亚是中国"一带一路"跨境并购的集中地,其次是南亚。

五、工程承包继续增长

中国与"一带一路"沿线国家在基础设施领域的合作日益加强。2019年,中国企业在"一带一路"沿线的62个国家新签对外承包工程项目合同6 944份,新签合同额1 548.9亿美元,同比增长23.1%,占同期中国对外承包工程新签合同额的59.5%;完成营业额979.8亿美元,同比增长9.7%,占同期总额的56.7%。

第二节 新冠肺炎疫情对亚洲"一带一路"沿线国家的经济影响

由于疫情在亚洲多国再次暴发,疫苗注射的进展也不均衡,新冠肺炎疫情仍继续对亚洲的经济增长造成困扰。

亚洲区域增长呈现出分化的路径,对疫情实现成功控制的那些国家更好地抓住了本轮全球需求复苏的机遇并从中受益。

亚洲发展银行预计2021年亚洲整体经济增长率为7.1%,2022年回落至5.4%。通胀水平预计2021年为2.2%,2022年上升至2.7%。

新冠肺炎疫情仍是当时经济复苏面临的主要风险。

一、疫情下亚洲"一带一路"沿线国家的GDP增速与通胀预期

尽管疫情仍在持续,亚洲发展中国家预计仍将总体维持强劲的反弹态势。2021年区域经济增长率预计可达7.2%,2022年回落至5.4%。东亚与中亚的增长势头部分抵消了南亚、东南亚的增速下滑带来的影响。展望未来,对于区域经济增长最大的风险是伴随着新冠肺炎疫情波动,一旦疫情再度暴发,区域内的经济活动和人员、物资流动将再度受阻,拖累经济复苏。

亚洲发展银行对亚洲发展中国家的2021年通胀预测从《2021年亚洲

发展报告》的2.3%小幅上调至本补充报告的2.4%,反映出石油和其他大宗商品价格上涨,以及几个中亚经济体的货币贬值。按照2021年亚洲发展展望(ADO)的设想,预计2022年通货膨胀率仍将达到2.7%。

布伦特原油价格从新冠肺炎疫情初期的暴跌中恢复过来。它在2021年6月1日突破每桶70美元大关,并持续上涨,到6月底达到75.12美元,整个月平均为70.07美元。为了应对不断增长的需求,其他大宗商品的价格也继续呈上升趋势。在供应方面,欧佩克(OPEC)＋参与者从2021年初开始增加了产量,但沙特阿拉伯在第一季度通过自愿减产使国际油价维持在高位。尽管自4月以来,就连沙特阿拉伯也逐渐增加了石油产量,但市场已轻松吸收了额外的石油产量,自4月中旬以来,油价一直保持在65美元/桶以上。原油期货价差扩大至多年来最高水平,强化了油价的看涨前景。布伦特原油价格预测被上调至2021年的平均每桶67美元和2022年的平均每桶64美元。这3美元的小幅修正反映了新冠肺炎疫情的持续不确定性,以及欧佩克＋和美国石油产量的增加。

（一）南亚区域

南亚区域的经济复苏进程在2021年3月至6月间受到了疫情的严重打击,亚洲发展银行对南亚区域2021年增速的预期从之前的9.5%下调至8.9%。亚洲发展银行同时指出,相较于一年前,企业和消费者已经能更好地适应疫情和限制措施。由此,疫情对经济的负面冲击也会有所缓解,据此,亚洲发展银行将对2022年南亚经济增速的预期从6.6%上调至7.0%。

南亚2021年的通胀预期从5.5%上调至5.8%,主要反映了印度的通胀预期上调,但2022年的通胀预期不变,为5.1%。印度5月份消费者价格指数同比上涨6.3%,食品和燃料价格涨幅均超过预期。亚洲开发银行2021年6月经济展望中将印度2021财年的通胀预测上调0.3个百分点至5.5%,同时将2022财年的通胀预测保持在4.8%。

在该区域的其他地方,由于疲软的国内需求减缓了早期的非食品通胀,孟加拉国2021财年前11个月的平均通胀为5.6%,这一结果略低于2021年ADO预测的全年5.8%。由于食品价格上涨,不丹在2021财年的前9个月遭受了8.2%的通货膨胀。马尔代夫的平均消费者价格通胀在2021年前4个月是0.3%,在政府5月恢复水电补贴和计划从7月开始降低互联网服务价格后,2021年剩余时间可能会下降。

在印度，2020 财年第四季度（印度 2020 财年截至 2021 年 3 月 31 日）的 GDP 增速已经恢复至 1.6%。整个财年的经济收缩幅度从原先预计的 8.0% 缩小至 7.3%。随后的第二波大流行迫使印度许多邦的政府实施了严格的控制措施。早期指标显示，只有在管制措施放松后，经济活动才能迅速恢复。亚洲发展银行预计，由于第二波大流行造成影响，2021 财年印度的 GDP 增速将从 11% 回落至 10%。同时，亚洲发展银行预计，由于到 2022 财年，印度将实现新冠疫苗的广泛接种和群体免疫，经济活动将恢复正常，因此 2022 财年印度有望实现 7.5% 的 GDP 增速。

孟加拉国 2021 财年前 11 个月（该国 2021 财年截至 2021 年 6 月 30 日）的出口增长 13.6%，侨汇同比增长 39.5%，有力促进了经济复苏。孟加拉国 2021 财年前 10 个月的税收收入同比增长 12.9%。然而，该国为应对 4 月以来的第二波疫情所采取的控制措施对商业活动还是造成了影响。

2021 年一季度，马尔代夫旅游业曾呈现乐观景象，当时入境游客人数较之前一季度接近翻番。然而，随着第二波疫情的蔓延，该国不得不对许多岛屿采取严格防疫封禁措施，疫情对旅游业造成了沉重打击，严重拖累了经济复苏进程。

尼泊尔官方预测 2021 财年（截至 2021 年 7 月 15 日）的 GDP 增长率为 4.0%，高于 ADO 预测的 2021 年 3.1%，整体增长更为强劲。这一初步估计是在 4 月下旬发布的，当时正值新冠肺炎疫情反弹之际，政府重新实施了控制措施。早些时候，在 2020 财年，尼泊尔经济实际收缩 2.1%，略高于此前的估计。在尼泊尔，随着更好的收成和更平稳的供应链，食品通胀大大缓解，通胀从 2020 财年前 10 个月的 6.5% 降至一年后的 3.5%。

巴基斯坦政府预计 2021 财年（截至 2021 年 6 月 30 日）实现 GDP 增速 3.9%，制造业与服务业的强劲增长以及侨汇收入的稳步回升支撑了经济的回稳。由于全球大宗商品价格上涨，特别是粮食和原油价格上涨，巴基斯坦在 2021 财年前 11 个月的平均通胀率为 8.8%。斯里兰卡的通货膨胀，以科伦坡消费价格指数衡量，从 1 月份的 3.0% 上升到 5 月份的 4.5%。2021 年前 5 个月的平均失业率为 3.8%，主要受食品和饮料价格上涨的推动。

斯里兰卡在 2021 年一季度经历了一波经济复苏，然而在 4 月以来的第三波疫情的冲击下，政府不得不采取防疫控制措施，直至 6 月下旬才有所放松，旅游业因此受到影响。

（二）东南亚区域

由于东南亚各国为对抗新一波疫情采取限制人流物流的措施，亚洲发展银行对于东南亚地区2021年GDP增速的预测从4.4%下调至4%。其中对印度尼西亚、老挝、马来西亚、泰国、越南及东帝汶的GDP增速的预计被下调，文莱、柬埔寨、缅甸和菲律宾维持不变，而新加坡的增速被上调。考虑到2022年东南亚的疫苗覆盖人群将会更广泛，亚洲发展银行对该地区GDP增速的预测从5.1%上调至5.2%。

目前预计东南亚的通货膨胀率将在2021年略低至2.3%，并在2022年维持在2.4%不变。由于流动性限制仍然存在，大多数经济体的劳动力市场仍然疲弱，脆弱的环境继续抑制消费需求。然而，在供应方面，较高的国际油价正在对商品和服务价格施加压力。

印度尼西亚从2020年三季度到2021年二季度曾经历一轮复苏态势，当时经济活动恢复常态，外部需求限制改善，印度尼西亚政府也适时采取了支持性的财政政策。但随着第二波疫情的冲击，确诊人数不断创下新高，印度尼西亚政府不得不于6月下令采取封锁措施，受此影响，亚洲发展银行对印度尼西亚2021年GDP增速的预测从4.5%下调至4.1%。印度尼西亚1—5月份的平均通胀率为1.5%，始终低于央行设定的2%—4%的目标。印度尼西亚央行将政策利率维持在3.5%不变。2021年的通胀预期下调至2.1%。

亚洲发展银行对马来西亚2021年GDP增速的预测也从6%下调至5.5%。一季度，在国内外市场需求改善环境下（尤其是对电子和电气产品两大品类的需求强劲恢复），马来西亚GDP增速轻微下降0.5个百分点。然而到二季度，疫情回潮，政府扩大了限制措施的范围，这将削弱国内需求。受防疫措施影响，制造业经营环境迅速恶化。如果持续上升的感染数不能得到抑制，该国经济将面临更大不确定性。亚洲发展银行维持对马来西亚2022年GDP增速5.7%的预测不变。随着全球经济强劲复苏，能源和大宗商品价格上涨，马来西亚2021年通胀预期从4月份的1.8%上调至2.0%。2022年将保持在2.0%。

虽然菲律宾GDP在2021年一季度下降了4.2%，但这比前4个季度有所改善，并与4月份的增长预测一致。政府在基础设施和社会援助项目上的持续投入支持了经济复苏，侨汇收入的大幅增长也帮助了家庭支出的回升。私人投资仍然低迷，但是采购经理人指数（PMI）、工业生产和进口等指标逐渐改善。在政府努力下,疫苗注射的速度达到每天25万剂的水平,到2021年年底,马尼拉大都市区的群体免疫有望实现。基于这些情形,亚洲发展银行对马尼拉2021年和2022年GDP增速的预测维持4.5%和5.5%不变。在菲律宾,2021年前6个月的平均通胀率为4.4%,6月份回落至4.1%。2021年5月,政府采取临时措施增加食品供应,包括降低大米和肉类进口关税,并允许在低关税最低准入量条件下进口更多猪肉。据此,亚洲开发银行维持2021年和2022年4月的通胀预测。

随着全球经济持续复苏,对新加坡经济前景的预期已然被提升了一个等级。2021年一季度,得益于制造业的强劲扩张和服务业收缩趋势放缓,新加坡实现了1.3%的正增长。新加坡经济受益于有效的疫情防控措施,重要贸易伙伴需求的反弹,以及稳健的政府公共财政支出。尽管受防疫措施及信心不足影响,私人消费与投资仍呈现收缩态势,但随着防疫措施未来逐步放松,商业信心逐步提升,预计新加坡将实现经济的稳定增长,亚洲发展银行对新加坡2021年GDP增速的预测提升至6%,对2022年GDP增速预测维持4.1%不变。同样,新加坡也将2021年的经济增长预期从4月份的1.0%上调至1.3%,原因是国内需求进一步回升,石油和大宗商品价格不断上涨。2022年的通胀预测不变,为1.2%。

由于私人消费和服务出口持续下降,泰国的GDP在2021年一季度同比收缩2.6%。然而,这部分被政府支出的增加、商品出口的扩大和私人投资所抵消。经济增长面临的一个关键风险是从4月开始的第三波新冠肺炎疫情。私人消费和机械设备投资指标随后下降。国际旅行限制继续拖累旅游业,2021年1—5月的入境人数同比下降99%,至34 753人。2021年的GDP增长预测从3.0%下调至2.0%,2022年的GDP增长预测从4.5%上调至4.9%。通胀预期方面,2021年和2022年的预测保持不变,因为几个类别的价格继续下跌,尤其是新鲜食品、纺织品和娱乐,而运输和汽车价格随着油价上涨而上涨。目前的趋势支持了对越南4月份通胀的预测,即2021年将被下调,但2022年将保持不变。

越南国内生产总值增速从2020年上半年的1.8%加快至2021年同期的5.6%,原因是全球复苏促进了出口,尽管4月底开始的新一波疫情造成了破坏。流动性限制导致2021年6月综合PMI降至44.1,为2020年5月以来最低。2021年,该国最大增长地区的疫苗接种延迟和长期封锁可能会限制流动性和经济活动。2021年的经济增长预期从4月份的6.7%下调至 5.8%。

（三）中亚区域

中亚地区 2021 年 GDP 增长率从 3.4% 提升至 3.6%，这反映出该地区经济体在防疫和经济恢复上所作的努力。中亚地区 2021 年的分区域通胀预测从 2021 年 ADO 的 6.8% 上调至 7.0%。

哈萨克斯坦 2021 年 GDP 增速预测从 3.2% 调整至 3.4%。虽然 2021 年 1—5 月该国 GDP 同比仅增长 1.6%，但消费支出的复苏值得注意，1—4 月零售营业额也实现了 6.2% 的增长。2021 年前 5 个月，机械、建材、轻工业和建筑业增长了 7.2%，大型采掘业以外的投资增长了 25.5%。一季度，由于工资的提高和政府在养老金和奖学金上的支出，实际家庭人均收入增长了 3.4%。2021 年 5 月，政府为经济复苏计划提供了额外的财政支持。未来几个月可能支持经济增长的因素有：疫情限制措施的解除、油价的上涨，以及欧佩克及其合作伙伴达成的欧佩克+石油减产协议的放松。

亚洲发展银行对哈萨克斯坦 2022 年的经济增长预期维持在 3.5%。由于其他中亚国家经济体 2022 年的前景也没有变化，对中亚 2022 年的增长预测将维持在 4.0%。

二、疫情下亚洲"一带一路"沿线国家的投资现状

自 2020 年以来，新冠肺炎疫情对亚洲"一带一路"沿线国家经济造成严重的破坏。包括减少交通服务及关闭学校在内的封禁措施虽然能减少病毒传播，但也对制造业和交通运输业造成了巨大冲击，进而波及整体零售消费。考虑到新一轮疫情暴发正值亚洲经济增长处于 1998 年以来最低水平之际，全球经济也处于自 2009 年以来最脆弱的时刻，疫情急剧放大了亚洲国家的不确定性和经济下行风险。两年来的经验表明，各国政府应对新冠肺炎疫情，最优先的政策重点必须是医疗行业，此外，必须采取相应的金融与财政政策来稳定经济、保护国民健康。而对于那些未受疫情严重影响的国家来说，入境旅游、贸易和金融市场的终端也将造成重大损失。

亚洲"一带一路"沿线国家的许多经济体，在目前的财政支出水平上已经面临巨大的基础设施缺口，随着疫情加剧，各国将面临越来越大的财政压力，私营部门的避险情绪也持续高涨。过去的经验显示，经济低迷时期，因经济增速下降带来的财政困难，政府公共投资也会下降，这在亚洲金融危机之后表现得异常明显，但公共投资的下降会对此后的经济发展造成持久的

损害。因此,对于关键项目,尤其是那些对经济增长和社会稳定具有长期影响的基础设施项目的建设和维护都非常重要。

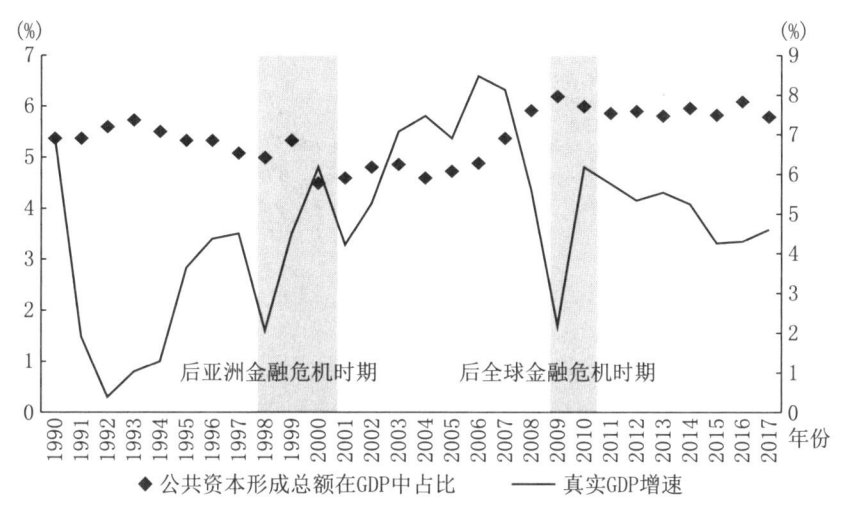

图 5-4 1990—2017 年公共资本形成总额(GFCF-GG,左)在 GDP 中占比与 GDP 增速(右)关系
• 资料来源:国际货币基金组织投资与资本存量数据库,2019。样本源自亚洲投资银行成员国。

新冠肺炎疫情的影响,凸显了为经济社会提供韧性和可持续性的基础设施的重要性。首先,亚洲"一带一路"沿线的经济体需要增加对医疗和公共卫生基础设施的投资,在城市化和贸易互联互通的大趋势下,这一点尤为重要。一个国家应对新冠肺炎疫情的能力很大程度上取决于其基础设施的完备程度,例如清洁的饮水、卫生设施和健全的公共防疫机构,这些基础设施将是卫生安全和流行病防范能力的关键组成部分。

此外,亚洲老龄化的人口年龄结构发展趋势也对公共卫生基础设施提出了更高需求,亚洲 65 岁及以上人口预计到 2040 年将从当前的 4.12 亿增长到 8.02 亿,许多国家 65 岁及以上人口占比将大幅上升,考虑到新冠肺炎疫情中老年人更高的重症比例和死亡率,这也将极大地增加各国对公共卫生基础设施的需求。

其次,可靠的信息与通信技术(ICT)设施是公共卫生基础设施发挥作用的前提和保障。ICT 设施能有效提升卫生保健供给与流行疾病控制的效率。移动通信设施、宽带互联网和移动计算被广泛应用于疫情应对,在交通运输服务受限的背景下,信息的顺畅传达被证明对于抗疫具有非常大的价值。抗击埃博拉病毒期间,许多民间抗疫组织使用短信的方式来向疫区边

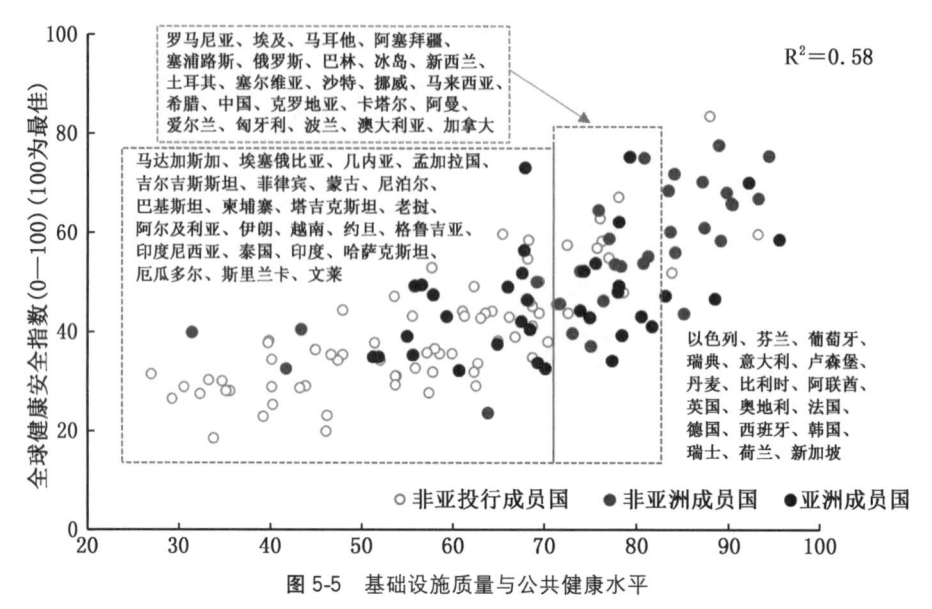

图 5-5　基础设施质量与公共健康水平

• 资料来源：NTI, JHU, "Global Health Security Index Report 2019", The Nuclear Threat Initiative and the Johns Hopkins Center for Health Security, pp.115-312, https://reliefweb.int/report/world/global-health-security-ghs-index-october-2019, [2022-5-30]; Klaus Schwab, "Global Competitiveness Report 2019", World Economic Forum, pp.46-610, https://www3.weforum.org/docs/WEF_TheGlobalCompetitivenessReport2019.pdf, [2022-5-30]。

远村庄宣传病毒和预防相关知识。移动计算设备使得一线的医疗工作者得以现场进行样本检验和实验，得到标准化的知识，这对于了解和应对未知病毒和未知疫情具有重要意义。此外，实时监控系统等软件技术也被广泛应用于接触者追踪。所有这一切，都有赖于对数字通信和电力电气基础设施的持续投资。

再次，疫情的经验显示了支持经济活动和供应链的基础设施必须更具韧性。在疫情背景下，企业寻求增强自身供应链韧性，以避免未来在各种自然灾害或其他动荡中再次陷入供应链断裂的窘境，很多企业将努力实现生产、原料和市场的多元化。供应链的多元化对 ICT 技术提出了更高的要求，以实现对更复杂生产运营环节的监控和协调。疫情期间，隔离的要求导致许多人在家办公或学习，这对良好的国内和跨国 ICT 基础设施和具有韧性的物流体系都提出了更高要求。

虽然持续反复的疫情严重影响了亚洲"一带一路"沿线国家政府对基础设施投融资的力度，但正所谓机遇与危机并存，疫情当中的经验和教训也使得各国政府意识到公共卫生健康和 ICT 等领域的基础设施建设对于疫情后经济恢复发展和未来抗击类似疫情和灾害的重要价值。未来这些领域中国企业对外投资合作也将面对更大的机遇。

第三节　中国对亚洲"一带一路"沿线国家投资的典型案例

近年来,我国企业在对亚洲"一带一路"沿线国家投资实践中,取得了许多成功经验,其中很重要的两条,一是通过先进技术和管理理念的输出,帮助所在地实现先进生产技术的普及与革新,为产业升级提供范本,树立行业标杆;二是积极履行社会责任,为当地民生福祉和生态环境保护做出积极贡献,帮助所在地百姓实现收入水平的提升,共建和谐共处的生态环境。在这两方面,我国华新水泥股份有限公司近年在塔吉克斯坦、柬埔寨、尼泊尔以及坦桑尼亚等国的投资经验非常具有代表性。

一、案例概况

（一）企业介绍

华新水泥股份有限公司(以下简称"华新")于1907年在湖北省黄石市创立,是中国水泥行业百余年的发展历史中硕果仅存的民族企业,被誉为"中国水泥工业的摇篮"。目前,华新水泥年产能为1亿吨,水泥包装袋产能10亿只,环保处置能力600万吨,商品混凝土生产能力2 400万立方米,骨料生产能力6 000万吨,装备制造能力5万吨,具备每年建设4条完整生产线的EPC能力,企业综合实力稳居中国水泥行业前列。

近年来,华新积极走出湖北,走向海外,目前在国内13个省市及中亚、南亚、非洲等地拥有190余家分公司、子公司。近20年来,公司营业收入由6亿元快速增长至314亿元,年均复合增长率高达24%;折旧摊销息税前利润由1.7亿元提升至105亿元,年均复合增长率为25%;在全国水泥市场增加4倍的情况下,公司国内水泥销量由200万吨提高至7 600万吨,实现了超过38倍的快速增长。

（二）企业跨国经营主要成绩

2011年开始,华新开始启动海外业务的发展,在周边国家寻找发展机会。2013年,为响应国家"一带一路"倡议,华新正式将"海外发展"确定为公司发展四大战略之一。当年华新第一个海外项目——华新塔吉克斯坦亚湾工厂正式投入运行。截至目前,华新海外工厂已覆盖中亚、南亚、东南亚和非洲等地的6个国家,运营或在建水泥工厂7家、包装袋厂1家、物流公司1家,水泥总产能1 000万吨,包装袋产能1亿只,中外员工总数约2 500人,境外资产总额超过70亿元,海外工厂年营收超过40亿元。同时,华新还实现了"投资一家,成功运营一家"的海外投资目标,每家境外工厂都做到了当年投产,当年盈利,成为中国建材行业走出去企业的成功典范和业绩标杆。

1. 试水塔吉克斯坦,初战告捷

塔吉克斯坦是中国毗邻的世代友好国家,也是"一带一路"的重要节点国家。经过细致的调研和考察,2011年华新与塔吉克斯坦合作伙伴签订合作协议,正式选择塔吉克斯坦作为华新实施国际化战略的第一站。2013年8月,由华新水泥投资1.2亿美元建设的年产100万吨水泥熟料生产线项目在塔吉克斯坦哈特隆州建成投产,这不仅是华新的第一家海外工厂,也是中国建材行业大型企业在境外投资的第一家工厂,更是塔吉克斯坦首家新型干法水泥生产线。该工厂投产后,彻底改变了塔吉克斯坦以往高质量水泥长期依赖进口的局面,为塔吉克斯坦节约了宝贵的外汇,并使该国工程建设成本大大下降。

2014年,华新再接再厉,与塔吉克斯坦政府签署了投资协议,投资1.5亿美元在塔吉克斯坦北部索格特州建成了第二家水泥工厂。该工厂在世界首家成功实现自备电厂孤网运行能力,这为在能源短缺国家投资建设项目树立了样板。塔吉克斯坦总统拉赫蒙在工厂投产时为其亲笔题词。如今,华新水泥已成为中塔合作的成功典范,是塔吉克斯坦家喻户晓的水泥行业第一品牌。

除做好建设和运营之外,华新还重视将"建设一座工厂,造福一方百姓"的投资理念带到塔吉克斯坦,在当地积极履行企业社会责任。2014年,华新在塔吉克斯坦的工厂投产不到一年的情况下,就投入250万美元无偿为当地捐建了一所学校,同时,还成立华新慈善基金,每年向基金注入上百万元用于捐资助学、扶贫和开展基础设施建设,并与塔吉克斯坦工业技术部、劳动部和教育部合作,开展"三个百万计划"用于帮助塔吉克斯坦改善教学设施、设立奖学金等,惠及塔吉克斯坦学生与村民数万人,华新的这些举措,使得当地居民对企业的态度,从最初的抵触转向认可和赞誉。塔吉克斯坦工业部和税务总局更是自2015年起,连续五年将塔吉克斯坦"最佳工业企业"和"最佳纳税企业"荣誉证书颁发给华新公司。

回顾在塔吉克斯坦的投资和运营之路,从开始运营时的摸索、磕碰到现在的游刃有余,华新在塔吉克斯坦的投资既为后续的海外投资积累了经验,也为华新的进一步海外发展提供了信心。

2. 重建柬埔寨工厂,发扬中柬友谊

2012年,华新与柬埔寨当地政府签订协议,重建卓雷丁水泥厂。卓雷丁水泥工厂最初由中国为柬埔寨修建,后经柬埔寨、泰国、越南、法国等国企业管理,均未能实现工厂的良好运转。华新接手后,投资1亿美元对工厂进行了升级改造。2015年,重建后的华新柬埔寨卓雷丁水泥厂正式投产,经过改造后的工厂,厂区绿树成荫,花香果香沁人心脾,花园式的厂房和以前的破败光景形成鲜明对比。工厂生产的产品主要面向金边、西哈努克港等主要城市。华新卓雷丁工厂在当地出产的产品凭借优异的质量、贴心的服务赢得了当地消费者的广泛认可,市场占有率节节攀升。

2019年,华新在当地进一步投资建设了年产1亿只包装袋的加工厂,填补了当地此类产品产能空白,实现了产品完全替代进口并进一步出口至缅甸、泰国等周边国家。

3. 拓展中亚市场,确立行业龙头地位

在塔吉克斯坦市场站稳脚跟后,华新继而进入乌兹别克斯坦和吉尔吉斯斯坦市场,进一步拓展中亚市场。

2018年,华新在中部国际产能合作论坛上与乌兹别克斯坦政府签订了投资协议。2019年5月,项目顺利开工,虽然推进过程中遭遇新冠肺炎疫情,导致项目人员流动、设备运输安装遇到困难,但经过中乌双方员工一年多的奋斗,到2020年6月该项目顺利建成投产。作为乌兹别克斯坦历史上首家外国独资企业,华新乌兹别克斯坦项目在建设过程中,得到了来自中乌两国政府的大力支持。乌兹别克斯坦政府将项目纳入总统亲自推动的重大项目库,给予各项工作便利;当项目遭遇新冠肺炎疫情,人员不能到达现场时,中乌两国政府又特批华新包机从武汉将100多名员工运抵乌兹别克斯坦,成为疫情发生后湖北省首个包机赴境外复工复产的项目。

此外,2019年12月,华新还通过并购形式获得了吉尔吉斯南方水泥公司100%的股权。至此,华新在中亚地区的工厂数达到4家,产能达到600万吨每年,产品可辐射乌兹别克斯坦塔什干、撒马尔罕、费尔干纳,塔吉克斯坦杜尚别、胡占德,吉尔吉斯斯坦奥什、比什凯克等重要城市,成为当地品牌声誉最好、产能最高、辐射范围最广的行业领导者。

4. 进军南亚,积极推进尼泊尔项目

在南亚,华新选择了与中国拥有良好关系的尼泊尔作为投资第一站。2019年3月,华新尼泊尔项目作为第二届"一带一路"高峰论坛签约成果项目正式开工。该项目计划投资1.5亿美元,建设年产150万吨水泥熟料生产线项目,项目建成后,可大幅提升尼泊尔水泥行业整体质量,改变当地高品质水泥全部依靠进口的局面,并可为尼泊尔直接或间接创造约1 100个工作岗位。

尼泊尔项目启动后,当地居民纷纷改变了前往国外打工的计划,改为参与项目工程工作。通过向项目工地供应各种物资,更多的当地居民实现了收入的增长。华新尼泊尔项目还建设了一条直达工厂所在村庄的公路,改变了以往村民们出行困难的局面。在建设项目电网时,又考虑周边村民们的需求,无偿给各村增加了支线供电,使村民们第一次用上了安全、稳定的电源,取得了良好的社会反响。目前该项目正在抓紧推进中,预计近期将会投产。

二、经验总结与启示

(一) 推动先进技术输出,树立产业标杆

中资企业在亚洲"一带一路"沿线国家参与投资建设时,不仅在当地建设工厂及基础设施,同时也要将先进的工业技术和管理理念输入投资目标国,积极推动当地技术革新,为其产业升级提供样本,树立行业标杆,塑造现代化的中国企业形象。作为掌握世界水泥工业先进技术装备的华新,在向海外投资时,就始终遵循这一理念。

以塔吉克斯坦为例,作为中亚经济发展较落后的国家之一,在华新水泥项目落地之前,塔吉克斯坦当地水泥行业发展水平处于中国20世纪五六十年代水平,全部为湿法窑和立窑,污染大、能耗高、产能低。2011年,华新将中国最先进的水泥生产技术和设备输出到塔吉克斯坦,一举将当地水泥生产技术提升至世界先进水平,刷新了塔吉克斯坦水泥行业的认知。华新在柬埔寨王国的投资也复制了同样的理念。华新柬埔寨工厂所有设备均具备国际领先水平,使该工厂建设完成后即位列世界先进水泥工厂之列,完全颠覆了当地政府和居民对该工厂破旧、落后的旧有认知。

(二) 引领投资目标国产业发展,推动产业进步

众所周知,一个国家产业的健康水平决定了其未来发展的可持续性和

发展高度。中国改革开放四十多年来持续的经济高速发展，离不开科学的产业发展规划。华新在境外的投资，始终秉承互利双赢的思想，帮助投资国引入先进的产业发展理念。各投资目标国通过华新的投资，引入了国际通行的质量检测标准，引领了产业发展。华新还向投资目标国捐赠先进的水泥检测设备，建立建筑材料检验标准，帮助政府推进产业升级。华新的投资帮助投资目标国降低了行业整体能耗水平，减少了污染，保护了生态环境，提高了建筑寿命和抗震能力，在节约了大量外汇和创造税收的同时，有力支持了投资目标国的经济发展。

（三）重视当地民生，积极履行企业社会责任

除了技术上的引领，中资企业也要重视当地民生，积极履行社会责任，在民生、环保方面做出力所能及的努力，改善当地居民生活水平，共建和谐共处的生产环境。华新是中国建材行业领域首家发布社会责任报告的企业，将为民众"建设美好生活"作为企业的使命，在境外的一系列投资中，华新始终遵循"创新、协调、绿色、开放、共享"的新发展理念，秉承企业发展与社会进步、民众福祉相结合的宗旨，积极践行"建设一座工厂，造福一方百姓"的理念。从华新第一个海外项目开始，在每个投资国，华新都成立了华新慈善基金，每销售一吨水泥即提取一定金额到慈善基金，以系统、持续地帮扶当地居民。

（四）培养现代产业工人，促进文化融合

华新在发展过程中，始终视人才为企业发展的根本，也积极帮助投资目标国培养优秀的产业工人。华新在境外的每个项目，都会安排当地员工到华新的成熟工厂进行培训，由熟练的技师手把手教导，使他们快速成长为合格的产业工人，让先进生产技术真正在当地生根发芽。

与此同时，华新积极融入当地，融入社区，开展一系列的文化交流活动，包括与当地政府共同举办运动会，与周边居民一起庆祝传统节日，派出中国员工到当地学校授课以及组织本地语言和汉语培训机构等，使中国员工和本地员工、居民和谐相处，亲如一家，促进了中国文化与投资目标国文化的融合。

（五）政府大力支持

华新在海外的每一步都离不开政府部门的大力支持，特别是作为主管部门的湖北省商务厅和中国驻当地使馆。在为境外项目获取投资证书时，在省商务厅帮助下仅用不到一周就全部完成困难重重的审批环节，为项目

抢抓节点争取了宝贵的时间；通过湖北省商务厅牵线搭桥，华新与其他走出去企业实现经验共享，与优质投行、银行、律所等企业实现了合作，了解了投资目标国的市场信息；在大使馆的支持下，华新得以在与当地政府、股东等争取权益的沟通过程中，拒绝不合理的要求；在疫情期间，华新遇到的包机、物流等问题，也在政府部门的帮助下顺利解决。

第六章
中国对外直接投资——拉丁美洲篇

近年来,中国与拉丁美洲和加勒比地区的贸易增长迅速,中国已成为多个拉丁美洲国家最重要的贸易伙伴。但与此同时,中国对拉丁美洲地区的投资总量较小且波动较大。2003 年中国对拉丁美洲和加勒比地区的直接投资为 17 亿美元,2012 年增至 54 亿美元,2016 年达到 272.3 亿美元的峰值并在随后年份明显下降,2018 年投资流量为 146.1 亿美元、2020 年为 166.6 亿美元。我们发现,总体而言中国在拉丁美洲的外国投资来源中仍然占比较低。中国企业已成为拉丁美洲国家经济的新兴参与者,但中国对拉丁美洲国家的投资并未加深其对能源行业的依赖,也并未对其经济结构和传统资本来源形成明显影响。新冠肺炎疫情发生后,中国对拉丁美洲国家进行了大量援助,为拉丁美洲国家缓解疫情冲击、促进经济社会可持续发展做出了重要贡献。

第一节 拉丁美洲经济增长和外国直接投资现状

2020 年以来,拉丁美洲国家经济增长率迅速下降,其外国直接投资也出现较大幅度的下降,成为中国对拉丁美洲投资的重要背景。这主要由于新冠肺炎疫情及相关限制措施降低了拉丁美洲国家的总需求,同时也降低了外国直接投资流量,对经济增长前景产生了不利影响。

一、拉丁美洲地区的经济增长情况

新冠肺炎疫情的冲击对拉丁美洲经济有明显影响。根据 IMF 的估计,2019 年拉丁美洲和加勒比地区 GDP 增速为 0.1%,2020 年降至 -7.0%,2021 年和 2022 年可能增至 5.8% 和 3.2%。其中,巴西 2019 年经济增速为 1.4%,2020 年降至 -4.1%,2021 年和 2022 年将增至 5.3% 和 1.9%。墨西哥 2019 年经济出现衰退,增速为 -2.0%,2020 年降至 -8.3%,2021 年和 2022 年预计增至 6.3% 和 4.2%。拉丁美洲和加勒比地区经济增速的上升主要由于巴西和墨西哥的经济恢复增长,反映出2021年以来的经济复苏、美国经济前景改善对墨西哥的有利作用,以及巴西贸易条件的改善。但是,最近一段时期新冠肺炎疫情的不确定性仍是未来经济风险的关键来源,遏制病毒传播和保持社会稳定仍是政策的优先选项。

2020年以来,为应对疫情而采取的封锁和应对措施导致了经济活动的迅速下降。2020年第二季度,拉丁美洲国家经历了有记录以来的最严重的经济衰退。由于各国实行封锁、自我隔离等措施,私人消费也出现了大规模收缩,服务业受到较大冲击,失业率上升约1个百分点。与此同时,不确定性增加、货币贬值和金融条件收缩等原因,固定资本形成总额也有明显下降。2020年第一季度,库存下降使GDP增速下降了1.5个百分点,这反映了生产商和进口商对未来增长预期持不确定态度。出口增长在2019年有所上升,但在2020年第一季度陷于停滞。

与此同时,拉丁美洲和加勒比地区的通胀率迅速下降。2019年,拉丁美洲和加勒比地区的年均通胀率为3.2%,比2018年下降了0.1个百分点,延续了2015年以来的下降趋势。2020年前6个月,通胀率进一步下降,该地区平均通胀率下降了1.0个百分点,22个国家(不包括委内瑞拉和玻利瓦尔)平均下降1.2个百分点。截至2020年6月底,该地区23个国家的年通胀率低于3%,这是自2006年以来最多的一次。因此,该地区大多数经济体都经历了历史上最低的通货膨胀率。

二、拉丁美洲和加勒比地区的外国直接投资概况[①]

2020年,流入拉丁美洲的外国直接投资存量下降45%,降至880亿美元,占世界外国直接投资流入量的8.8%,是发展中地区中降幅最大的区域。可能的原因在于,拉丁美洲和加勒比地区遭受了新冠肺炎疫情高死亡率,其经济面临着旅游业收入骤减、出口需求减弱和大宗商品价格下降的严重影响。

不同国家的外资变化方面,拉丁美洲和加勒比地区外国直接投资流入量最大的国家为巴西,248亿美元,下降62.1%;墨西哥291亿美元,下降14.7%;智利84亿美元,下降33.0%;哥伦比亚77亿美元,下降46.3%;阿

---

① 拉丁美洲地区的外国直接投资情况,根据UNCTAD(2021)相关资料整理,参见UNCTAD, World Investment Report 2021, Geneva, 2021。

根廷 41 亿美元,下降 38.1%。

在巴西,经历了严重的新冠肺炎疫情冲击后,其外国直接投资降至 20 年以来的最低水平。巴西服务业外国直接投资下降 37%,其中运输和物流业下降 90%,金融业下降 68%;相比之下,保险业外国直接投资出现增长,英国和澳大利亚等国对巴西可再生能源行业的并购仍然接近 20 亿美元。

在墨西哥,外国直接投资的流入在 2019 年已陷入衰退,因此 2020 年外资流入量降幅较低。由于大宗商品价格波动和对墨西哥政策不确定性的担忧,进入采矿业和石油天然气开采行业的外国直接投资下降接近 50%,国有电力供应商的政策变化导致电力行业外国直接投资下降 67%;同时在美国需求增加的情况下,计算机和电子零件、机械设备制造业外资流入量增长达到 50% 和 113%,流入医疗设备制造业的外国直接投资也有明显增长,预计美国在该行业对墨西哥的投资将持续增加。

在智利,不仅矿产和金属产品出口受到限制,而且随着中国、西班牙和法国等合作伙伴的交易量下降,智利的跨国并购下降 92%。随着智利政府对可再生能源行业的重视,2021 年外国对太阳能发电等行业的并购可能会增加。

在哥伦比亚,外国直接投资下降至 80 亿美元,流向与大宗商品相关的行业——石油开采业(下降 68%)和采矿业(下降 49%)以及制造业(下降 57%)。由于政府努力改善商业环境,预计固定资产投资将在 2021 年反弹 10.5%。

阿根廷的外国直接投资流入自 2018 年以来一直在下降,2020 年下降了 38%,至 41 亿美元。与此同时,大型国际投资者将其本地资产出售给国内或地区投资者,导致阿根廷的并购交易出现 2.9 亿美元撤资。

第二节　中国对拉丁美洲投资的发展情况

在世界经济出现较大幅度波动的背景下,中国对拉丁美洲投资也出现明显变动。其中 2020 年对拉丁美洲直接投资和并购项目增长迅速,工程承包和发展融资有所下降。随着拉丁美洲经济的正常化,中国对拉丁美洲投资可能将有所恢复和增长。

一、中国对拉丁美洲投资概况①

根据商务部统计数据,2019年中国向拉丁美洲地区的直接投资流量为63.9亿美元,同比下降达到56.3%。2020年,中国向拉丁美洲直接投资166.6亿美元,同比增长160.7%,占中国对外直接投资流量的10.8%。2011—2015年,中国对拉丁美洲的直接投资多数年份在100亿—150亿美元,其中2013年达到143.6亿美元;2016年中国对拉丁美洲投资达到顶峰的272.3亿美元,此后明显下降,2017年和2018年分别为140.8亿美元、146.1亿美元,2019年进一步降至2012年以来的最低值,占当年中国对外直接投资流量的4.7%。2020年,中国对拉丁美洲投资大幅增长,主要流向开曼群岛(85.6亿美元)、英属维尔京群岛(69.6亿美元)、阿根廷(4亿美元)、秘鲁(3.2亿美元)、巴西(3.1亿美元)、墨西哥(2.6亿美元),对委内瑞拉的投资流量为负(−4.5亿美元)。

投资存量方面,截至2020年末,中国在拉丁美洲的投资存量为6 298.1亿美元,占中国对外直接投资存量的24.4%。其中,2020年中国对开曼群岛和英属维尔京群岛的投资存量合计为6 126.8亿美元,占中国对拉丁美洲地区投资存量的97.3%。2019年,中国对开曼群岛的投资存量达到2 761.5亿美元,对英属维尔京群岛的投资存量为1 418.8亿美元,两者占中国对拉丁美洲投资存量的95%以上。相比之下,中国对巴西投资存量为44.3亿美元,对委内瑞拉投资存量34.3亿美元、阿根廷18.1亿美元,远低于开曼群岛和英属维尔京群岛。

行业方面,中国对拉丁美洲投资的行业也较为集中,主要投资均在服务业部门,其中信息技术服务业、租赁和商务服务业、批发和零售业占投资总量比重达到70%以上。截至2020年末,信息传输、软件和信息技术服务业投资存量为2 371.2亿美元(占比37.6%),租赁和商务服务业投资存量1 339.0亿美元(占比21.3%),批发和零售业投资存量786.3亿美元(占比12.5%),制造业402.5亿美元(占比6.4%),科学研究和技术服务业371.7亿美元(占比5.9%),上述行业总计投资存量5 270.7亿美元,占中国对拉丁美洲投资存量的83.7%。

---

① 中国对拉丁美洲地区直接投资的变化情况,根据商务部《2019年度中国对外直接投资统计公报》和《2020年度中国对外直接投资统计公报》整理,参见 http://images.mofcom.gov.cn/hzs/202010/20201029172027652.pdf, http://images.mofcom.gov.cn/hzs/202110/20211014083913502.pdf。

近年来,中国境外企业覆盖拉丁美洲32个国家(地区),占拉丁美洲全部国家(地区)数量的65.3%。截至2020年末,中国在拉丁美洲的境外企业数量为3 015家,占中国境外企业总数的6.7%。中国企业在拉丁美洲的并购投资主要东道国(地区)为英属维尔京群岛、巴西、开曼群岛和秘鲁,上述国家和地区分别位于2019年中国对外并购东道国(地区)的第三位、第五位、第七位和第九位。根据巴西外国投资公报,2003年3月至2019年3月,中国对巴西投资总额为710亿美元,中国已经超越美国,成为巴西最大外商投资来源国。[1]

二、中国在拉丁美洲的主要并购项目[2]

并购类投资方面,中国对拉丁美洲地区的并购类投资增长较快,2015年为9个项目、金额77.8亿美元,2018年达到31个并购项目、总额115.1亿美元,2019年和2020年有所下降(分别为15个和7个并购项目,总额均为110亿美元)。并购项目集中于电力基础设施领域,主要集中于智利、秘鲁等国家。

2020年,中国在拉丁美洲地区完成的并购交易包括:中国三峡股份有限公司以41亿美元的价格收购秘鲁最大的电力公司Juz del Sur公司83.6%的股份;中国国家电网集团以24亿美元的价格收购智利第三大分销商Chilquita Energia公司,以2.17亿美元收购了智利Eletrans公司50%的股份,上述三项并购均为与西门子公司的交易。此外,中国工商银行(ICBC)以1.81亿美元的价格从南非标准银行购买了工商银行阿根廷公司20%的股份。标准银行在2006年收购阿根廷波士顿银行(Bank Boston Argentina)时首次涉足ICBC Argentina,然后在2012年将80%的资产出售给了ICBC。该银行在2013年更名为ICBC Argentina。在2020年的交易中,剩余20%的资产出售给了ICBC。2020年11月,国家电网公司以50亿美元的价格收购智利公用事业公司General de Electricidad SA,这使国家电网集团在2020年完成的智利电力部门收购总额达到76亿美元。

2019年中国在拉丁美洲地区的并购交易主要为基础设施领域的并购

---

[1] https://baijiahao.baidu.com/s?id=1631843702116099124&wfr=spider&for=pc.
[2] 中国对拉丁美洲地区的并购项目,主要根据Rebecca Ray, et al.(2021)相关数据整理,参见Rebecca Ray, Zara C. Albright, and Kehan Wang, "China-Latin America Economic Bulletin 2021", Global Development Policy Center, 2021。

项目。其中,湖北能源集团有限公司、CNIC 公司和中国三峡集团有限公司以 13.9 亿美元的价格收购了秘鲁的 Chaglla 水电站项目;中国通用核电公司以 7.8 亿美元的价格收购了巴西两个太阳能发电厂和一个风电场。此外,私营农业企业沃家农业开发股份有限公司以 9.9 亿美元的价格收购了智利 Australis Seafoods SA 的几乎全部股权(99.8%);中国民生投资公司以 3 亿美元的价格,收购了哥伦比亚保险公司 Old Mutual Holding de Colombia SA。

基础设施项目并购是中国对拉丁美洲投资的主要领域,近年来中国在智利和秘鲁的电力行业并购迅速增长。2018 年 4 月,中国三峡集团公司以 14 亿美元的价格收购了秘鲁查格拉(Chaglla)水电站,该水电站承担了秘鲁全国 6% 的发电量;同时,三峡集团通过在秘鲁的分公司宣布了其对 San Gabán 三期大坝项目的并购。在巴西,中国通用核电公司(CGN)收购了两座太阳能发电厂,而且向英国公司购买了大西洋项目风电场,而且以 7.79 亿美元的价格从意大利国家电力公司购买了两个太阳能电场和一个风电场。中国通用核电公司目前是巴西第五大清洁能源生产商,装机容量 1 600 兆瓦,也是最大的太阳能发电公司。截至 2019 年,中国公司拥有巴西 16% 的风力发电容量和 21% 的太阳能发电容量,总计 2 822 兆瓦。同时,中国占巴西 10 亿美元的进口太阳能电池板总量的 99%。2019 年,世界第三大水电项目 Belo Monte 大坝第二条输电线路,由中国国家电网建设完成,将巴西北部水电站与南部消费市场联结起来。Belo Monte 大坝的第一条输电线路于 2017 年开通,中国国家电网拥有 51% 的股权,第二条线路由国家电网公司建造,成本约 22 亿美元。整体而言,中国国家电网集团目前在巴西拥有 15 761 公里输电线路。

三、中国在拉丁美洲的工程承包市场[①]

根据商务部《中国对外承包工程国别(地区)市场报告 2019—2020》,拉丁美洲和加勒比地区是中国对外承包工程的第三大市场,基础设施建设是中国与拉丁美洲国家投资合作的最重要领域。2019 年,中国在拉丁美洲地区新签合同金额 198.7 亿美元(同比增长 9.0%),完成营业额 116.4 亿美元(同比下降 2.8%)。在新签合同金额达到历史最高纪录的同时,2019 年中

---

① 中国对拉丁美洲工程承包情况,根据商务部《中国对外承包工程国别(地区)市场报告 2019—2020》整理,参见 http://images.mofcom.gov.cn/fec/202012/20201201174252820.pdf。

国在拉丁美洲地区的完成营业额自 2015 年以来连续下降,仅略高于 2012 年营业额水平。

主要国家方面,中国在拉丁美洲地区的主要工程承包市场为哥伦比亚、巴西、墨西哥、阿根廷、秘鲁等国。2019 年,中国在哥伦比亚新签合同金额达到 51.2 亿美元,同比增长 1 254%,主要来自哥伦比亚的大型项目签署;巴西新签合同 30.3 亿美元,同比增长 17.5%;墨西哥新签合同 18.7 亿美元,同比增长 46.2%;阿根廷新签合同 18.0 亿美元,同比下降 44.1%。与此同时,中国在巴西完成营业额 22.5 亿美元(同比下降 13.7%)、阿根廷 16.1 亿美元(同比增长 1.4%)、玻利维亚 14.3 亿美元(同比增长 107.6%)、秘鲁 11.1 亿美元(同比增长 1.9%)。中国在拉丁美洲的承包工程市场中,巴西、阿根廷和厄瓜多尔发展较为迅速。近年来,中国通过直接投资和并购项目,成为巴西最大外国直接投资来源国。这主要包括火电厂建设、高压输电线路、铁路、公路和港口建设等多个项目。在厄瓜多尔,中国与厄瓜多尔签署共建"一带一路"合作文件,广泛参与了当地基础设施建设。

业务领域方面,中国在拉丁美洲市场的工程业务主要在交通运输建设、通信工程建设和电力工程建设等领域。2019 年,交通运输行业新签合同金额 93.5 亿美元(同比增长 70.4%)、一般建筑行业新签合同金额 29.7 亿美元(同比增长 225.6%)、通信工程建设行业新签合同金额 23.9 亿美元(同比下降 8.1%)、石油化工行业新签合同金额 19.5 亿美元(同比下降 23.1%)、电力工程行业新签合同金额 15.2 亿美元(同比下降 30.5%);同时,交通运输行业完成营业额 32.4 亿美元(同比增长 77.6%)、通信工程行业完成营业额 19.9 亿美元(同比下降 11.3%)、电力工程建设行业完成营业额 19.5 亿美元(同比下降 30.3%)、一般建筑行业完成营业额 12.2 亿美元(同比增长 2.2%)、石油化工行业完成营业额 8.3 亿美元(同比下降 15.9%)。

四、中国对拉丁美洲的发展融资[1]

中国对拉丁美洲国家的发展融资变化幅度较大。2013—2016 年,中国对拉丁美洲国家的融资均超过 100 亿美元,其中 2015 年达到 215 亿美元。2017 年开始,中国的融资额显著下降,其中 2017 年为 62 亿美元、2018 年为

---

[1] 参见 Rebecca Ray, Zara C. Albright, and Kehan Wang, "China-Latin America Economic Bulletin 2021", Global Development Policy Center, 2021。

21亿美元、2019年11亿美元、2020年未确定新融资额度。自2020年开始，中国进出口银行和国家开发银行将注意力转向了对现有债务的重新谈判。

2019年,中国国家开发银行和进出口银行向拉丁美洲和加勒比国家发放主权贷款11亿美元,这是近十年来的最低水平。巴西国家石油公司在过去几年大量从中国两大政策性银行借款,但在2019年支付了两笔未偿还的贷款。厄瓜多尔的外部债务总额可能已经超过了宪法规定的上限,而与IMF签署的协议限制了其进一步借贷的可能性。此外,中国在过去几年中逐渐减少了其在委内瑞拉的融资活动,最近的活动主要为更新现有的信贷额度。虽然中国政策性银行在拉丁美洲和加勒比国家贷款中占据重要地位,但美洲开发银行(IDB)和拉丁美洲开发银行(CAF)对该地区的贷款增长迅速,已经超过了中国国家开发银行和进出口银行的总和。2019年中国政策性银行向拉丁美洲和加勒比国家的贷款项目主要集中在基础设施行业。其中包括向多米尼加提供6亿美元贷款,用于改善该国的配电系统;向阿根廷提供2.36亿美元贷款,用于其改善铁路线和车辆运营;向苏里南借款2亿美元用于机场升级;向特立尼达和多巴哥提供1.04亿美元贷款,用于工业园区开发建设。

近年来,厄瓜多尔一直站在与中国重新谈判债务的前列。2020年,它成功地通过谈判,在2021年年中之前暂停向中国国家开发银行和进出口银行支付8.91亿美元("厄瓜多尔 totaliza alivio" 2020)。中国积极参与了G20针对低收入国家的暂停还本付息倡议(DSSI),但只有极少数拉丁美洲和加勒比国家符合资格,截至撰写本章时,只有多米尼加和圭亚那参与。事实上,根据世界银行的数据,最贫穷国家欠G20国家的1780亿美元官方双边债务中有63%是欠中国的(世界银行,2020年)。到2020年11月,中国在DSSI下的债务减免已达到21亿美元(Nyabiage, 2020)。尽管如此,截至本章撰写之时,尚未就厄瓜多尔以外的拉丁美洲和加勒比地区的其他债务重组达成公开协议。

五、根据 ALC-China 统计数据的分析[①]

在中国商务部相关统计的基础上,我们进一步根据 ALC-China 的中国

[①] 根据 Enrique Dussel Peters(2021)相关数据整理,参见 Enrique Dussel Peters,《2021年中国在拉丁美洲和加勒比地区直接投资报告》,México: Red ALC-China, https://www.redalc-china.org/monitor/images/pdfs/menuprincipal/DusselPeters_MonitorOFDI_2021_Chn.pdf,访问时间:2022年8月17日。

在拉丁美洲企业经营数据,讨论中国企业在拉丁美洲的具体行业、企业类别和对东道国就业的影响。就总体投资趋势而言,2015年以来中国对拉丁美洲地区总体投资呈较大波动特征。2017年,中国对拉丁美洲地区投资总额达到163.7亿美元、2019年进一步升至173.3亿美元,但2020年同比下降34%、降至114.6亿美元。中国在拉丁美洲地区的交易数量在2017年达到67项,随后不断下降,2020年仅为15项。

行业方面,中国对拉丁美洲地区的投资产业发生了重要变化。2000—2004年,金属矿产业、交通运输业占中国对拉丁美洲直接投资总额的90%以上,而在2015—2020年间,金属矿产业和交通运输业分别占中国投资总额的28.7%和65.5%。2005—2009年,中国投资的原材料产业占投资总额的70%左右,而在2015—2020年间,该类投资占中国投资总额的比例降至60%以下。2010年以来,电信、汽车等行业的投资不断增长,甚至超过了金属矿产业。

所有权和企业来源方面,中国对拉丁美洲地区的投资主要以公共部门为主,同时私营部门增长迅速。2000—2020年间,中国国有企业在拉丁美洲地区的直接投资占投资总额的78.2%、占中国投资创造就业总额的42.9%。同时,来自北京的企业在中国对拉丁美洲投资的企业中占有突出地位,占投资总额的63.7%;广东、上海和香港也是中国向拉丁美洲地区投资的重要地区。在中国对拉丁美洲地区投资的企业中,前5家企业(全部为能源行业的国有企业)的39项交易占中国对拉丁美洲投资总额的36.9%。其中,中石化集团交易共11项、直接投资额181.4美元;国家电网集团交易共7项、直接投资额127.9亿美元;中国三峡集团交易共8项、直接投资额126.6亿美元;国家电力投资集团交易共3项、直接投资额89亿美元;中石油集团交易共5项、直接投资额44.7亿美元。与此同时,滴滴公司在拉丁美洲产生巨大影响,其在2018—2020年的5项投资为当地创造就业机会16.26万个,拉丁美洲地区将会改变对中国直接投资及其创造就业质量的认识。

就业方面,中国在拉丁美洲地区直接投资对东道国就业产生了重要影响。2017—2020年,中国投资的就业员工数量从7.3万人增至17.3万人;其中,并购类投资就业人员数量有所降低,从2017年最高值5.3万人降至2020年的0.8万人;绿地投资对就业的促进作用更加显著,从2017年的2.0万人增至2020年的16.5万人。与此同时,每笔投资交易在拉丁美洲地区创造的就业机会数量也在增长,2015—2020年平均每笔投资交易创造1 748个就业机会,而2020年私营企业单笔直接投资交易创造就业机会23 201个,同时国有企业平均创造就业机会1 343个。

东道国方面,中国在拉丁美洲地区投资的东道国也发生了重要变化。2010—2014年,中国在拉丁美洲地区直接投资总额的61.2%位于阿根廷和巴西;2017年以来,智利、哥伦比亚、墨西哥和秘鲁等国已成为中国投资的主要接受国。2020年,智利、哥伦比亚、墨西哥已占到中国在该地区投资总额的76.85%。

表6-1 拉丁美洲和加勒比地区:中国直接投资主要影响(2000—2020年)

(亿美元,人)

年 份	交易数量	直接投资额	就业
全部直接投资			
2015	38	111.51	29 634
2016	37	78.99	30 426
2017	67	163.70	73 326
2018	63	155.95	58 489
2019	27	173.28	37 829
2020	15	114.64	173 154
并购类直接投资			
2015	9	77.84	17 845
2016	17	64.16	21 483
2017	29	111.81	52 990
2018	31	115.05	34 401
2019	15	110.04	28 589
2020	7	110.00	8 330
新增直接投资			
2015	29	33.67	11 789
2016	20	14.83	8 943
2017	38	51.89	20 336
2018	32	40.90	24 088
2019	12	63.25	9 240
2020	8	4.64	164 824

• 资料来源:恩里克·杜塞尔·彼得斯(Enrique Dussel Peters),《2021年中国在拉丁美洲和加勒比地区直接投资报告》,第8页,https://www.redalc-china.org/monitor/images/pdfs/menuprincipal/DusselPeters_MonitorOFDI_2021_Chn.pdf,访问时间:2022年5月30日。

第三节　中国投资与拉丁美洲国家的经济结构[①]

部分研究认为,中国企业投资对拉丁美洲国家的经济结构产生了一定影响,尤其是能源行业投资不利于东道国的产业结构多样化,甚至加深了东道国对能源行业的依赖。对于这一问题,我们将讨论中国投资在整体拉丁美洲地区 FDI 中的地位和作用,讨论中国投资对拉丁美洲国家经济结构的影响。

一、中国对拉丁美洲的绿地投资

绿地投资方面,自 2015 年以来,由于大宗产品价格下降、中美贸易摩擦等影响,拉丁美洲国家绿地投资有所下降。2018 年拉丁美洲地区绿地投资降至 2009 年以来的最低水平,尤其采掘业受影响最大。在此期间,2010—2014 年中国对拉丁美洲年均直接投资约 100 亿美元,但中国仍未能成为该地区主要的 FDI 来源国。2005—2019 年,中国在拉丁美洲 FDI 总额的比例在 10% 以下,而在此期间,美国(22.6%)、西班牙(11.9%)、拉丁美洲地区(10.0%)、加拿大(7.2%)和德国(6.5%)成为该地区的主要绿地投资来源,中国排在第六位。

表 6-2　拉丁美洲地区绿地投资和并购项目的主要来源

	2005—2009 年	2010—2014 年	2015—2019 年	2005—2019 年
绿地投资				
美国	23.5%	21.6%	22.9%	22.6%
西班牙	10.3%	11.4%	14.3%	11.9%
拉丁美洲地区	8.6%	10.8%	10.5%	10.0%
加拿大	8.1%	8.6%	4.3%	7.2%
德国	6.3%	7.0%	5.9%	6.5%
中国	4.0%	5.9%	6.8%	5.6%
并购项目				
美国	17.0%	18.5%	18.3%	18.1%
拉丁美洲地区	17.7%	14.3%	14.1%	15.1%
中国	2.4%	10.5%	16.3%	10.1%
西班牙	9.4%	11.6%	4.1%	8.9%
加拿大	8.7%	5.3%	12.5%	8.2%

- 资料来源:Victoria Chonn Ching, "Butting in or Rounding Out? China's Role in Latin America's Investment Diversification", Global Development Policy Center, Working Paper 016, 2021, pp.10-14。

[①] 根据 Victoria Chonn Ching(2021)整理,参见 Victoria Chonn Ching: "Butting in or Rounding Out? China's Role in Latin America's Investment Diversification", Global Development Policy Center Working Paper 2021/07, No.016。

具体而言,中国在 2005—2019 年占拉丁美洲地区绿地投资份额虽有所上升,但总体比例仍然较低。2005—2009 年,中国占该地区绿地投资总额的比例为 4.0%,2010—2014 年上升至 5.9%,2015—2019 年进一步升至 6.8%。相比之下,2005—2009 年,美国占该地区绿地投资总额的比重为 23.5%,2015—2019 年降至 22.9%;西班牙占该地区绿地投资的比例从 2005—2009 年的 10.3%升至 2015—2019 年的 14.3%;拉丁美洲地区也从 2005—2009 年的 8.6%上升至 2015—2019 年的 10.5%,德国从 2005—2009 年的 6.3%下降至 2015—2019 年的 5.9%。这表明,发达国家尤其是美洲国家仍是拉丁美洲地区绿地投资的主要来源。

就不同部门而言,美国仍然是拉丁美洲地区制造业、通信业绿地投资的主要来源国,2005—2019 年分别占该地区绿地直接投资来源的 24.97%和 31.69%;西班牙在可再生能源绿地投资方面占主导地位,2005—2019 年占该地区绿地投资来源的 29.93%;美国也是多数时期煤炭、石油和天然气行业的主要投资国(2005—2019 年占该地区绿地投资来源的 21.55%),加拿大在拉丁美洲地区采矿业中占最大比重(2005—2019 年占该地区绿地投资来源的 46.10%)。

在这一时期,中国占拉丁美洲地区制造业绿地投资中的比重从 2005—2009 年的 3.8%上升至 2015—2019 年的 8.3%,占该地区通信行业绿地投资的比重从 0.2%上升至 2.2%,可再生能源行业则从 0.0%上升至 5.2%,煤、石油、天然气行业从 1.9%上升至 3.9%,采矿业从 10.4%降至 5.7%。因此,中国在拉丁美洲的投资主要是对其贸易的补充,同时采矿业占比逐渐降低、制造业等行业占比上升也显示出中国在拉丁美洲的投资日益多样化的现实。

二、中国对拉丁美洲的并购项目

在并购项目方面,美国公司也是拉丁美洲地区的主要并购者。2005—2019 年,美国占拉丁美洲地区并购总额的 18.1%,拉丁美洲本地区占该地区并购总额的 15.1%,中国占并购总额的 10.1%。此外,西班牙和加拿大分别占拉丁美洲地区并购总额的 8.9%和 8.2%。这表明尽管中国已成为拉丁美洲国家的并购投资方,但中国并未改变该地区传统投资者的地位。

在这一时期,中国并购项目的出售国较为集中,主要为巴西、加拿大和瑞士等国。2005—2019年，巴西占中国并购金额来源的39%，加拿大占比为11%，瑞士占比10%。尤其在巴西，中国投资和并购较为广泛，包括汽车行业、软件和IT服务、采掘和能源行业，显示出更加多样化的趋势。另一方面，由于部分项目未能遵守当地环境标准，秘鲁的并购项目延期也表明中国企业和投资仍有改进的空间。

因此，随着中国与拉丁美洲地区经济联系日益增加，中国成为拉丁美洲地区的重要投资来源，但总体而言中国投资占其投资来源的总体比重仍然较低，中国企业并未加深其对能源行业的依赖，也并未对其经济结构和传统资本来源形成明显影响。

第四节 中国对拉丁美洲地区的投资前景

中国在拉丁美洲一直是一个快速增长和发展的参与者。在中国对拉丁美洲地区投资、援助等不断增长的同时，中国与拉丁美洲国家的贸易发展更为迅速，对东道国产生了重要、积极的影响。

一、中国与拉丁美洲国家的贸易与投资关系

2020年，拉丁美洲地区的GDP下降了7%以上，区域商品出口额总体明显下降；尽管如此，中国与拉丁美洲国家的贸易额仍在经济衰退中保持稳定，拉丁美洲地区对中国的商品出口从1 352亿美元小幅上升至1 356亿美元，中国对拉丁美洲地区的商品出口从1 613亿美元小幅下降至1 600亿美元。但随着拉丁美洲地区GDP的急剧下降，与中国的贸易额占拉丁美洲地区GDP的比例达到7.0%，显示出双方贸易的强劲增长潜力。与此同时，截至2020年末中国在拉丁美洲的投资存量为6 298.1亿美元，中国对拉丁美洲的并购项目达到110亿美元，发展融资和援助也不断增加。

在此背景下，中国和拉丁美洲之间的不对称导致一些言论认为，由于中国作为更强大的参与者的地位，中国的获益普遍高于拉丁美洲国家在双边经济中的收益。但与此同时，很少有人谈及中国在进入拉丁美洲投资领域时的定位，以及该地区国家受到中国投资的具体影响。根据LAC-China的统计分析，中国在拉丁美洲的投资对东道国经济社会产生了重要、积极的作

用。这包括2010年以来电信、汽车等行业的直接投资不断增长,私营经济投资增长更加迅速,中国投资企业的就业员工数量从7.3万人增至17.3万人;带动了东道国相关产业发展和就业水平提升,为拉丁美洲国家的经济增长做出了重要贡献。尤其自新冠肺炎疫情出现以来,拉丁美洲国家的疫情较其他地区更为严重,中国向该地区捐赠了1.25亿美元的物资,为相关国家的经济恢复和社会稳定提供了有力保障。

二、中国对拉丁美洲国家的援助与意义

由于新冠肺炎疫情的冲击对拉丁美洲国家社会经济产生了严重影响,中国也增加了对拉丁美洲国家的援助规模。截至2021年2月,拉丁美洲地区共报告了近2000万例病例,约60万人死亡。尽管该地区占世界人口比例不到10%,但该地区的病例占世界病例总数的20%,显示出拉丁美洲地区新冠肺炎疫情的严重程度。其中,巴拿马的人均病例数最高,约为每千人76例,其次是巴西、阿根廷和哥伦比亚,人均病例数约为每千人43例。

在此背景下,中国向拉丁美洲国家提供了大量援助。自2020年以来,中国向该地区捐赠了1.25亿美元的物资,从口罩、防护设备到技术设备等。根据威尔逊中心的跟踪数据,中国对拉丁美洲地区的援助包括检验包1.28亿美元、通风设备0.51亿美元、现金0.14亿美元、口罩0.13亿美元、其他个人防护设备600万美元。其中,中国对拉丁美洲国家的防疫物资援助主要集中在委内瑞拉和古巴。对委内瑞拉的援助超过1亿美元,相当于每个病例870美元;对古巴的援助为每个病例132美元;同时按每个病例援助额度计算,乌拉圭为37美元、智利为36美元、萨尔瓦多为21美元、海地16美元、厄瓜多尔15美元、墨西哥5美元,而巴西和哥斯达黎加的每个病例获得的援助均在5美元以下。中国的援助对于相关国家缓解经济困难、促进社会稳定起到了重要作用。

因此,中国和拉丁美洲是经济产业结构高度互补的贸易伙伴,中国对拉丁美洲国家的援助有效缓解了疫情对相关国家的影响,提升了经济社会的可持续性。在双方贸易投资水平不断提升的背景下,中国和拉丁美洲双方要继续深化基础设施、能源、农业等传统领域的合作,同时顺应数字化、网络化、智能化发展趋势,推动能源产业转型升级,实现中国和拉丁美洲产能合

作高质量跨越发展,推动中国和拉丁美洲全面合作伙伴关系迈向更高水平。尤为重要的是,在全球经济格局不断变动的趋势下,中国和拉丁美洲双方在未来的发展中要加强在多边舞台及全球治理中的沟通协作,积极维护广大发展中国家的正当权益,形成共同推进南南合作、完善全球治理体系的新时代战略协作伙伴关系,提升国际治理的话语权,促进多边和区域合作的有序发展。

第七章
中国对外直接投资——非洲篇

自"走出去"战略实施以来,中国对非洲投资发展迅速,2003年至2015年中国对非洲直接投资流量从0.7亿美元增至29.8亿美元,2017年进一步增至30亿美元以上。但是,2019年和2020年中国对非洲直接投资波动较大,分别为27.1亿美元和42.3亿美元;同时工程承包有所下降,非洲占中国对外直接投资存量的比例仍然较低。在非洲疫情尚未得到控制的背景下,国内对非洲投资的趋势可能会有所放缓。

在此进程中,中国对非洲的基础设施融资项目迅速增长,成为非洲国家重要的双边债权国。但中国对非洲的贷款主要集中在少数国家,对大多数债务风险和困境国家的影响较小;同时中国的贷款项目对于非洲国家缓解基础设施困境、促进区域经济增长和可持续发展,具有重要现实意义。

第一节 非洲经济现状与外国直接投资发展情况

2020年开始,由于新冠肺炎疫情的影响,非洲国家经济增长出现较大波动,其外国直接投资也出现显著下降趋势,这对非洲的经济前景产生了负面影响,也成为中国对非洲投资的重要制约因素。

一、非洲经济增长趋势[①]

自2000年以来,非洲经济增长迅速,但新冠肺炎疫情的冲击导致其增长率出现急剧下降。2015—2019年非洲年均增长率为3.24%、2017年甚至达到4.20%(仅次于亚洲);但2020年降至-2.1%,这是有记录以来的最低增速,比国际货币基金组织(IMF)的预测低近6个百分点。据估计,即使疫情得到有效控制,非洲许多国家仍要迟至2022—2024年才能恢复到

[①] 非洲经济增长趋势根据国际货币基金组织(IMF)和非洲开发银行(AfDB)相关数据整理,参见 IMF, "Regional Economic Outlook", April 2021; AfDB, "African Economic Outlook 2021: From Debt Resolution to Growth—The Road Ahead for Africa", African Development Bank, 2021。

2019年的产出水平。

2020年,非洲经济的表现地区差异较大。在东非,由于对初级产品的依赖较少和产业结构更加多样化,经济增长更具弹性。2019年,东非经济增速为5.3%,2020年约为0.7%,2021年预计为3.0%,2022年可能达到5.6%。其中,2021年吉布提和肯尼亚增速将超过5.0%,坦桑尼亚和卢旺达将超过3%。在南部非洲,由于新冠肺炎疫情较为严重,南部非洲2020年经济增速为－0.7%,2021年和2022年增长率可能上升至3.2%和2.4%。在西非,2020年经济增速为－1.5%,国家间的表现差异较大。其中贝宁、科特迪瓦和尼日尔实现了正增长,而佛得角、利比里亚和尼日利亚增速为负。随着封锁的缓解和商品价格上升,该地区2021年和2022年的增长预计为2.8%和2.9%。在中部非洲,2020年GDP增速为－2.7%,其中喀麦隆、刚果、民主刚果和几内亚受新冠肺炎疫情的影响较为严重。预计2021年中部非洲的增长率将恢复至3.2%,2022年进一步增至4.0%。在北非,2020年经济增速为－1.1%,多数国家经济大幅收缩,其中突尼斯、摩洛哥和阿尔及利亚经济增速降至－4%以下。与此同时,埃及经济仍保持了3.6%的增长,成为北非地区经济增速最高的国家。

二、非洲外国直接投资的变化[①]

2020年,非洲外国直接投资流入量为398亿美元,同比下降15.6%,占世界外国直接投资流入量的4.0%。由于新冠肺炎疫情的持续冲击对全球和非洲产生了长期影响,非洲国家外国直接投资金额和项目数的降幅均高于发展中国家的平均降幅。

由于非洲大陆遭遇了25年来的首次衰退,多数国家的外国直接投资均出现明显下降。2020年,外国直接投资超过30亿美元的国家有3个,20亿—29亿美元的国家有3个,10亿—19亿美元的国家7个,5亿—9亿美元的国家9个,低于5亿美元的国家25个。2020年,非洲外国直接投资流入量前五位的国家为:埃及外国直接投资流入量为59亿美元(下降35.1%),刚果40亿美元(增长19.3%),南非31亿美元(下降39.4%),埃塞俄比亚24亿美元(下降6.0%),尼日利亚24亿美元(增长3.5%)。

[①] 非洲国家的外国直接投资变化趋势,根据UNCTAD数据整理,参见UNCTAD, World Investment Report 2021, Geneva, 2021, pp.38-44。

就来源国而言,非洲 2019 年外国直接投资存量最高的国家分别为荷兰(约 670 亿美元)、英国(约 660 亿美元)、法国(约 650 亿美元)、中国(约 444 亿美元)和美国(约 430 亿美元)。其中,2015—2019 年荷兰对非洲投资存量下降 350 亿美元、美国下降 90 亿美元;英国、法国和中国分别增长 80 亿美元、30 亿美元和 90 亿美元。同时,毛里求斯 2015—2019 年对非洲投资存量增长 200 亿美元,达到 370 亿美元;南非对非洲投资存量增长 110 亿美元,达到 330 亿美元;意大利对非洲投资存量增长 100 亿美元,达到 310 亿美元。三者成为对非洲投资最快的三个国家。

就行业而言,2020 年非洲外国直接投资的绿地项目和金额均比 2019 年下降 50% 左右。其中,2020 年绿地投资项目 556 个(2019 年为 1 063 个),投资金额 289.97 亿美元(2019 年为 766.37 亿美元)。具体行业方面,制造业外国绿地投资降幅最大,2020 年绿地投资项目 198 个,金额 84.68 亿美元,仅为 2019 年的 1/4 左右;基础行业投资项目 12 个(2019 年 23 个),投资金额 13.81 亿美元(2019 年投资金额 28.29 亿美元);服务业投资项目 346 个,投资金额 191.49 亿美元(2019 年投资项目 631 个,投资金额 411.86 亿美元)。细分行业方面,信息和通信行业是唯一增长的行业,该行业 2020 年绿地投资项目 115 个(2020 年 100 个)、投资金额 89.60 亿美元(2019 年 46.39 亿美元);能源行业投资项目 37 个,投资金额 53.12 亿美元;精炼石油行业投资项目 3 个,投资金额 23.15 亿美元;食品、饮料和烟草行业投资项目 38 个,投资金额 13.82 亿美元;交通和仓储业投资项目 26 个,投资金额 12.77 亿美元;汽车行业投资项目 29 个,投资金额 11.11 亿美元。

2020 年非洲并购项目和金额也大幅下降。其中,并购项目共 87 个(2019 年为 140 个),并购金额 33.34 亿美元(2019 年为 58.35 亿美元)。具体而言,并购项目和金额下降最大的是服务业,2020 年并购项目 60 个(2019 年为 86 个),并购金额 5.90 亿美元(2019 年 35.37 亿美元);制造业并购金额有所上涨,2020 年达到 22.47 亿美元(2019 年 21.14 亿美元);基础行业并购项目降为 9 个,但并购金额从 2019 年的 1.84 亿美元增至 2020 年的 4.98 亿美元。

就地区而言,流入北非的外国直接投资从 2019 年的 140 亿美元减少到 2020 年的 100 亿美元,减少了 28.6%,大多数国家的外国直接投资大幅下降。流入撒哈拉以南非洲的外国直接投资 2020 年减少了 12%,降至 300 亿美元。只有少数国家的投资有所增长。在西非,流入尼日利亚的资金略有增加,从 2019 年的 23 亿美元增至 24 亿美元。加纳的外国直接投资在 2020 年下降了 52%，流入量从 2019 年的 39 亿美元降至 19 亿美元。上半年严格的封锁措施导致了投资下降，加纳是非洲大陆第一批实施流动限制的国家之一。中部非洲是非洲唯一的外国直接投资在 2020 年增加的区域，流入量为 92 亿美元，而 2019 年为 89 亿美元。2020 年，对东非的外国直接投资下降至 65 亿美元，比 2019 年下降 16%。埃塞俄比亚尽管流入量减少 6%，降至 24 亿美元，但仍占该区域外国直接投资的 1/3 以上。尽管埃塞俄比亚经济遭受了这一疫情的影响，特别是在招待、航空和其他服务方面，但仍然增长了 6.1%。对南部非洲的外国直接投资减少了 16%，达到 43 亿美元，其中莫桑比克和南非的流入最多。莫桑比克资本流入稳定，增长 6%，达到 23 亿美元。

预计到 2021 年，非洲的外国直接投资将增加，但幅度有限。鉴于 2021 年国内生产总值预计增长率（3.6%）低于全球平均水平，而且疫苗推广计划缓慢，非洲的投资复苏可能落后于世界其他地区。因此，对非洲的外国直接投资在短期内面临着巨大的不利因素，并存在着巨大的下行风险。从长远来看，疫苗的供应、国内经济复苏政策和国际金融支持对外国直接投资的复苏和后工业化复苏至关重要。

表 7-1　2013—2021 年非洲 GDP、贸易和 FDI 增长率　　　　　　（%）

年份	2013 年	2014 年	2015 年	2016 年	2017 年	2018 年	2019 年	2020 年	2021 年
GDP	1.1	3.2	2.6	1.8	3.4	3.4	2.9	-3.5	3.6
贸易	-25.2	-8.1	-4.5	3.8	13.7	4.9	1.6	-10.4	8.4
FDI	-11.3	7.6	6.2	-20.1	-13.1	12.9	3.9	-15.6	(0—10)

• 资料来源：UNCTAD, "World Investment Report 2021: Investing in Sustainable Revovery", Geneva, 2021, p.43。

第二节　中国对非洲直接投资发展情况

2019 年和 2020 年，中国对非洲直接投资波动较大，工程承包有所下降，非洲占中国对外直接投资存量的比例仍然较低。

一、总体概况[①]

2019 年，中国对非洲的直接投资为 27.1 亿美元，同比下降 49.9%，占

---

① 中国对非洲直接投资的变化情况，根据商务部《2019 年度中国对外直接投资统计公报》和《2020 年度中国对外直接投资统计公报》整理，参见 http://images.mofcom.gov.cn/hzs/202010/20201029172027652.pdf, http://images.mofcom.gov.cn/hzs/202110/20211014083913502.pdf，访问时间：2022 年 8 月 11 日。

当年对外直接投资流量的2.0%。截至2019年末,中国在非洲地区的投资存量约为444亿美元。2011—2016年,中国对非洲直接投资流量稳定在30亿美元左右,2017年升至41.1亿美元,2018年达到峰值(53.9亿美元)。

2020年,中国对非洲直接投资流量42.3亿美元,同比增长56.1%,占2020年中国对外直接投资流量的2.8%。截至2020年末,中国对非洲直接投资存量为434亿美元,占中国对外直接投资存量的1.7%。

截至2020年末,中国企业投资分布在非洲地区的60个国家,设立的境外企业3 549家,占境外企业总数的7.9%。中国企业主要分布在赞比亚、埃塞俄比亚、尼日利亚、肯尼亚、坦桑尼亚、南非、加纳、安哥拉、乌干达等国。

就投资流量而言,2020年中国对非洲直接投资流量最多的国家为:肯尼亚(6.3亿美元)、民主刚果(6.1亿美元)、南非(4.0亿美元)、埃塞俄比亚(3.1亿美元)、尼日利亚(3.1亿美元)、刚果共和国(2.5亿美元)、塞内加尔(2.1亿美元)、赞比亚(2.1亿美元)、马达加斯加(1.4亿美元)。

就投资存量而言,2020年末中国对非洲直接投资存量最多的国家为:南非(54.1亿美元)、民主刚果(36.9亿美元)、赞比亚(30.6亿美元)、埃塞俄比亚(29.9亿美元)、安哥拉(26.9亿美元)、尼日利亚(23.7亿美元)、肯尼亚(21.5亿美元)、津巴布韦(18.0亿美元)、阿尔及利亚(16.4亿美元)、加纳(15.8亿美元)。

就行业而言,中国对非洲直接投资行业保持相对集中。2020年,中国对非洲地区投资存量最集中的5个行业,依次为:建筑业(151.5亿美元、34.9%),采矿业(89.4亿美元、20.6%),制造业(61.3亿美元、14.1%),金融业(41.4亿美元、9.6%)以及租赁和商务服务业(23.5亿美元、5.4%)。上述5个行业投资存量合计为367.1亿美元,占中国对非洲直接投资存量的比重高达84.6%。

就投资项目而言,中国在非洲的投资项目地区分布广泛。在东非地区,中国交通建设公司(China Communications Construction Company)在肯尼亚的莱基深海港(Lekki Deep Sea Port)提供了2.21亿美元的初始股权注入,计划总投资为6.29亿美元。在埃塞俄比亚,政府启动了一项促进外商投资制造个人防护装备(PPE)的计划,一些中国公司已经开始生产。此外,由于中国的投资,毛里塔尼亚的资金流入增加了10%,达到10

亿美元。

二、工程承包情况[①]

非洲是中国对外承包工程的主要市场之一,仅次于亚洲。2019年,中国对非洲承包工程的新签合同额559.3亿美元,同比下降28.7%;完成营业额460.1亿美元,同比下降5.8%;分别占当年在全球市场新签合同额和完成营业额的21.5%和26.6%。这是中国在非洲承包工程营业额自2016年以来的连续第四年下降,且降幅有所扩大。这也表明中国在非洲承包工程业务开拓压力增加。

按照新签合同额排序,主要国别市场依次为:尼日利亚(125.6亿美元、同比下降26.2%),加纳(42.9亿美元、同比增长33.2%),阿尔及利亚(37.3亿美元、同比下降22.0%),民主刚果(35.6亿美元、同比下降37.8%),科特迪瓦(34.9亿美元、同比增长71.5%),总计新签合同额276.3亿美元,占当年中国承包非洲工程市场的49.4%。按完成营业额排序,主要国别市场包括:阿尔及利亚(63.4亿美元、同比下降15.8%),尼日利亚(46.0亿美元、同比增长13.5%),肯尼亚(41.7亿美元、同比下降4.3%),埃及(31.9亿美元、同比增长55.9%),安哥拉(28.7亿美元、同比下降36.9%),上述国家共完成营业额211.5亿美元,占当年中国承包非洲工程市场的46.0%。

在工程行业方面,中国企业在非洲承包工程新签合同额中,交通运输、电力工程、一般建筑、工业建设和制造加工设施均有下降,仅有石油化工和废水物处理有所增长。具体而言,2019年,交通运输建设项目新签合同金额212.1亿美元(占比37.9%、同比下降25.4%),一般建筑项目新签合同金额110.1亿美元(占比19.8%、同比下降25.9%),电力工程建设项目新签合同金额75.8亿美元(占比13.6%、同比下降46.3%),水利建设项目新签合同金额36.0亿美元(占比6.4%、同比增长22.3%)。承包工程业务完成营业额中,交通运输建设项目完成营业额154.7亿美元(占比33.6%、同比下降7.9%),一般建筑项目完成营业额107.5亿美元(占比23.4%、同比下降5.0%),电力工程建设项目完成营业额57.8亿美元(占比12.6%、同比下降9.2%),通信工程建设项目完成营业额31.8亿美元(占比6.9%、同比上升0.2%)。

[①] 中国对非洲工程承包情况,根据商务部《中国对外承包工程国别(地区)市场报告2019—2020》整理,参见http://images.mofcom.gov.cn/fec/202012/20201201174252820.pdf,访问时间:2022年8月17日。

2020年ENR全球250家国际承包商榜单中(以2019年业务为依据),共有6家会员企业进入非洲市场业务前十名,中国交建、中国电建、中国铁建、中国中铁、中国建筑业务居前五位,国机集团位列第八。

三、中国企业在非洲的投资案例①

南非是非洲的中等收入国家,中国对南非直接投资长期居于非洲国家首位。截至2020年末,中国对南非直接投资存量达到65亿美元,占中国对非洲直接投资存量的13.7%。中国企业主要位于约翰内斯堡的工业园区,且多流向资本密集和技术密集型行业。例如,北汽集团投资8亿美元建设了一条生产能力为10万辆汽车的汽车生产线;海信集团投资3000万美元在南非开普敦建设了家电产业园,年产40万台冰箱和电视机;中国工商银行收购了南非标准银行20%的股份,这是当时中国最大的并购交易;华为公司参与了南非第一个独立的5G商业网络建设;滴滴公司在南非开普敦等地开展了多项业务。

在埃及,中国企业与当地企业在工业、能源、基础设施的领域开展了全方位合作。2014年,中国与埃及关系升级为全面战略伙伴关系。截至2020年底,中国对埃及的直接投资存量为11.9亿美元,占中国对非洲直接投资存量的2.7%。2019年,福田汽车与埃及启动了制造合作,这是中国与埃及在新能源汽车制造方面的第一个合作项目。福田公司的目标是在埃及实现纯电动客车的本地生产,并提供相关技术,为埃及电动汽车行业带来新的产业升级。

在尼日利亚,中国企业集中在工业和基础设施领域,2020年底中国对尼日利亚的投资存量为25亿美元,占中国对非洲直接投资存量的5.2%。中国在尼日利亚建立了两个工业园区,分别为莱基自由贸易区和奥贡广东自由贸易区,吸引了来自建筑材料、家具、电子等领域的企业。2019年,中国港口工程公司、国家开发银行与拉各斯政府、尼日利亚联合税务局和新加坡Tolaram集团签署融资协议,总投资10.43亿美元,其中中国港口工程公司和Tolaram集团出资75%,尼日利亚联合税务局办公室出资约5%,拉各斯政府出资20%,采用BOOT(建设、所有、运营、转让)模式经营,将为尼日利亚提供17万个直接和间接就业岗位。

---

① 中国企业在非洲的投资案例,根据China-Africa Business Council(2021)相关资料整理,参见China-Africa Business Council, "Market Power and Role of the Private Sector—Chinese Investment in Africa", Beijing, 2021。

第三节　中国基础设施融资与非洲"债务陷阱"的关系

中国对非洲的基础设施融资成为非洲国家重要的国际资金来源,但国际社会的"债务陷阱"的报道日益增加。我们发现,中国在成为非洲重要双边债权国的同时,对非洲债务问题的影响较小,并未构成非洲"债务陷阱"的原因。与此同时,中国与美国在非洲基础设施融资领域的竞争日益加剧,在竞争中开展合作、促进中非关系的可持续发展,将是中国对非洲融资的重要任务。

一、中国对非洲基础设施融资的现状

2000年以来非洲经济开始恢复增长,外部融资需求不断扩大,而巴黎俱乐部成员国家对非洲贷款不断下降;2007年巴黎俱乐部占非洲外部贷款比重为25%,仅次于世界银行等多边机构,但2017年巴黎俱乐部成员仅占非洲融资规模的5%左右。[1]在这一时期,非洲传统资金来源包括商业债权人和新兴经济体,为非洲国家提供了大量资金。2000年,中国对非洲贷款承诺为1亿美元,2006年增至50亿美元,2013年甚至达到166亿美元,成为非洲重要的双边债权国。2016年后,受国际大宗商品价格下降等因素的影响,非洲经济增长率下降至1.4%(1995年以来的最低水平),中国对非洲贷款也有所下降,从2016年的293亿美元峰值降至2019年的69.7亿美元。因此,中国贷款为非洲国家提供了发展所需的资金来源,贷款规模随国际局势的变化呈现一定的波动性。

中国进出口银行是中国海外贷款的重要机构。中国进出口银行与国家开发银行在2000—2017年占中国所有直接跨境贷款的75%以上。据美国进出口银行估计,2019年中国进出口银行的出口信贷总额约为105亿美元[2];根据世界银行的研究,2000—2014年中国进出口银行提供的信贷总额为1 414亿美元,国家开发银行提供917亿美元[3]。除这两家政策性银行外,中国四大国有商业银行——工商银行、建设银行、中国银行和农业银

---

[1] World Bank, "International Debt Statistics 2019", Washington D.C., 11, 2018.
[2] Export-Import Bank of the United States, "Report to the U.S. Congress on Global Export Credit Competition 2019", p.42, https://img.exim.gov/s3fs-public/reports/competitiveness_reports/2019/EXIM2019Competitiveness Report-final.pdf, [2022-8-17].
[3] Scott Morris, et al., "Chinese and World Bank Lending Terms: A Systematic Comparison Across 157 Countries and 15 Years", CGD Policy Paper, No.170, 2020, p.18.

行——的贷款约占研究期间官方融资额的3%。另有不到1%的资金来自其他政府机构,这一小部分资金主要来自商务部和中国大使馆的拨款。另外10%的投资组合不是由一家中国政府机构提供资金,而是由多个中国政府机构或单个中国官方机构与非官方金融机构(私营或非营利性部门)甚至外国金融机构(如多边机构、私人银行和借款国的政府机构)共同出资。在非洲,中国进出口银行有45个非洲债务国,非洲占该行海外业务的1/3。[1] 2006—2018年,中国进出口银行非洲贷款年均增长率超过40%。

表 7-2 中国主要贷款机构基本情况 (亿美元)

中国贷款机构	首次贷款年份	2000—2019年签署协议数量(个)	2000—2019年贷款总值	贷款形式
政府机构	1960	220	27.4	无息和优惠贷款
中国进出口银行	1995	629	861.2	优惠贷款和出口买方信贷
国家开发银行	2007	165	371.6	非优惠和半优惠信贷
国有商业银行	2001	61	115.2	非优惠和半优惠信贷
中国企业	2000	65	105.4	商业贷款

• 注:政府部门包括商务部、国际发展合作署和中国人民银行;国有商业银行包括工商银行、建设银行和中国银行。
• 资料来源:根据Brautigam et al.(2020)[2]、CARI数据和网络资料整理。

国家分布方面,中国对非洲的贷款主要集中在少数国家,对大多数债务风险和困境国家的影响较小。据统计,截至2019年中国贷款承诺总额最高的国家为安哥拉(433.4亿美元)、埃塞俄比亚(137.3亿美元)和肯尼亚(93.2亿美元),上述三国占中国对非洲贷款存量的50.3%,对其他国家的贷款规模较小。此外,在IMF于2020年6月确定的暂停偿债倡议(DSSI)国家中,处于高债务风险或债务困境的国家共有20个,在其中的十几个债务危机国家,中国贷款占其债务存量的比例很低(低于10%),绝大多数在5%以下(仅加纳和毛里塔尼亚略高);仅在7个国家,中国占其外债存量高于20%,而大部分国家的主要债权人为多边国际机构。除安哥拉外,非洲DSSI国家只有18%的债务偿还者为中国。[3]可以发现,中国在非洲的债务存量较为集中,对大部分国家的债务问题并无显著影响。

---

[1] "The 180th Banking Industry Regular Press Conference", Finance China, August 30, 2018, http://finance.china.com.cn/blank/20180828/588.shtml, [2022-8-17].
[2] Brautigam, D. and Kidane W., "China, Africa, and Debt Distress: Fact and Fiction about Asset Seizures", China Africa Research Initiative, Policy Brief, No.47, 2020.
[3] Brautigam, D., Huang Y. and Acker K., "Risky Business: New Data on Chinese Loans and Africa's Debt Problem", pp.7-12, CARI Briefing Paper, No.3, 2020, pp.7-12.

表7-3 中国贷款占非洲风险较高国家的债务比例 (%)

国　　家	中国的主要贷款情况
中国占外部债务很低(<10%)	
布隆迪(2.4%)、佛得角(5.6%)、乍得(8.7%)、厄立特里亚(4%)、冈比亚*、加纳(7.2%)、毛里塔尼亚(7.5%)、圣多美和普林西比(0%)、塞拉利昂(2.7%)、索马里(<4%)、苏丹(8%)、南苏丹(4%)、中非**(5.6%)	加纳:债权人主要为商业债权持有者(36%)和多边银行(32%),中国贷款承诺为18.6亿美元 毛里塔尼亚:债权人主要为世界银行等多边机构(61%),中国贷款为3.2亿美元 中非:中国贷款承诺为7 100万美元
中国占外部债务比例略高(10%—20%)	
莫桑比克(17.2%)、津巴布韦(<20%)	莫桑比克:主要债权人为多边机构(43.3%),中国贷款为三项桥梁和公路建设(约14亿美元) 津巴布韦:两项水电站项目和一项电信工程(15.6亿美元),但大部分贷款尚未支付
中国占外部债务比例较高(>20%)	
安哥拉(49%)、喀麦隆(31.2%)、刚果(63.0%)、吉布提(54.9%)、埃塞俄比亚(23.5%)、肯尼亚(24.3%)、赞比亚(25.4%)	安哥拉:公路、发电项目等(承诺约400亿美元),大部分已用石油偿还 喀麦隆:主要债权人为多边机构(41.3%),中国贷款主要为三项港口、供水和水电建设项目(21.67亿美元) 刚果:两项公路贷款(23.57亿美元) 吉布提:四项水利和港口升级项目(12亿美元) 埃塞俄比亚:主要债权人为多边机构(44.9%),中国贷款为电信和电力、铁路项目(88.6亿美元) 肯尼亚:主要债权人为多边机构(43.6%),中国贷款为供水和公路、铁路项目(63.5亿美元) 赞比亚:主要债权人为商业债券持有者(30亿美元),中国贷款为29.8亿美元

- * 截至2018年,中国对冈比亚仅提供了一笔电信项目贷款。
  ** 据研究,世界银行的中非债务数据可能误将中国大陆与中国台湾地区贷款金额加总。
- 资料来源:贷款比例根据World Bank DSSIDatabase计算;中国贷款情况根据相关资料整理,Brautigam, D., Huang Y. and Acker K., "Risky Business: New Data on Chinese Loans and Africa's Debt Problem", China Africa Research Initiative Briefing Paper, 2020, No.3, pp.8-12。

二、美国在非洲基础设施融资领域的拓展

截至目前,全球共有113家出口信贷机构(包括进出口银行)或其他官方实体提供某种形式的出口信贷支持,而美国与中国进出口信贷机构的竞争日益激烈。美国总统经济政策助理在美国进出口银行2020年年度会议上将进出口银行之间的竞争提升到美国经济和安全战略层面,并认为"进出口银行将成为美国与中国全球竞争的关键因素",需要为私营部门提供大量资金,应对中国政府出口信贷机构的挑战。[1]美国进出口银行在向国会提交

---

[1] Export-Import Bank of the United States, "2020 Annual Report: EXIM Supports American Jobs by Facilitating U.S. Exports". https://img.exim.gov/s3fs-public/reports/annual/2020/EXIM%202020%20Annual%20Report_508-Compliant%20PDF_Web_02102021.pdf, p.9, [2022-8-17]。

的报告中,多次将中国出口信贷机构视为主要战略竞争者,强调中国出口信贷的发展不符合美国利益,中美在国际信贷市场的竞争可能会进一步加剧。

中美对发展中国家尤其是非洲市场的竞争体现在诸多具体项目上。美国通过的"中国和转型出口计划"在支持美国在发展中国家市场与中国的竞争中发挥了重要作用。2019年美国进出口银行启动了其国会授权的新计划,支持增加贷款、担保和保险,其利率和条件将与中国或其他国家的优惠条件相竞争,并为此至少提供270亿美元的资金支持。2020年5月,美国进出口银行批准47亿美元的融资,以支持美国公司参与莫桑比克液化天然气综合项目建设,以使莫桑比克取消与中国和俄罗斯的相关交易,这反映了美国在非洲市场与中国贷款机构的竞争。同时,美国进出口银行为美国向塞内加尔出口工程和建筑服务的公司提供了9150万美元的贷款担保融资,而塞内加尔是第一个签署"一带一路"倡议的非洲国家,中国占其双边债务的78%左右。2020年12月27日,美国进出口银行一致投票通过,为美国的10个出口部门的出口商提供更具优惠性的政策,应对中国的相关贷款增长。以上均表明,中美在非洲信贷市场的竞争可能会增加,如何应对美国进出口银行和企业的竞争,将是中国信贷机构的重要挑战。

表7-4 美国与中国的竞争性出口融资项目

项目(行业)	金额	融资安排	目的
塞内加尔农村电气化项目	9150万美元	支持小企业向非洲出口美国制成品,尤其是可再生能源技术成品	与中国在塞内加尔的工程设计和建筑服务出口相竞争
莫桑比克液化天然气综合项目	47亿美元	—	改变中国与莫桑比克的贷款融资交易
墨西哥石油天然气项目	4亿美元	—	降低中国进出口银行与墨西哥国家石油公司的联系
十大高科技行业	—	交易达到51%的美国含量阈值,将有资格获得进出口银行融资,进出口银行可支持商品和服务价值的85%	提升美国行业相对于中国的竞争力

• 资料来源:Export-Import Bank of the United States: "2020 Annual Report: EXIM Supports American Jobs by Facilitating U.S. Exports", pp.16-28. https://img.exim.gov/s3fs-public/reports/annual/2020/EXIM%202020%20Annual%20Report_508-Compliant%20PDF_Web_02102021.pdf,访问时间:2022年8月17日。

第四节 中国对非洲投资的发展前景

近年来,中国对非洲投资规模日益增大,尤其中国对非洲提供的信贷及其影响问题,成为国际社会关注的焦点问题。据美国进出口银行估计,中国于2019年提供的官方中长期出口信贷高达340亿美元,与贸易相关的融资总额至少为760亿美元[①]。在这一进程中,中国政府减少了政府间贷款,增加了对和/或通过中国国有企业的贷款,中国国有企业(SOE)已开始作为官方融资代理人发挥更为核心的作用。

一、中美在非洲融资领域的竞争趋势

近年来,美国认为中国投资和贷款的问题主要包括三个方面,这无疑将加剧中美在非洲融资方面的竞争程度。

首先,美国国会和进出口银行认为,部分中国投资和信贷项目可能不符合经合组织的优惠要求。中国进出口银行的出口融资项目可根据信贷优惠水平(基于净现值)分为三大类:(1)中国进出口银行提供的信贷以商业为导向,也就是说,金融条款和条件通常导致零优惠水平;(2)中国进出口银行还提供了稍微优惠的信贷,这些信贷提供补贴条款(如20年2%—3%的利息),但不足以满足经合组织安排的附带援助规则下的最低优惠要求(通常大于或等于35%的优惠);(3)部分中国进出口银行提供的信贷可能符合经合组织安排附带条件援助规则下的最低优惠要求。

其次,美国进出口银行认为,中国的投资和贷款通过一系列计划支持中国的经济、工业和贸易目标,反映了中国政府的政策目标(而非商业目标)。中国政策性银行广泛参与了国家发展战略,尤其是中国出口商和出口行业的贸易相关的海外项目(包括直接参与股权基金)和国内贷款(包括补贴),并利用一系列计划来实现政策目标——不仅仅是支持出口(通过出口信贷),还包括更广泛的经济和贸易政策(外汇工具)、工业发展(国内营运资本和国内补贴)和外交政策(向特定国家提供定向贷款)。中国进出口银行的重要性可以通过其对"一带一路"的融资以及在关键产业的快速发展中的主要作用来体现,以支持中国制造2025年的产业政策。

再次,美国认为中国的投资项目在透明度方面存在问题,缺乏贷款透明度仍然是许多发展中国家了解债务动态的一个关键障碍,也加剧了各国对中国贷款作用的怀疑,对债务国的债务可持续性构成了不利影响。

[①] Export-Import Bank of the United States, "Report to the U. S. Congress on Global Export Credit Competition 2019", p. 40, https://img.exim.gov/s3fs-public/reports/competitiveness_reports/2019/EXIM2019CompetitivenessReport-final.pdf, [2022-8-17].

二、中国对非洲融资发展的政策建议

由于国际经济政治形势发生了重要变化,美国和对中国与非洲经济关系的认识也发生了明显改变,这也对中国投资非洲产生了重要启示,推动中国投资非洲的多方面变革。

首先,信贷的融资利率和规则方面,中国的贷款优惠利率高于世界银行等多边机构的优惠贷款,但低于国际债券市场的商业贷款,这对较多发展中国家形成了吸引力,但可能增加相关国家的债务风险。在这方面中国应加强与美国进出口银行和经合组织出口信贷机构的协商与沟通,推动贷款类型、利率水平的市场化,与国际信贷机构形成良性竞争,促进世界出口信贷市场的持续发展。

其次,投资项目与国家战略的关系方面,中国应增强与美国和其他OECD国家的谈判,在投资和信贷促进国家战略的相关领域进行协调,促进国际融资市场的规范化。2012年,美国与中国共同发起国际出口信贷工作组(IWG),旨在制定一个单一框架,来约束官方融资,制定一套适用于不同国家的准则,为各国出口商创造公平的竞争环境。但由于适用范围和债务可持续性原则等问题的分歧,该框架的谈判进展仍然较慢。在各国均尝试使用出口信贷工具促进本国发展的背景下,各国在不同领域进行沟通协调、促进国际融资的市场化,对于缓解债权国竞争程度、降低信贷融资的不确定性、促进债务国可持续发展等将具有重要意义。

第三,透明度方面,美国国会认为,中国与债务国的融资项目存在透明度较低、项目规模和条件公开较少等问题,中国可提升相关融资的透明度,改善国际融资环境、提升世界融资市场的规范化水平。尤其对于不发达国家,其国内融资制度不健全,寻租行为更加普遍,亟待中国与美国等发达国家合作,推进相关国家完善信贷制度,控制债务规模,提升投资对经济可持续发展的推动力。

第八章
中国对外直接投资——案例篇

2020年中国对外直接投资流量1 537.1亿美元,同比增长12.3%,占全球当年流量的20.2%,首次位居全球第一。在全球受到新冠肺炎疫情的严重冲击,全球外商直接投资大幅下降背景下,中国对外直接投资保持全球领先实属不易。这既离不开政府各部门相关政策的支持,也离不开企业个体的努力。本章选取中国制药业跨国公司、中国建筑集团有限公司和深圳传音控股股份有限公司的案例进行分析研究,以期为国内企业"走出去"提供经验借鉴。

第一节 中国制药业跨国公司的知识产权进阶之路

在全球制药行业,发达国家跨国公司林立,中国制药企业面临的国际化竞争非常激烈。一般而言,发达国家制药业跨国公司在原药研发、品牌影响力和渠道控制等方面,拥有很强的竞争优势。尽管如此,仍有一些中国制药业跨国公司不畏艰难,积极培育知识产权优势,在全球制药业竞争中获得一席之地,其知识产权进阶之路值得探讨。

一、恒瑞医药的知识产权进阶之路

江苏恒瑞医药股份有限公司(以下简称"恒瑞")始建于20世纪70年代,是一家从事创新和高品质药品研制及推广的制药企业,已发展成为国内知名的抗肿瘤药、手术用药和影像介入产品的供应商。中国医药工业百强企业榜第四名。2020年,公司入选全球投行Torreya公布的全球1 000强药企榜单,列第21位。在美国《制药经理人》杂志(*Pharm Exec*)公布的2021年全球制药企业TOP50榜单中,恒瑞医药排名连续三年攀升,列第38位。公司将科技创新作为第一发展战略,近年来科研投入占销售额比例达到17%左右,2020年累计投入研发资金49.89亿元,占销售收入的18%。

公司目前有全球员工 28 000 余人,在美国、欧洲、日本和中国多地建有研发中心或分支机构,打造了一支 4 700 多人的研发团队,其中包括 2 500 多名博士、硕士及 400 多名海归人士。近年来,公司先后承担了国家重大专项课题 57 项。截至 2021 年 6 月,公司累计申请发明专利 1 199 项,拥有国内有效授权发明专利 315 项,欧、美、日等国外授权专利 425 项。公司建立了符合美国、欧盟和日本标准的生产、质控体系,是第一家将注射剂规模化销往欧、美、日市场的中国制药企业。通过全球协作,公司有注射剂、口服制剂和吸入性麻醉剂等 21 个制剂产品在欧、美、日上市销售①。恒瑞的知识产权进阶之路可分为以下四个阶段:

(一)第一阶段(1970—1992 年)

1970 年恒瑞医药前身——连云港制药厂正式成立。恒瑞成立初期,仅仅从事简单的常用医疗外用擦剂配置与销售,靠灌装红药水和紫药水维持生存。后生产治疗常见病的基础药品,没有自己的品牌药品,主要从事科技含量不高的医药原料加工,成片剂销售到苏北、鲁南市场。1978 年恒瑞医药第一个注射制剂"人工合成罂粟碱"获批上市,填补了国内空白,标志着公司迈开化学制药的第一步。该阶段公司因缺乏资金及利润率比较低,很少有投资在研发及品牌药,无相关专利技术。

(二)第二阶段(1993—1995 年)

企业 CEO 孙飘扬走马上任,恒瑞开启了一系列的创新行为,确立了"做大厂不想做的,小厂做不了的"发展策略,最终选择抗肿瘤药品为突破口。在全厂年利润不足 100 万元的情况下,通过银行贷款 120 万元,到北京高校购买抗肿瘤新药异环磷酰胺的专利,并成立"药物研究所"对该产品生产工艺进行研究。1995 年,国家药政部门批准抗肿瘤新药异环磷酰胺上市,恒瑞首次拥有了自己的品牌仿制药。这些行为促进了恒瑞药业的快速增长,带动了市场销售和产品竞争力显著的提高,利润也开始增长。至此,恒瑞进一步确立了抗肿瘤药作为主攻方向,完成从基础用药制造企业向仿制药制造企业的成功转型。

(三)第三阶段(1996—2010 年)

在系列品牌仿制药成功上市后,恒瑞药业开始了实质产品研发与专利

---

① 恒瑞公司官网:https://www.hengrui.com/healthy/innovation.html,访问时间:2021 年 7 月 21 日。

行为。1999年恒瑞医药被评为国家级重点高新技术企业。2000年,恒瑞在上海设立了药物研发中心。为了增强其独立研发的能力,恒瑞药业同南京大学、中国中医药大学、中国社会科学院等国内高校科研机构及医疗研发机构开始了国内研发合作。随着其独立研发能力的增长,恒瑞药业逐渐变成了研发合作和研发项目中的核心贡献者。2005年,恒瑞药业开始申请PCT专利,2008年,公司设立知识产权部门。早期的wipo申请主要是同国外公司合作的结果,但是,随着国内专利申请的增长,恒瑞药业独立申请的wipo比例随着申请的wipo数量的增长而增长。恒瑞公司的知识产权战略在专利诉讼案件后进一步加强。恒瑞公司于2006年在美国设立研发中心。开始雇用国外顶尖研发团队和经过训练的国际药业研究员。该阶段恒瑞逐渐建立了集中管理模式的专利管理制度和流程,主要以项目负责制的模式推进日常专利管理工作,专业的专利人员负责专利检索、专利分析、专利申请的多项工作。研发、生产、销售部门与专利相关事务部门通过办公系统、会议(包括视频会议、电话会议)等方式与专利事务部直接沟通。随着研发能力的巨大提升,恒瑞药业在这一时期获得了巨大的创新成果,逐渐明确了打造"中国人的跨国制药集团"总体发展目标。

(四)第四阶段(2011年至今)

该阶段恒瑞进一步确立了科技创新和国际化双轮驱动的发展战略,科技创新为国际化注入技术实力,国际化为科技创新提供创新来源与应用的空间。在公司内部,恒瑞进一步完善了系统的创新及知识产权管理体系,对科研人员的奖励制度、完善的最新技术专利跟踪机制、知识产权布局体系进一步优化。恒瑞整体研发专利预警系统、合作网络、专利转化与应用等子系统方面的管理进一步规范与夯实。借助国际市场,恒瑞的合作研发网络进一步扩大,质量进一步提升,与Sandoz、Teva、Sagent等国际知名企业开展合作。科技创新和国际化相互促进,恒瑞的知识产权优势明显提升,成就显著(见表8-1)。目前公司已有8个创新药获批上市,40余个创新药正在临床开发,并有21个制剂产品在欧、美、日获批,20多个创新药项目获准开展全球多中心或地区性临床研究,卡瑞利珠单抗、吡咯替尼、SHR-1701等多个项目授权给海外公司,在中国、美国、欧洲多地建有研发中心,形成各有特长、功能互补的全球研发体系,其国际化发展成就显著。

表 8-1　恒瑞的科技创新和国际化双轮驱动战略的主要成就

年份	主 要 成 就
2020 年	(1) 在瑞士巴塞尔建立临床研发中心 (2) 创新药氟唑帕利胶囊上市 (3) 创新药注射用卡瑞利珠单抗治疗晚期肝癌、肺癌、食管癌适应症获批上市 (4) 创新药注射用甲苯磺酸瑞马唑仑治疗结肠镜检查镇静适应症获批上市 (5) 卡瑞利珠单抗、吡咯替尼、SHR-1701 分别授权给韩国 Crystal Genomics、韩国 HLB-LS 公司、韩国东亚公司在韩国开发,总里程金 3.3 亿美元
2019 年	(1) 创新药注射用卡瑞利珠单抗治疗复发、难治性霍奇金淋巴癌适应症获批上市 (2) 创新药注射用甲苯磺酸瑞马唑仑治疗胃镜检查镇静适应症获批上市
2018 年	(1) 在美国波士顿的研发中心成立 (2) 创新药硫培非格司亭注射液、马来酸吡咯替尼获批上市 (3) 创新药 JAK 抑制剂、BTK 抑制剂分别许可给美国 Arcutis、TG Therapeutics,总里程金 5.7 亿美元
2015 年	注射用伊立替康获准在日本上市销售,公司成为第一家注射剂获准在日本上市销售的制药企业
2014 年	(1) 创新药甲磺酸阿帕替尼获批上市 (2) 阿帕替尼的临床研究被美国临床肿瘤学会(ASCO)选作大会报告,这是中国创新药研究第一次在全球顶级学术会议上作大会报告,中国报告有史以来第一次入选该年会优秀论文
2012 年	抗肿瘤药奥沙利铂注射液获准在欧盟上市,公司成为第一家注射剂获准在欧盟上市的中国制药企业
2011 年	(1) 创新药艾瑞昔布获批上市 (2) 伊立替康注射液获准在美国上市,公司成为第一家注射剂获准在美上市的中国制药企业

• 资料来源:作者根据相关资料整理。

二、海正药业的知识产权进阶之路

浙江海正药业集团(以下简称"海正")始创于 1956 年,现有产品涉及抗肿瘤药物、抗感染药物、心血管系列药物、免疫抑制剂、骨科药物和现代中药等,是一家大型医药生产研发企业。已经通过美国 FDA、欧盟 EDQM 等世界不同地区官方认证的品种达到 40 多个,销往全球 30 多个国家和地区,在欧美地区拥有领先的市场份额,已经成为知名的中国非专利药品的、与国际接轨的外向型医药生产基地,也是中国抗肿瘤、抗生素原料药生产基地和化学原料药生产基地之一。浙江海正从一个原来提取天然樟脑的化工厂,发展到原材料药业企业,再从原料药业务全面转型为面向全球的以制剂业务为主的综合型制药公司,走出了一条非同寻常的创新与发展之路。海正现有发明专利近 900 个,"海正""HISUN"及图形被认定为"中国驰名商标",2015 年入选全国首批"知识产权管理示范企业"。海正的知识产权进阶之路可分为以下四个阶段:

(一) 第一阶段(1956—1977 年)

最早期以提炼天然樟脑为主要业务,厂名为浙江海门化工厂,后改名浙江海门制药厂。从成立到以后的很长一段时间内,海正药业的前身主要生产药物原材料,供应非正式市场,利润率比较低。该阶段制药厂很少创新,无专利及专利技术,无相关知识产权管理。

(二)第二阶段(1977—1992年)

1977年,海正以当时8万元高价,买下上海医药工业研究院研制的克念菌素技术成果。1981年,一位颇具开拓精神和创业精神的年轻经理走马上任,加速了海正药业的创业与创新进程。1986年2月,海正药业经过认真备战,在全国阿霉素项目招标中成功中标,高价购买了上海医药工业研究院的阿霉素实验室工艺成果,获得授权使用阿霉素的生产技术,用三年时间成功实现了产业化,成为国内第一家生产阿霉素的公司。此后,海正制药升级了它的药物生产战略,从非正式市场到正式市场。1989年,国外有客商愿意购买海正生产的药品,但终因海正没有通过FDA验收而被挡在了国际市场的门外。这一阶段海正主要以引进外部技术,在消化吸收基础上进行适应性创新为主。

(三)第三阶段(1992—2010年)

1992年,海正药业的妥布霉素通过了FDA验收,于当年获得第一个FDA认证,随后几年内拿到了多个国际市场的多张"通行证"。海正药业主要产品的相关全球市场份额显著提高。公司为进一步增加药品仿制造的品种,逐渐开始了广泛的合作研究,其目的在于基于其api业务制造专利创新药物和非专利品牌仿制药。为进一步提升企业营收,公司和上海兽医研究所合作研发多种药物,1994年相关研究成果开始投入生产。由此,海正药业的全球市场份额大幅度上升。1998年,公司改制为浙江海正药业股份有限公司。2000年海正药业上市并且极大提升了它的资源。随着研发和生产能力的提高,海正药业逐渐能够发现需求并承担研发任务。因它仍然不能独立承担研发过程,海正药业同研究所展开全面合作。此后,公司从提供商转型为药物生产商,并且平衡了供应业务和制药业务。公司随后成为OEM和著名国际药物企业的合同生产商。该阶段,其创新步伐加快,陆续获准成立国家级企业技术中心、博士后工作站和浙江省抗真菌药物重点实验室等一流研发平台,建立了专利评价与保护平台。其知识产权管理的相关制度构建起来并逐渐规范与完善。海正在公司总部设有知识产权部,在上海设有专门的办事机构,总部知识产权部下专门成立了"专利事务办公室"负责专利信息检索与分析、诉讼准备、专利申请等。在国外,海正也拥有了顾问网络,在美国、英国、法国、德国等均聘有专业律师事务所为其服务。海正同时制定了《新药研究管理办法》和《产业化技术革新奖励办法》,对创新成果给予奖励,进一步激活科技人员的创新潜能。海正十分注重市场信息、网络与资料信息、运行信息等信息的收集、整理与分析,为决策提供依据。

在研发方面,海正成功突破了一种专利药的中间体和制剂的专利壁垒,改进了合成路线,减少了生产中的必备环节,改变了产品的设计生产,成功实现了对成熟技术的创造性改进,并成功申请了相关专利。

（四）第四阶段（2010年至今）

2010年,海正在美国设立全资的海正药业（美国）有限公司。海正药业进一步加大了研发投资保障,将更多资金投入到药品研发中。在药品生产过程中,海正通过避开原研发企业在专利范围中所列出的生产工艺路线,采用专利以外的创新工艺来生产同样产品的研发策略,已经累计开发实施了近20项药品的专利工艺,形成了独特的竞争优势,奠定了海正在制药行业的地位。通过实施这种研发策略,海正药业获得的不仅仅是产品上的收益,更重要的是提高了企业的技术能力,尤其是国内药企普遍缺乏的创新能力。随着海正研发能力的提升和规模的进一步扩大,它成为众多国际药业巨头的战略合作伙伴,同雅莱、礼来、辉瑞、雅赛利制药等建立了合作关系。2012年,海正药业与辉瑞公司合作注册的海正辉瑞药业总投资2.95亿美元,共同制造和销售全球市场的品牌非专利药物。这家独立运营的中外合资公司拥有国际先进的生产设备,其质量管理遵循国际高质量体系标准。通过和全球药业巨头的实质性合作,海正逐渐成长为全球品牌非专利药供应商。在该阶段,海正知识产权管理水平进一步提升,知识产权管理制度进一步优化完善,逐步培育了知识产权常规法务管理能力、知识产权平台构建力、知识产权协同管理能力。它与总体发展战略、研发策略的融合程度进一步增强。

2009年海正中文及英文商标被评为"驰名商标",2015年海正获得"国家知识产权示范企业"称号。2021年海正药业研发投入达4.4亿元。截至2021年底,海正拥有技术研发人员526人,研发人员数量占公司总人数的比例为6.35%。目前,专利申请已经覆盖的国家和地区包括美国、欧洲、澳大利亚、日本等。专利申请内容涉及创新化合物、化合物新晶型、合成新工艺、新用途、新药物组合物等多个方面。公司现有100多个药物品种销往全球70多个国家和地区,主导产品在欧美地区持有较高的市场份额,海外客户达到180多家,覆盖全球五大洲。

三、两家公司知识产权进阶之路的共同点

归纳恒瑞和海正的知识产权进阶之路可以看出,尽管两家公司在进军国际化市场时,具体的知识产权战略有所不同,但二者的知识产权进阶之路仍有不少相似之处,可作为国内其他企业全球化发展的借鉴。

（一）培育知识产权,形成公司的竞争优势

各家企业均成功在知识产权领域占有一席之地,在经营主业领域或其中某些特定领域有明显的知识产权优势。知识产权战略在企业成长及国际化过程中发挥着独特作用。

恒瑞医药制药创新能力是不断培育,逐渐产生的,在其从生产仿制药到生产非专利药再到创新药物,最后具有完整的新药创新能力过程中,知识产权管理能力、恒瑞医药的专利战略在开放创新的过程中剧烈转变。在早期,恒瑞医药没有意识到专利的重要性。在20世纪90年代的创新过程中,恒瑞医药获得外部技术并采用专利提升业务。恒瑞医药在2000年后专注于知识产权。同大学、企业和研究所合作过程中,恒瑞医药申请的中国专利主要源于合作成果。后来在产品研发平台基础上围绕特定类型的药品的中间品、制作工艺等申请专利,保持特定领域的领先。

海正药业在过去20年间的成长中,从原料药供应商转型为原料药以及药物制剂生产商。海正药业的知识产权战略随着企业发展而增强。早期,因为海正药业没有自己的研发能力,企业专注于获得外部知识产权。当海正药业意识到知识产权的重要性后开始申请国内专利。这些国内专利开始主要是合作的成果。逐渐地,海正药业开始基于独立研发申请国内专利。此后,海正药业增加了在全球市场的合作,此后申请wipo专利。海正药业早期的知识产权战略表现为技术购买,引入的技术使得海正药业获得了独特性并帮助建立了初始的成长。海正药业后期则注重知识产权自我开发与运用,投资研发并雇用有经验的研发人员以及开展更多研发合作。这些合作最终增加了海正药业的研发和生产能力。基于这些合作,海正药业成为OEM,获得全球药业巨头的合同生产和外包。

（二）知识产权发展过程中均专注于核心业务

知识产权工作需要积累,这要求企业专注于专一领域,持续创新。恒瑞

医药后期成长过程中剥离了它的药物包装业务并专注于研发和生产药物,集中于创新药物研发,长期辛勤耕耘。海正医药放弃了房地产开发等相对高回报行业。

（三）知识产权进阶之路经历了不断的学习、尝试、探索、调整的发展历程

两家企业从接受专利制度开始,均经历了无意义的专利申请到有目的性的专利布局、策略性运用等过程。遭受过诉讼的教训,尝过苦头,得到过专业人士的指导。

（四）国际化是对知识产权战略发展的重要影响因素

国际化既让相关企业开辟了广大市场,也容易让企业遭受国外跨国公司的专利诉讼、专利围攻等。如恒瑞遭遇礼来公司专利无效诉讼。这些对案例企业都有重要的影响,某种程度上促进了它的知识产权战略的升级与转型,加快了它的专利布局,使其自主知识产权拥有度提升。

（五）获得知识产权的方式多种多样

两家中国药企在成长早期高价购买药品专利,并因此获得了快速成长。在其后期除了直接购买专利外,常用的获得方式有兼并企业等。

总体上与发达国家顶级跨国公司相比,我国跨国公司与高端知识产权资源间仍存在一定的差距,一些跨国公司面对制度与技术双重挑战,通过知识产权战略在国内发展和国际竞争之间建立起一座桥梁,在其战略演化过程中,知识产权从无到有,企业逐步学会构造自主创新平台,融入国际创新网络,构造自身专利组合乃至专利池,形成知识产权优势,培育了核心竞争力,获得成长。恒瑞公司和海正公司在这方面都做出了有益的探索。对于我国欲"走出去"的企业或者已经在国际市场上崭露头角的跨国公司来说,需要进一步完善知识产权管理体系,做好专利布局,增强知识产权运营能力,一方面借助于现代知识产权制度在国际市场上保护自己的合法权益;另一方面在跨国运营中不断创造和融合新的资源,增强自身动态能力。需要指出的是,随着国际化深入,现代企业竞争关口提前,企业需要掌握核心技术的竞争压力越来越大,企业的知识产权战略并非必须渐次推进式发展,也可跨越式推进,提早进行前瞻性布局与主动建构,在与竞争对手互动过程中,主动出击,及早布局,确立自己的知识产权领域,形成知识产权优势。这要求知识产权的自主创新与合作创新有效结合,协调好知识产权自我创造、

运用能力与协同管理能力的兼容。

第二节　中国建筑的海外责任担当

自"一带一路"倡议提出以来,"一带一路"沿线国家和地区已成为我国对外投资合作的新亮点。中国建筑集团有限公司(以下简称"中国建筑")在"一带一路"沿线国家和地区投资中,积极履行企业社会责任,增进当地民生福祉,打造国际合作新平台,体现了中央企业践行国家"一带一路"倡议的海外责任担当。

一、中国建筑简介

中国建筑正式组建于 1982 年,是我国专业化发展最久、市场化经营最早、一体化程度最高、全球规模最大的投资建设集团之一。中国建筑的经营业绩遍布国内及海外 100 多个国家和地区,业务布局涵盖投资开发(地产开发、建造融资、持有运营)、工程建设(房屋建筑、基础设施建设)、勘察设计、新业务(绿色建造、节能环保、电子商务)等板块。2020 年,中国建筑合同额首次突破 3 万亿元大关,实现 3.2 万亿元,同比增长 11.6%;完成营业收入 1.62 万亿元,同比增长 13.7%;实现归属于上市公司股东的净利润 449.4 亿元,同比增长 7.3%。成为全球建筑行业唯一新签合同额、营业收入达到"双万亿"的企业。公司列 2021 年《财富》世界 500 强第 13 位,中国企业 500 强第 3 位,稳居《工程新闻纪录(ENR)》"全球最大 250 家工程承包商"第 1 位,继续保持行业全球最高信用评级,市场竞争力和品牌影响力不断提升,行业领先地位进一步巩固。

二、中国建筑的国际化进程

中国建筑是我国第一批"走出去"的企业之一,海外业务最早可以追溯至中华人民共和国成立之初。其前身"中国建筑工程公司"是我国第一家获得对外经营权的企业。至今中国建筑在海外拥有近万名管理及工程技术人员,在境外 130 多个国家和地区承建项目 7 000 多项,涵盖房建、制造、能源、交通、水利、工业、石化、危险物处理、电讯、排污/垃圾处理等多个专业领域,其中一大批项目得到中外两国元首或政府首脑见签,成为当地标志性、代表性建筑,赢得了所在国家政府和民众的高度认可。中国建筑海外业务可分为几个阶段：

（一）第一阶段(1979年以前)

1979年以前的20多年，属于公司经济援助业务时期，虽然中国建筑是1982年政府机构改革时组建的，但这一时期公司所属成员企业，一直承担着国家对外经济援助中的工程建设任务，重点是援非、援蒙。

（二）第二阶段(1979—2000年)

这一阶段是公司国际工程承包业务的发展探索阶段。经营布局由根据国家外交政策需要进行海外布局逐步转向商业布局。公司境外业务在原经济援助业务的基础上，迅速拓展到中东、北非、东南亚，以及中国港澳地区等。1985年12月10日，中国建筑在美国特拉华州注册成立中建美国有限公司，自此中国建筑开辟了美国、新加坡等发达经济体的业务。

（三）第三阶段(2000—2013年)

这阶段是公司海外业务区域化经营时期。中国建筑采取收缩策略，将优势资源集中于北非、中东、东南亚、中国港澳、北美等几个稳定的产出区。公司在这阶段的国际化发展较快。2002年12月，中国建筑总公司第一次提出"一最两跨"国际化战略目标：将中国建筑总公司建设成"最具国际竞争力的中国建筑企业集团，在2010年前全球经营跨入世界500强、海外经营跨入国际著名承包商前10强"。2006年7月12日，美国《财富》杂志公布2006年度"全球最大500家公司"排行榜名单，总公司排名第486位，提前4年实现了中建总公司"一最两跨"战略目标中的"一跨"，即第一次跨入"世界500强"。

（四）第四阶段(2013年至今)

这阶段是公司实施"大海外"战略时期。响应国家"一带一路"倡议，抢抓"一带一路"机遇，举集团之力，调整海外布局，建设"大海外平台"，巩固、加强和拓展海外业务，不断提升国际化水平，增强国际核心竞争力。2014年4月4日，中国建筑全资子公司——中建美国有限公司完成对美国Plaza建筑公司(Plaza Construction)的收购交割。此次收购为中国建筑在海外的第一单并购交易。Plaza是美国知名的建筑管理和总承包商之一，其业务类型和经营地域对中建美国公司的现有业务起到有力的互补作用，尤其对公司在私人建筑和地产领域的拓展给予有力的推动。

三、中国建筑的海外责任担当

自从2013年国家提出"一带一路"倡议以来,中国建筑贯彻共商、共建、共享原则,充分发挥"中国建筑"品牌优势,整合内部资源,积极走出国门搞建设,助力"政策沟通、设施联通、贸易畅通、资金融通、民心相通",服务"一带一路"沿线国家提高基础设施水平,积极履行企业社会责任,增进当地民生福祉,打造国际合作新平台,体现了中央企业践行国家"一带一路"倡议的海外责任担当。

（一）加强合规管理

中国历来坚持与东道国合作共赢,强调企业跨国经营中加强合规管理。2018年11月9日,国有资产监督管理委员会《关于印发〈中央企业合规管理指引(试行)〉的通知》,该指引要求强化中央企业海外投资经营行为的合规管理。2018年12月26日,国家发展改革委会同有关部门及全国工商业联合会印发《企业境外经营合规管理指引》。合规经营在企业跨国经营过程中非常关键,只有严格按照所在国的法律,依规依法,尊重当地风俗习惯,才能避免相关风险。"一带一路"沿线国家经济发展程度、政治体制、文化历史、宗教状况千差万别,对中国建筑合规管理提出了更高的要求。中国建筑在"一带一路"沿线国家和地区经营时,严格遵守当地法律法规,强化合规经营和风险防范意识,加强海外合规经营制度建设,保障公司合规运营。针对"一带一路"沿线东道国的法律法规和行业规范要求和业务特点,优化公司管理和运营体系;开展驻外人员法律法规培训,提升全体驻外员工法律意识;加强对境外企业廉洁风险防控工作的领导和组织建设,不断提升廉洁水平。中国建筑深入研判各国不同政治、宗教、民族关系等带来的风险,以及不同法律法规、国家政策、文化差异等带来的挑战,以"一国一策"模式分析重要目标区域利益相关方的特点、研发沟通模型、确定沟通策略,改变部分政府、商界、专家智库、民众对我们企业和品牌的不实认知,通过民间组织、主流媒体、精英游说等多种渠道,构筑与利益相关方双向互动的新型对话关系。同时,公司强化"大海外"平台和国际化队伍建设,利用30多年积累的国际化资源,协调全球经营布局,形成覆盖全球重点和热点国家的市场网络和快速反应机制。在责任沟通方面加强三支队伍建设:即具有专业素养和国际视野的责任沟通专职队伍,熟悉传播工作又懂经营管理的兼职责任沟通队伍,有特长又爱好传播的基层海外通讯员队伍。强化国际化传播团队的公关策划、文化创新、融媒体传播等专业能力。

（二）助力经济发展

"一带一路"沿线大多是新兴经济体和发展中国家,正处于快速工业化、城镇化的进程中,对包括机场、公路、桥梁、电力、轨道交通等在内的基础设施、机器设备、房屋建筑等方面的需求较大。中国建筑以此为契机,积极参与当地项目建设,在"一带一路"重大工程建设中,推进"中国建造技术＋中国建造标准＋中国装备"的全链条"走出去",以优质技术与方案提升当地建筑水平,促进当地就业,培养本土人才,通过本地采购、分包等方式向当地供应商倾斜,不断提高属地化经营程度,助力当地经济发展。这在中国建筑承建的巴基斯坦PKM(白沙瓦至卡拉奇)高速公路项目(苏库尔—木尔坦段)中得到充分体现。

PKM项目是连接巴基斯坦南北的经济大动脉,也是巴基斯坦设计等级最高、智能系统最先进的公路。项目率先采用中国改性沥青技术,全线绿化,可抵御百年一遇的洪水。邀请专业培训机构,结合工程建设实践,广泛开展管理技能和工程技术培训。还聘用巴基斯坦实习工程师参与项目建设,帮助其快速成长。项目承建过程中,中国建筑优先雇用巴方人员。在项目建设高峰期,直接参与的管理人员、设备操作手、施工工人达28 900余人,帮助政府缓解了就业压力。项目建设所需土方9 000万立方米、碎石1 400万立方米、柴油5.25亿升、钢材约19万吨、水泥约75万吨,均需从当地采购。项目部与当地合作开发取土场531个、采石场129个,促进当地土石方开采、运输、销售等产业发展;采购当地材料、租赁机械设备等,涉及当地逾千家企业,带动项目沿线经济及周边产业的发展;累计向巴基斯坦当地政府缴纳税费174亿卢比,有力拉动当地经济的发展。PKM项目打通了巴基斯坦内陆入海的通道,提高了巴基斯坦货物进出口的竞争力,改善了巴基斯坦的对外投资环境;加强了巴基斯坦中南部各大经济中心城市间的沟通与联系,带动了沿线中小城市的经济发展。

（三）参与社会公益

中国建筑积极履行央企社会责任,关注当地在教育、医疗、环保、社区等各方面的切实困难,热心参与社会公益,为当地人民解决实际问题,赢得了当地人民的肯定和赞扬。

在教育方面,中国建筑始终关注当地教育发展,帮助巴基斯坦社区建设学校,捐助学习用品,努力改善当地教育教学环境,助推居民提升受教育水平,为当地社会发展提供必要的智力支撑。中建七局尼泊尔 SRIP 项目全线横穿当地多个村镇和山区经济、教育水平落后地区。项目部积极履行央企社会责任,积极融入当地社会环境,为当地政府专为贫困家庭孩子修建的加纳克小学送书包、文具盒、体育用品等各种学习用品,改善了学校的教学条件,并慰问当地孤儿。

在环保方面,在巴基斯坦 PKM 项目中,中国建筑将绿色发展理念融入项目设计中,将公路建设与绿色设计有机结合,有效保护项目沿线景观、河流水质、植被,加强可再生能源利用,努力打造资源节约型、环境友好型的高速公路。保护生态环境、践行绿色发展是中国建筑阿尔及利亚公司转型升级过程中的重要理念之一。在南北高速公路项目建设中,中国建筑项目部主动向业主提出变更方案,从而避开古迹,降低对动物栖息地的影响,受到当地居民的赞扬。2009 年由中国建筑阿公司牵头设计建造,包括中国建筑阿尔及利亚公司为首的 29 家驻阿尔及利亚中资企业纷纷捐助,建成了总面积 5 000 余平方米的中阿友谊园,该园已成为当地最大的开放式生态园林,满足了阿尔及利亚人民的精神文化需求。此外,中国建筑阿尔及利亚公司积极与阿尔及利亚环保公益组织合作,响应阿尔及利亚政府号召,结合社区实际需求,组织义务打扫社区、清洁沙滩、养护行道树等公益活动,在当地大力推广环保知识,积极倡导绿色发展理念,在当地社会反响热烈。中国建筑中东公司积极参与阿联酋环保活动,积极推广绿色施工技术。

医疗方面,中国建筑公司积极履行央企社会责任,关注当地人民健康:中国建筑七局尼泊尔 SRIP 项目部联合当地红十字会及社区医院,开展了"爱心义诊进校园"活动,为当地儿童进行健康体检,并为学校捐赠了医疗急救箱、各类常用药品等,关怀当地儿童健康;在巴基斯坦开展"送健康进乡村"义诊活动,选派专业健康医疗队为当地村民测量血压、检查血液、诊断疾病,向村民发放药品,缓解当地社区医药短缺的现状;中国建筑中东公司长期支持迪拜自闭症中心、拉希德残障人中心等公益组织。

中国建筑在跨国经营过程中,积极履行企业社会责任,致力当地社区繁荣,不仅得到东道国政府和人民的赞扬,也得到了国家有关部门的肯定。2019 年 12 月 3 日,由国务院新闻办公室等联合举办的 2019 年中国企业海外形象高峰论坛上,"中建装饰斯里兰卡小确幸公益课堂"案例荣获"2019 中国企业海外形象建设优秀案例卓越社会责任类奖"。"小确幸"公益品牌,由中建装饰集团发起,旨在通过该品牌将现代公益、社会服务和经济发展三者相结合,以实际行动践行企业社会责任。同时,中建装饰以这个项目为载体,通过持续性培训教会当地人一些建筑技能,把优秀的年轻人带到科伦坡大项目去工作锻炼,从而真正帮助贫困儿童家庭改善经济条件,给他们更大的就业空间。让更多的当地百姓切身感受到来自中方的友善。中建装饰从单纯向受困者提供帮助,转变为复合性、可持续发展的"产业扶持、教育扶智、文化传承、精神文明",使受困者变被动为主动,从根源上遏制问题的产生,体现了央企的海外责任担当。

第三节 传音公司的本土化之路

深圳传音控股股份有限公司(以下简称"传音公司")是以非洲等新兴市场为主要目标市场的智能终端产品和移动互联网服务提供商,享有"非洲手机之王"的美誉。传音公司在非洲市场推行"全球化思维,本土化行动"的发展战略,在研发、生产、销售和品牌方面全面推行本土化战略,深度融入非洲市场,并不断辐射其他新兴市场,取得了巨大成功。传音公司发展历程证明,跨国公司在新兴与发展中经济体推行本土化战略有助于公司更快地融入当地市场,从而在激烈的全球化竞争中谋得一席之地。

一、传音公司简介

传音公司成立于 2006 年,主要从事以手机为核心的智能终端的设计、研发、生产、销售和品牌运营,并基于自主研发的智能终端操作系统和流量入口,为用户提供移动互联网服务。传音公司的目标市场主要是以新兴与发展中国家市场为主,其中最大市场为非洲。目前公司已初步形成了"手机+移动互联网+家电、数码配件"的商业生态模式,互联网业务已经覆盖了音乐、短视频、支付、电子商务、物流等方面。公司全球员工超过 1 万名,销售网络已经覆盖全球 50 多个国家,大多为新兴与发展中国家,在全球范围内建有三个生产基地,五个大型售后服务中心,同时在中国上海、深圳和重庆建立了自主研发中心,至 2020 年末,传音拥有研发人员 1 915 人,主要集中在手机产品硬件、软件及移动互联网开发等方面。

经过多年的发展,传音现已成为全球新兴市场手机行业的中坚力量。2020 年传音手机整体出货量 1.74 亿部。据 IDC 统计数据,2020 年传音在全球手机市场的占有率为 10.6%,在全球手机品牌厂商中排名第四,其中智能机在全球智能机市场的占有率为 4.7%，排名第七。2020 年，传音在非洲的市场份额持续提升，智能机市场占有率超过 40%，非洲第一的领先优势进一步扩大。公司新市场开拓卓有成效，在巴基斯坦智能机市场占有率超过 40%，排名第一；在孟加拉国智能机市场占有率 18.3%，排名第一；在印度智能机市场占有率 5.1%，排名第六。

表 8-2　传音公司发展历程

年份	发 展 历 程
2006 年	传音公司成立，在韩国和法国设立研究所
2007 年	推出 itel 和 TECNO 手机
2008 年	进军非洲市场
2009 年	推出手机售后服务品牌 Carlcare
2011 年	在埃塞俄比亚建立工厂
2013 年	推出智能手机品牌 Infinix
2014 年	创立数码配件服务品牌 Syinix
2015 年	创立数码配件、家用电器品牌 Oraimo；首次发布音乐流媒体服务平台 Boomplay，专注为非洲本土及全球非洲裔用户提供正版数字音乐及视频的在线播放及下载服务
2016 年	携旗下手机品牌 itel 正式进军印度市场；Boomplay 正式上架 Google Play Store，开始面向 TECNO 手机品牌以外的用户提供服务
2017 年	旗下品牌 TECNO、itel 及 Oraimo 正式在尼泊尔发售
2018 年	Boomplay 与全球音乐巨头环球音乐集团(Universal Music Group)达成战略合作，双方签署涵盖非洲多个市场的长期版权许可协议
2019 年	在上海证券交易所科创板成功挂牌上市
2020 年	荣获 CVPR 2020 LIP 国际竞赛深肤色人像分割赛道冠军、吴文俊人工智能科技进步奖(企业技术创新工程项目)等奖项；所主导的首个移动终端计算摄影系统国际标准获 ITU-T 正式立项；PCT 国际专利申请全球 50 强；入选 2020 年"中国民营企业 500 强""中国制造业民营企业 500 强""《财富》中国 500 强"等。
2021 年	入选 2021 年"全国制造业单项冠军""中国民营企业 500 强""中国制造业民营企业 500 强""《财富》中国 500 强"

• 资料来源：根据传音公司网站资料整理。

二、传音公司的本土化之路

传音公司成立之初即面临国内手机市场激烈的竞争。传音做了两年时间的贴牌代工生产后计划转型升级。在缺乏资本与技术支持情况下，传音公司经过深入调研后将目标市场定位于以非洲为主的新兴市场。当时非洲市场并不被各大知名手机厂商看好，主要原因是总体经济发展水平低，消费能力有限，但传音公司认为非洲市场人口仅次于中国和印度，只要产品适销对路,购买潜力大。2008年传音公司正式进入非洲市场,并确立了"全球化思维,本土化行动"的发展战略。传音公司后续的发展历程证明,正因为公司在包括非洲市场在内的新兴市场走了不同于其他品牌手机厂商的本土化之路,传音公司才获得了巨大的成功。

（一）本土化研发

传音公司进入非洲市场时,非洲市场占主导地位的手机厂商主要是诺基亚和三星,在随后的智能手机市场角逐中,三星逐步取代诺基亚成为非洲市场上的领导厂商。面对既有竞争格局,传音公司抓住三星和诺基亚实行全球统一的品牌战略,无法切合非洲手机用户具体需求的市场缝隙,深入了解当地市场需求,关注本土化研发,为当地市场提供个性化产品,逐渐打开了非洲市场,在非洲市场取得了主导地位,并逐步向其他新兴市场扩张。

在手机业务方面,传音公司针对非洲市场的特定需求进行系列创新,有效解决了用户的需求痛点(见表8-3),其中有四个创新点尤其受到非洲消费者的欢迎:首先是深肤色拍照技术。非洲用户肤色深,常规手机拍照效果差。传音公司利用公司所拥有的海量深肤色影像数据样本,开发出深肤色美颜功能的产品,通过眼睛和牙齿定位人物,在此基础上加强曝光,让当地消费者在晚上或者灯光较暗的地方也能拍照,解决深肤色用户的拍照美颜问题,填补了行业空白。长期以来,传音公司深耕深肤色人群集中的新兴市场,业务遍布非洲、南亚、东南亚、中东和拉丁美洲,在深肤色影像技术研究与应用领域多年钻研,取得突破性进展。2021年传音公司凭借人工智能深肤色影像移动终端的领先优势,获评"全国制造业单项冠军"示范企业。其次是手机音乐功能的开发。非洲用户多喜欢音乐,为满足手机用户唱歌、跳舞的需求,传音公司研发"大喇叭＋天线"的FM手机,手机内置音乐APP,提供大量音乐,全方位满足用户对于音乐的需求。再次是双卡双待功能。非洲当地运营商众多,各运营商覆盖范围小,不同运营商在不同地点的信号效果都不一样,再加上跨运营商之间的资费也比较贵,消费者能力有限无法购买多个手机,因此非洲消费者习惯随身携带多个SIM卡。传音2007年在非洲推出了第一款双卡双待手机,2008年12月,传音公司旗下品牌TECNO推出了第一部四卡机器,迎合当地消费者需求。最后是手机材料方面。非洲天气热,用户手心出汗多,如果手机背壳使用廉价的塑料,拿手机时感觉油乎乎的,传音公司研发出防油防汗的材料做手机背壳,深受消费者的喜爱。进一步地,传音公司开发了指纹防汗防油污算法,使得传音手机指纹解锁成功概率高于同行业。

表 8-3　传音在研发本土化上的主要创新点

用户痛点	解决措施
拍照效果差	技术创新专用拍照功能
充电困难	超长待机
经常停电	超强手电筒
运营商多、信号差异大	支持多卡功能
音乐需求大	音量大、自带歌曲
流汗带来的不易操作性	防汗防滑材质
语言众多	开发多种本土语言输入法

• 资料来源:孙维鑫《国产手机开拓非洲市场的本土化策略研究》,天津商业大学硕士论文,2020年。

(二) 本土化生产

传音公司已在国外设立多个生产制造中心,包括埃塞俄比亚、印度、孟加拉国等,公司主要从以下几个方面推进生产本土化。首先是生产制造环节的本土化。非洲市场需求具有小批量、多批次特点,传音采用以销定产的生产模式,达到快速响应本地需求的目的。同时,传音公司会根据具体需要将生产环节委托给当地其他生产厂家加工制造,与本地零部件企业、生产厂商建立良好的合作关系。其次是生产辅助环节的本土化,当地工厂在运营过程中,坚持互利共赢,在采购、品牌推广、销售、物流等各环节主动,广泛与当地相关企业和代理人开展合作,建立长期稳定的合作关系,此举带动上下游产业链、周边产业及合作伙伴共同发展,利益深度融合,如传音公司售后服务品牌 Carlcare 目前在全球已拥有 2 000 多个售后服务网点(含第三方合作网点),在海外建立了七大售后维修中心。再次员工的本土化。在非洲市场传音公司大量雇用非洲籍员工,甚至包括高层管理人员,加深了当地员工的认同感,如作为重点引进项目,传音工厂已入驻埃塞俄比亚信息产业园 ICT Park,雇用了超过 1 000 名埃塞俄比亚本地生产员工,成为埃塞俄比亚首个出口创汇的电子企业。大量雇用熟悉本地政策法规、文化习俗的当地专业人员进入管理层,能够更好地帮助公司日常管理和运营,规避各种风险,更好地服务于非洲市场。本土化生产对非洲当地经济发展尤为重要。传音公司在当地建立工厂,带动了当地的就业,培养了本地技术工人,改善了当地就业环境,促进了本地配套企业的成长,建立和完善了相关产业链,对当地经济长期发展做出了贡献,受到当地政府和人民的欢迎。

(三)本土化品牌

传音公司在非洲市场推行本土化多品牌国际化战略。在手机业务方面,传音公司旗下有三大本土化品牌 itel、TECNO 和 Infinix,这三个本土化品牌分别针对不同细分市场,较为全面地覆盖了市场需求。大众品牌 itel 是主要面向基层消费者的功能手机,其特点是价格低廉,质量稳定可靠,对购买力弱但有移动通信需求的用户来说,性价比高,因此很快得到消费者的认可。TECNO 面向新兴市场正在兴起的中产阶级消费群体,手机的深肤色拍照、多卡多待和超长待机等功能深受消费者喜爱,品牌名列非洲手机市场前三,是非洲消费者最喜爱的中国品牌。传音公司于 2013 年推出智能手机 Infinix 品牌,定位于高端市场,注重时尚设计和网络社交体验,在年轻人中受到普遍欢迎。知名泛非商业杂志 *African Business* 发布"2018/2019 年度最受非洲消费者喜爱的品牌"百强榜单,传音旗下三大手机品牌 TECNO、itel、Infinix 再次上榜,分别列第 5 位、第 17 位与第 26 位。

与此同时,传音公司利用手机品牌的影响力,积极实施多元化品牌布局,公司先后推出了数码配件品牌 Oraimo(主要产品为智能音箱、智能手环、移动电源、蓝牙耳机等)、家用电器品牌 Syinix(主要产品为电视机、冰箱、空调、洗衣机等)和售后服务品牌 Carlcare。Oraimo 目前已成为最受消费者欢迎的 3C 配件品牌之一;Syinix 在非洲市场已初具规模;Carlcare 现已拥有超过 2 300 个服务网点,7 个维修工厂,覆盖非洲、中东、东南亚、南亚、拉丁美洲等地区。此外客户还可以通过 Carlcare APP 预约 2 小时的快速维修服务,截至 2019 年 11 月,Carlcare APP 每月活跃用户数已经达到 1 000 万。此外,公司还提供软件和互联网产品及服务,其中包括公司自研的 HiOS、itelOS 和 XOS 智能终端操作系统,以及公司还与其他互联网公司合作推出的各种手机 APP,截至 2020 年底,已有 8 款自主与合作开发的应用程序每月活跃用户数超过 1 000 万,包括非洲最大的音乐流媒体平台 Boomplay、新闻聚合应用 Scooper 和短视频应用 Vskit 等手机 APP,覆盖短视频、音乐播放、电子小说、移动支付等领域,成为新兴市场有影响力的互联网服务提供商。

(四)本土化销售

传音公司在不同市场实行因地制宜的本土化销售策略。传音创办的时候,功能机已经逐渐退出国内市场,但考虑到非洲经济发展相对落后,同时对移动通信工具需求大,功能机更适合此时的非洲,因此进入非洲市场时,传音公司主打功能机,将目标市场瞄准于三星和诺基亚无暇顾及的偏远落后地区,采用了"农村包围城市"的推广策略。非洲市场较为分散,电视机、电脑的使用率不高,缺少线上零售,因此传音公司进入非洲市场后,主要以线下销售为主,采用"涂墙广告"形式,在各大街区建筑外墙粉刷手机广告,使得当地消费者能够随处可见传音公司手机的品牌标识。在经常出现临时停电的非洲国家和地区,传音公司在经常停电的街区设立写有公司手机品牌标识的巨型显示屏,为当地群众提供照明的同时也宣传了公司品牌。这些方法虽然看起来笨拙,但早期却能快速提高知名度,而且积累的品牌推广经验也能帮助公司进一步打开城市市场。传音公司重视消费者线下门店体验,与当地手机销售代理商和手机运营商建立紧密的合作共赢的关系,打造了下沉式高渗透的线下销售模式,配合传音广泛的售后服务网点,为消费者提供了优质的体验与服务。此外,传音公司还以 TECNO 的名义多次赞助当地足球比赛和选美活动,多渠道扩大公司品牌影响力。

　　线上模式凭借低成本、低门槛、方便快捷的优势,越来越受手机品牌厂商的重视。随着非洲电商市场的发展,线上销售模式未来仍将成为主流,目前公司是非洲电商 Jumia 最大的手机销售商,传音已与非洲各个国家多个电商平台成为战略合作伙伴。线上模式需要有物流体系以及移动互联网服务体系的支撑,传音子公司易为控股与中通快递合资成立速达非物流公司,业务覆盖快递、仓储和中非跨境货运,意图解决非洲缺少物流公司的情况。疫情期间,速达非与传音旗下专业售后服务品牌 Carlcare 形成业务联动,提供"免费维修寄回"服务,受到消费者好评。

　　传音公司通过实行本土化战略为公司开辟了广阔的市场空间,获得了巨大成功。除了在非洲市场的显著优势外,在其他新兴市场,传音表现同样不逊色。截至 2020 年,其在巴基斯坦智能机市场占有率超过 40%,排名第一;在孟加拉国智能机市场占有率 18.3%,排名第一;在印度智能机市场占有率 5.1%,排名第六。目前传音公司的全球销售网络已覆盖 70 多个国家和地区,包括尼日利亚、肯尼亚、坦桑尼亚、埃塞俄比亚、埃及、阿联酋(迪拜)、印度、巴基斯坦、印度尼西亚、越南、孟加拉国等,与谷歌、Facebook、微软、联发科、Orange、沃达丰等全球知名企业强强合作,未来将持续稳步地向前发展。

　　以上所选取企业案例中,既有国有企业,也有民营企业。企业既有来自传统产业领域的，也有来自新兴产业领域的，在这些对外投资案例中，以恒瑞和海正为代表的中国制药业跨国公司重视企业知识产权优势培育，在强手如云的全球制药业领域争得了一席之地；中国建筑在跨国化经营过程中，加强合规管理，积极履行央企社会责任，提升了中国建筑的知名度；传音公司在非洲市场另辟蹊径，走本土化经营之路，企业获得大发展。这些案例的成功经验对中国企业走出去，成长为世界一流跨国公司具有借鉴意义，期待未来涌现更多优秀的中国跨国公司。

第九章
中国对外直接投资——境外经贸合作区篇

早在2005年之前,中国一部分民企为了自身发展,自发地在海外建立工厂,形成了境外经贸合作区的雏形。2006年,商务部颁布了《境外中国经济贸易合作区的基本要求和申办程序》,大力推进境外经贸合作区建设。2014年之后,境外经贸合作区更是成为中国建立"制度性开放"经济以及实现"共同发展"的重要平台,为中国以及东道国提供更多的经济动能。

第一节 境外经贸合作区的概况及意义

境外经贸合作区作为一种新的对外直接投资方式,已经逐渐成为我国一项重要的战略。本节分别从境外经贸合作区的定义、发展历程以及境外经贸合作区的积极意义三个方面,对境外经贸合作区作一个简要的梳理。

一、境外经贸合作区的概况

关于境外经贸合作区业务,商务部给出了明确的定义,即:境外经济贸易合作区是指在中华人民共和国境内(不含香港、澳门和台湾地区)注册、具有独立法人资格的中资控股企业,通过在境外设立的中资的独立法人机构,投资建设的基础设施完备、主导产业明确、公共服务功能健全、具有集聚和辐射效应的产业园区。[1]自2006年开始,我国政府大力推进境外经贸合作区建设,鼓励国内外企业参与投资,经过多年的发展,境外经贸合作区已经成为中国民营企业尤其是中小企业"抱团取暖"、降低国际投资风险的重要平台,同时也成为推动"一带一路"建设的有力支撑。

2006年我国正式把境外经贸合作区纳入国家战略层面,经过不断地发展,各园区入驻企业数量大幅增加,集聚效应开始显现,给"一带一路"产业

---

[1] 引自商务部"走出去"公共服务平台,http://fec.mofcom.gov.cn/article/jwjmhzq/,访问时间:2021年8月27日。

合作树立了许多成功的范本。据官方数据统计,截至2020年底,中国在全球46个国家共建立了113家境外经贸合作区。从地理分布上看,合作区主要分布在东南亚、南亚、非洲和东欧。其中,位于东南亚的占53%,中亚的占34%。另外,合作区在"一带一路"沿线国家和地区的分布最为密集,113个境外经贸合作区中82个分布在"一带一路"的24个沿线国家和地区,占境外经贸合作区总数的73%。截至2021年6月份,合作区累计投资额达470亿美元,较2020年年底增加20多亿美元,向东道国缴纳税费约60亿美元,为东道国创造了38万个就业岗位。

二、境外经贸合作区的发展历程

境外经贸合作区发展至今已经20多年,从进程上看主要经过了三个阶段:早期企业自发探索阶段(1990—2005年)、国家引导规范化阶段(2005—2013年)以及快速发展阶段(2013年至今)。

(一)早期企业自发探索阶段(1990—2005年)

1990年至2005年是合作区发展的萌芽期,一些实力强大的国内民营企业为了抢占海外市场、引进海外技术,将投资目光转向海外,尝试在海外建立自己的企业园区。典型的例子有,福建华侨实业公司在古巴投资建设了自己的加工贸易园区,海尔前往美国投资建设了工业园区,天津保税区投资公司在美国成立商贸园区。当然,这个时期企业投资新建园区主要是为自身发展考虑,整个园区也是为企业本身服务的。企业自发地选择境外投资地,完全通过自己筹措资金来完成厂房等基础设施的建设。另外,当时企业对园区的功能和定位的认识都十分模糊,所以,这个时期的园区发展速度比较缓慢。不过,也正是企业家们敢于尝试,勇于冒险的精神,给我国的境外投资提供了新思路,给我国建立境外经贸合作区带来重要的启示作用。

(二)国家引导规范化阶段(2005—2013年)

2005年后,中国入世的贸易效应快速显现,我国的对外贸易顺差逐年增加,国外的贸易保护主义开始抬头,贸易摩擦和纠纷时有发生。为了缓解矛盾和紧张局面,商务部在2006年发布了《境外中国经济贸易合作区的基本要求和申办程序》,这一文件的下发意味着以"政府为主导,企业自主申办"的境外经贸合作区招标审批工作正式开始,标志着我国境外经贸合作区进入了规范化投资的新阶段。这一时期的投资过程一般为三步:首先,我国政府对潜在的投资对象国进行考察,与那些社会稳定、对华友好的国家达成初步的投资共识；然后，商务部对投资项目在国内进行公开招标，企业中标后提交审批申请，成为园区投资主体并与东道国一同签署合约；最后，企业出资建设园区，在两国政府共同支持下，完成基础设施建设、人才引进、招商引资等一系列工作并最终形成一个完整的产业园区。商务部在2006年和2007年两年时间里先后审批通过了19个境外经贸合作区的申请，在政府的主导和推动下，更加规范的国家级境外经贸合作区陆续建立起来。但是，当时我国企业的跨国发展经验还十分欠缺，加上2008年全球金融危机的影响，所以这一阶段我国的境外经贸合作区的发展速度依然比较缓慢。

（三）快速发展阶段（2013年至今）

为进一步加快境外经贸合作区的发展，商务部于2013年颁布了《境外经济贸易合作区确认考核和年度考核管理办法》，并于2014年起开始实施，该办法的颁布标志着我国境外经贸合作区的发展又迈入一个新的阶段。和上一个阶段不同的是，2014年后，境外经贸合作区的投资方式不再是原先的"招标—中标—自建"模式，新的模式为"自建—考核"模式，政府取消了招标这一环节，由企业先在境外自行投资建设园区，达到一定规模后企业可以向国家提出考核申请，然后再由商务部对其进行统一考核。商务部的考核主要分为两种：一种是确认考核，另一种是年度考核，通过考核后，园区正式成为国家级境外经贸合作区，并享受相应的资金补助，这一考核办法的实施很大程度上调动了我国企业"走出去"的积极性，同时也极大地推动了我国境外经贸合作区的发展，境外经贸合作区的数量快速增加。据统计，2013年至2018年，我国境外经贸合作区的数量以年均45.6%的速度上升。同时，政府在其中的角色慢慢发生转变，从管理者逐渐向引导者转变，注重合作区的市场化运作，更加关注境外投资的融资政策和风险防控。此外，2014年后，政府又先后发布了《对外投资合作专项资金管理办法》《外经贸区域协调发展促进资金管理暂行办法》《中小企业国际市场开拓资金管理办法》《进口贴息资金管理办法》等与合作区发展配套的金融政策，合作区迎来了快速发展的黄金时期。

三、境外经贸合作区对中国的积极意义

境外经贸合作区的建立有其重大战略意义和实际价值，主要有以下三个方面：第一，建立境外经贸合作区有助于我国转变出口方式，避开贸易壁垒。2006年我国正式将境外经贸合作区纳入"走出去"战略的一部分，其中

最主要的原因是为了转变原有的出口方式,主动避开贸易和投资壁垒。企业将产品产地设在境外的好处在于,不仅可以有效避开欧美国家对我国出口产品的贸易壁垒,而且还能够大幅降低产品出口成本,赢得东道国市场的认可,重新获得竞争优势。举例来说,2008年,海亮(越南)铜业有限公司在越南龙江工业区开设了生产车间,成功地避开了美国对中国无缝精炼铜管所征收的高额关税,而中国许多企业由于出口成本太高纷纷减少对美国市场的出口,海亮铜业趁机夺得了额外的市场份额,进一步扩大了企业的美国市场业务。再如,浙江华龙鞋业公司入驻俄罗斯乌苏里斯克经贸合作区,通过出口半成品到俄罗斯再将其制作成成品鞋并贴牌当地商标进行销售,大大降低了出口关税,不仅有效地避开了"灰色清关"等贸易壁垒,而且形成了一条成熟的跨境产业链,增加了企业利润空间,提升了产品的国际竞争力。

第二,推动更多中小企业走出国门,开辟海外市场。境外经贸合作区的另一个重要意义在于推动中国企业尤其是在国际市场有竞争优势的中小企业走出国门,开辟海外市场,扩大企业竞争力和影响力。在2006年之前,由于我国企业在资金以及国际化经营经验方面都有所欠缺,合作区在早期发展中困难重重。经过不断的积累和多年发展,我国企业的国际化经营经验更加丰富,企业规模和实力也有了显著的提升,一些实力突出的企业进一步完善了合作区的建设,推动了合作区的发展,为我国中小企业搭建了更加稳固的海外投资平台。现阶段的境外经贸合作区已经成为可靠的投资平台,加上较为完善的配套服务,这样良好的投资环境让我国中小企业可以放心经营海外业务。此外,中小企业在境外经贸合作区发展还可以享受我国和东道国政府的双重优惠政策,减少境外投资风险,消除非本地者劣势,为企业获得更高的国际投资地位提供保障。最后,在新老企业相互学习和交流的过程中,新企业能够迅速了解当地信息,掌握本土化经营策略,并利用当地充裕的要素资源,有效地提升企业的知名度和影响力。

第三,有利于形成产业集群,构建完整产业链。境外经贸合作区的发展同时还能推动中国企业形成产业集群,构建完整的上中下游产业链。一般来说,大企业的快速发展往往会带动产业链的发展,使中小企业能够加入产业链中,逐步形成一条完整、高效的产业链,产生集聚效应。集聚效应会促进企业之间形成互补,提升投资效益。2006年,海尔集团和巴基斯坦鲁巴集团联手将原有的海尔巴基斯坦工业园改建为海尔—鲁巴经济区,经济区以家电为主导产业,区内拥有国家级加点检测平台,并向所有入驻企业开放。同时海尔集团还为企业提供销售服务,入驻企业可以依靠海尔之前建立的家电产业优势迅速发展。因此经济区也吸引了一大批家电企业入驻。到现在,海尔—鲁巴经济区已经形成了完整的家电配套上下游产业链,产生了良好的投资效应。

第二节　境外经贸合作区主要类型及典型案例

境外经贸合作区按照主导产业的不同可分为不同类型,即加工制造型园区、资源利用型园区、农业产业型园区、商贸物流型园区以及科技研发型园区五种主要类型。不同类型的园区发挥着不同的功能,具备各自的特点,而且最终所产生的经济效应也有差异。本节从不同类型合作区出发,对我国的境外经贸合作区进行梳理,简要介绍不同类型的合作区的特点以及国家级境外经贸合作区,然后,通过列举一些较为典型的园区来进一步分析园区产生的经济效应。

一、境外经贸合作区的主要类型

按照境外经贸合作区主导产业分类,我国境外经贸合作区的主要类型有以下五类:一是以轻工、纺织、机械、电子、化工、建材等为主导产业的加工制造型园区;二是以矿产、森林、汽油等资源开发、加工和综合利用等为主导产业的资源利用型园区;三是以谷物和经济作物等的开发、加工、收购、仓储等为主导的农业产业型园区;四是以商品展示、运输、仓储、集散、配送、信息处理、流通加工等为主导的商贸物流型园区;五是以轨道交通、汽车、通信、工程机械、航空航天、传播和海洋工程等领域的高新技术及产品的研发、设计、试验、试制为主导的科技研发型园区。

表9-1　通过确认考核的国家级境外经贸合作区名单

序号	合作区名称	境内实施企业名称	合作区类型	重点产业
1	柬埔寨西哈努克港经济特区	江苏太湖柬埔寨国际经济合作区投资有限公司	加工制造型	服装、家具、五金工具制造等
2	泰国泰中罗勇工业园	华立产业集团有限公司	科技研发型	汽配、机械、建材五金、电子电气等
3	越南龙江工业园	前江投资管理有限责任公司	加工制造型	电子、冷却设备;机械装配工业;木材制品行业等

续表

序号	合作区名称	境内实施企业名称	合作区类型	重点产业
4	巴基斯坦海尔—鲁巴经济区	海尔集团电器产业有限公司	科技研发型	家电、汽车、纺织、建材、化工等
5	赞比亚中国经济贸易合作区	中国有色矿业集团有限公司	商贸物流型	有色金属工业
6	埃及苏伊士经贸合作区	中非泰达投资股份有限公司	加工制造型	纺织服装、石油装备、高低压电器、新型建材及精细化工等
7	尼日利亚莱基自由贸易区（中尼经贸合作区）	中非莱基投资有限公司	加工制造型	装备制造、通信产品等
8	俄罗斯乌苏里斯克经贸合作区	康吉国际投资有限公司	加工制造型	轻工、机电（家电、电子）、木业等
9	俄罗斯中俄托木斯克木材工贸合作区	中航林业有限公司	农业产业型	森林抚育采伐业、木材深加工业等
10	埃塞俄比亚东方工业园	江苏永元投资有限公司	加工制造型	冶金、建材、机电等
11	中俄（滨海边疆区）农业产业合作区	黑龙江东宁华信经济贸易有限责任公司	农业产业型	水稻、大豆等农作物种植等
12	俄罗斯龙跃林业经贸合作区	黑龙江省牡丹江龙跃经贸有限公司	农业产业型	木材加工业
13	匈牙利中欧商贸物流园	山东帝豪国际投资有限公司	商贸物流型	商贸、物流行业
14	吉尔吉斯斯坦亚洲之星农业产业合作区	河南贵友实业集团有限公司	农业产业型	畜禽养殖、屠宰、加工、销售等
15	老挝万象赛色塔综合开发区	云南省海外投资有限公司	加工制造型	林木加工、农产品加工、轻工纺织、机械制造、房地产开发、综合服务业
16	乌兹别克斯坦"鹏盛"工业园	温州市金盛贸易有限公司	加工制造型	建筑材料、真皮制品、灯具和五金制品、电机电器、农用机械、轻纺及纺织品等
17	中匈宝思德经贸合作区	烟台新益投资有限公司	加工制造型	化工、生物化工
18	中国·印尼经贸合作区	广西农垦集团有限责任公司	加工制造型	汽车装配、机械制造、家用电器、精细化工及新材料等
19	中国印尼综合产业园区青山园区	上海鼎信投资（集团）有限公司	资源利用型	镍矿的采掘、出口及镍铁冶炼产业
20	中国·印度尼西亚聚龙农业产业合作区	天津聚龙集团	农业产业型	油棕种植开发、精深加工、收购、仓储物流
21	奇瑞巴西工业园区	奇瑞汽车股份有限公司	科技研发型	汽车制造
22	中白工业园	中工国际股份有限公司	科技研发型	电子信息、精细化工、机械制造、生物医药、新材料等
23	斯努经济特区项目	中启控股集团股份有限公司	农业产业型	农产品、食品加工分区、工业加工制造等
24	毛里求斯晋非经贸合作区	山西晋非投资有限公司	加工制造型	木材加工、家具制造业、通用设备制造业等

续表

序号	合作区名称	境内实施企业名称	合作区类型	重点产业
25	塞拉利昂国基工贸园区	河南国基实业集团有限公司	加工制造型	机械配件加工、建材加工等
26	北汽福田印度汽车工业园	北汽福田汽车股份有限公司	科技研发型	汽车制造
27	帕希姆中欧空港产业园	河南林德国际物流有限公司	商贸物流型	商贸、物流行业
28	中国—比利时科技园	湖北省联投控股有限公司	科技研发型	医药制造业,汽车制造业,计算机、通信和其他电子设备制造业等
29	越美(尼日利亚)纺织工业园	越美集团有限公司	加工制造型	服装、纺织业
30	中乌农业科技示范园区	河南省黄泛区实业集团有限公司	农业产业型	经济作物种植

• 资料来源:作者根据中国境外经贸合作区投促办公室公布的资料整理而成。

二、典型案例分析

下面就不同类型的典型案例进行分析。

(一)案例一:"巨石"中白工业园

中白工业园是中国在白俄罗斯投资建造的一座科技研发型工业园区,园区占地面积112.5平方公里,规划开发面积91.5平方公里,是两国历史上规模最大、层次最高的经贸合作项目。自2012年园区投入建设开始两国政府就高度关注,在双方的共同努力下,现已成为"一带一路"倡议的"明珠"项目。

从地理位置看,园区拥有显著的区位优势。园区地址位于白俄罗斯首都明斯克州斯莫列维奇区,毗邻明斯克国际机场,距离明斯克市中心25公里,园区往东750公里就是莫斯科,往西1 050公里便是柏林,从明斯克国际机场的航班飞往欧洲各大城市都可在一小时内到达,交通十分便捷。另外,白俄罗斯是中欧班列的一个重要节点,凡是去往西欧的列车都要经过这里,据统计,中欧班列的90%货物吞吐量都要经过白俄罗斯,是连通欧亚的重要节点,具备很高的投资价值。

从产业结构看,园区以高新科技产业为主导产业。设计的最初想法是将园区打造成一个高科技生态园区,把电子信息、精细化工、机械制造、生物医药、新材料等高新产业,配套产业包括电子商务、大数据储存与处理、社会文化活动创建与发展、科研及设计试验和工艺试验等作为主导产业,研发并出口科技含量高、市场竞争力强的创新产品。

图 9-1 "一带一路"路线图

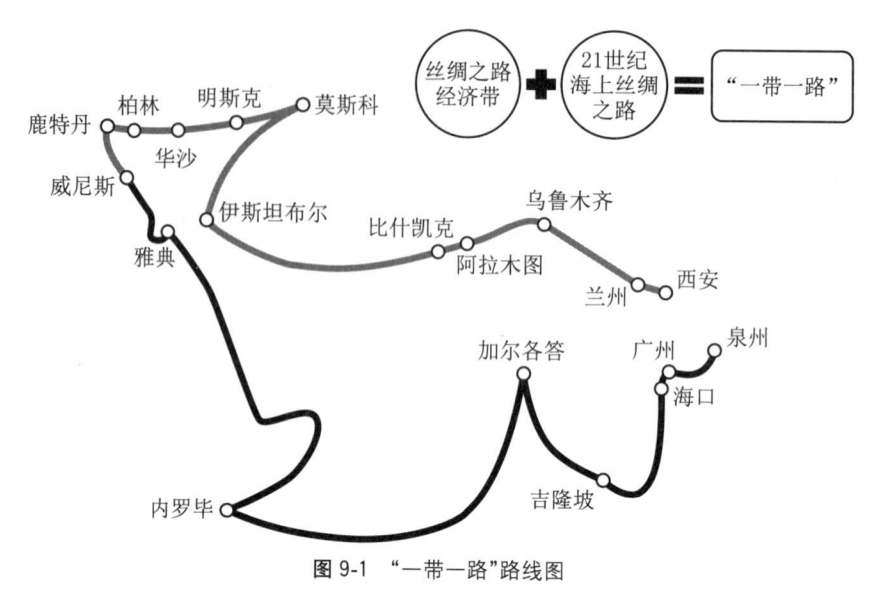

• 资料来源:中白工业园官网,https://www.zbgyy.cn,访问时间:2021 年 8 月 30 日。

从投资状况看,园区的投资状况向好。截至 2018 年 7 月底,园区共有入驻企业 36 家,协议投资总额达 11 亿美元。其中,中资企业 20 家(央企 6 家,地方国企 3 家,民企 11 家),外资 16 家(白俄罗斯企业 10 家,美国企业 1 家,德国企业 2 家,奥地利企业 1 家,立陶宛企业 1 家,以色列企业 1 家)。截至 2019 年底,园区共有 47 家入驻企业,较上年增加 11 家,新增协议投资额约 7 900 万美元,总投资协议额较上一年增加 7.2%,达到 11.8 亿美元。2019 年园区的工业生产总值为 4 400 万美元,进出口总额为 8 660 万美元。截至 2020 年底,园区入驻企业增加到 59 家,新增协议投资额 7 240 万美元,总投资协议同比增长 6.1%,达 12.5 亿美元。2020 年园区工业产值为 5 530 万美元,进出口总额达到 1.73 亿美元。

目前园区涉及的项目主要在大数据、人工智能、医疗、通信等高新科技领域,同时在机械制造、食品加工等加工制造业上也有所涉及。预计园区在未来会吸引超过 200 家高新技术企业入驻,为当地创造超过 12 万个就业岗位,最终形成结构布局合理、产业协调发展、科技水平含量高、社会经济效益明显的综合性开发区。

(二)案例二:埃及苏伊士经贸合作区

埃及苏伊士经贸合作区是由中非泰达投资股份有限公司投资建设的一座加工制造型园区。2009 年 5 月,商务部正式确认埃及苏伊士经贸合

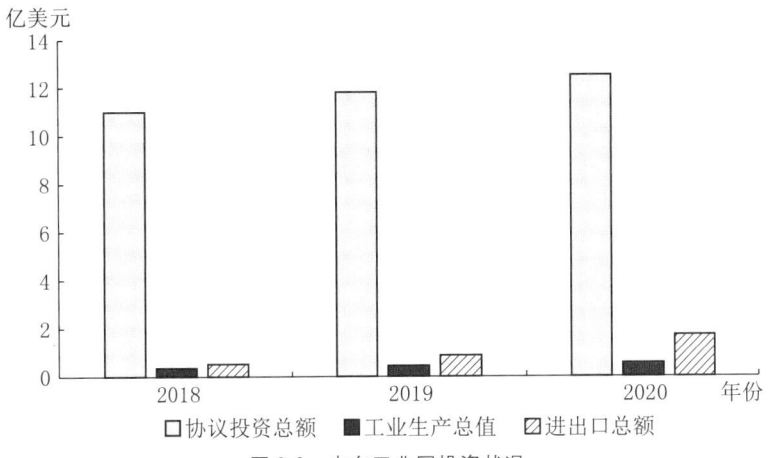

图 9-2　中白工业园投资状况

- 资料来源：中白工业园官网，https://www.zbgyy.cn，访问时间：2021 年 8 月 30 日。

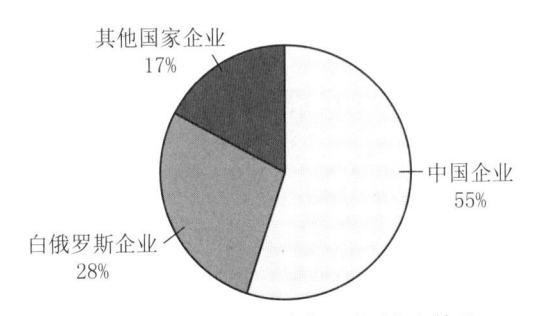

图 9-3　中白工业园入驻企业国别分布情况

- 资料来源：商务部官网，https://www.mofcom.gov.cn，访问时间：2021 年 8 月 30 日。

作区为国家级境外经贸合作区，合作区的目标是不断推动中埃产能合作，实现双方互利共赢。合作共分为起步区和扩展区两部分，其中起步区 1.34 平方公里，扩展区 6 平方公里，总占地面积 7.34 平方公里。

从地理位置看，埃及苏伊士经贸合作区位于埃及东北部的苏伊士运河经济特区，区位优势明显，处于亚、非、欧三洲的交界地带，北邻苏伊士城，南面红海，距首都开罗 120 公里，乘车 1.5 小时便可到达，为企业深入埃及以及尼罗河三角洲腹地市场提供便利条件。另外，合作区紧贴埃及第三大海港因苏哈那港，两者相距仅 2 公里，天然的地理优势使入区企业可以轻松将产品输送到西亚、欧洲等海外市场，降低了企业运输成本，增强了产品的市场竞争力。

从产业结构上看，合作区以纺织服装、石油装备、高低压电器、新型建材及精细化工等加工制造业为主,经过多年发展,起步区内已经形成新型建材、石油装备、高低压设备、纺织服装和机械制造五大主导产业,各产业的支柱企业,如巨石公司、西电公司、牧羊公司、IDM 公司等发展势头良好,带动各产业稳步发展,产业链日趋完整,产生了不错的经济效益。

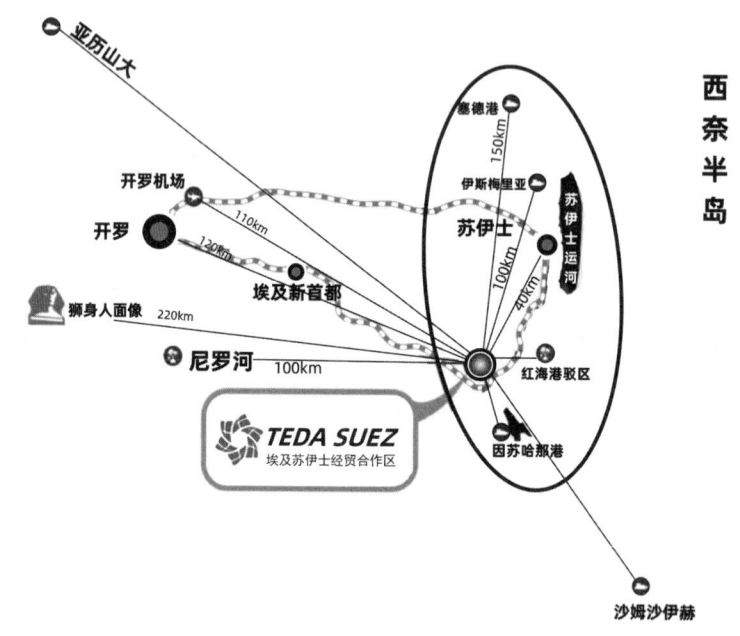

图 9-4　埃及苏伊士经贸合作区区位图

• 资料来源:埃及苏伊士经贸合作区官网,https://www.setc-zone.com,访问时间:2021 年 8 月 30 日。

从投资状况上来看,合作区投资状况良好,给当地带来了不错的社会和经济效益。截至 2017 年 5 月,合作区共有入驻企业 68 家,其中有九成企业是中资企业,像大运摩托、中远海运等,共吸引投资额近 10 亿美元,为当地提供超过 2 000 个就业岗位。截至 2018 年年底,合作区共吸引 77 家企业入驻,较上一年增加 9 家,实际投资额 10 多亿美元,总销售额也超过 10 亿美元,上缴东道国税收约 6 400 万美元,为当地创造 3 500 多个就业岗位。截至 2020 年 6 月,合作区内入驻企业为 96 家,吸引实际投资额 12 多亿美元,总销售额创下新高,达到 23 亿美元,上缴东道国税收约 1.7 亿美元,提供就业岗位 4 000 余个。

起步区占地面积 1.34 平方公里,共投入开发资金约 1.05 亿美元,目前已开发完毕,土地全部售出。2020 年,起步区吸引投资额约 10 亿美元,年销售额 1.8 亿美元,进出口总额达 2.4 亿美元。起步区产业定位明确,龙头企业发展动力强劲,上下游产业链日益完善,产业集群效应日益明显。扩展区面积共 6 平方公里,将分三期进行开发,计划投入开发资金 2.3 亿美元,预计会吸引 150 至 180 家企业,吸引投资 20 亿美元,实现百亿美元销售额,为当地提供 4 万个就业岗位。当前扩展区已完成一期开发,已有大运摩托、厦门延江等 15 家大型企业成功入驻。

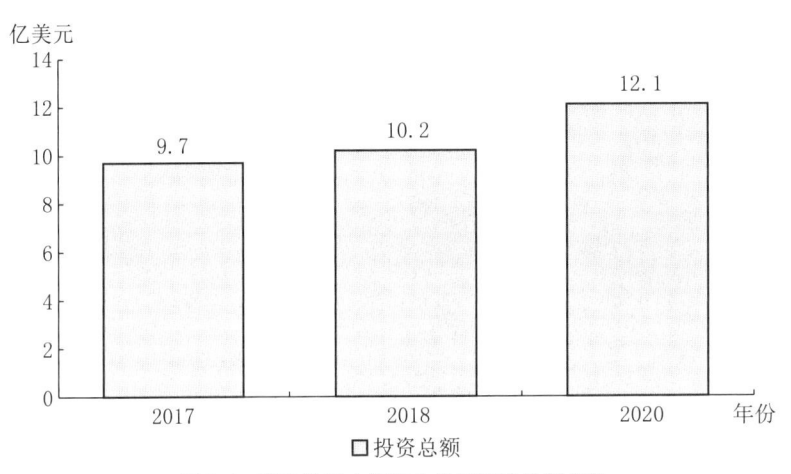

图 9-5 埃及苏伊士经贸合作区投资总额趋势

- 资料来源:商务部官网,https://www.mofcom.gov.cn,访问时间:2021 年 8 月 30 日。

(三)案例三:泰中罗勇工业园

泰中罗勇工业园是由中国华立集团与泰国安美德集团在泰国合作开发的现代化工业园区,园区成立于 2006 年,是我国首批经商务部、财政部确认审核的国家级境外经贸合作区之一。园区总体规划面积 12 平方公里,分三期开发,其中一期开发面积 1.5 平方公里,二期开发面积 2.5 平方公里,三期开发面积 8 平方公里,现已完成前两期开发,第三期也即将步入尾声。园区内建有一般工业区、保税区、会展中心、物流基地以及配套的商业生活设施,目前园区主要为当地居民提供就业岗位,其中泰籍员工占 80% 以上,预计园区最多可容纳 300 家企业,最多可以为当地提供超 10 万个就业岗位。

从区位上看,泰中罗勇工业园位于泰国东部海岸"东部经济走廊"核心区域,具有明显的区位优势,毗邻首都曼谷,距曼谷国际机场 114 公里。园区还与廉差邦深水港、沙达喜深水港以及玛大琪石化港相邻,其中与玛大琪石化港相距 48 公里,距泰国最大的深海港口廉差邦深水港仅 27 公里。廉差邦深水港作为泰国的物流枢纽是世界上最繁忙的海港之一,占地面积超过 1 000 公顷,拥有巨大的货物吞吐能力,为园区带来更加便捷有效的国际货运服务。

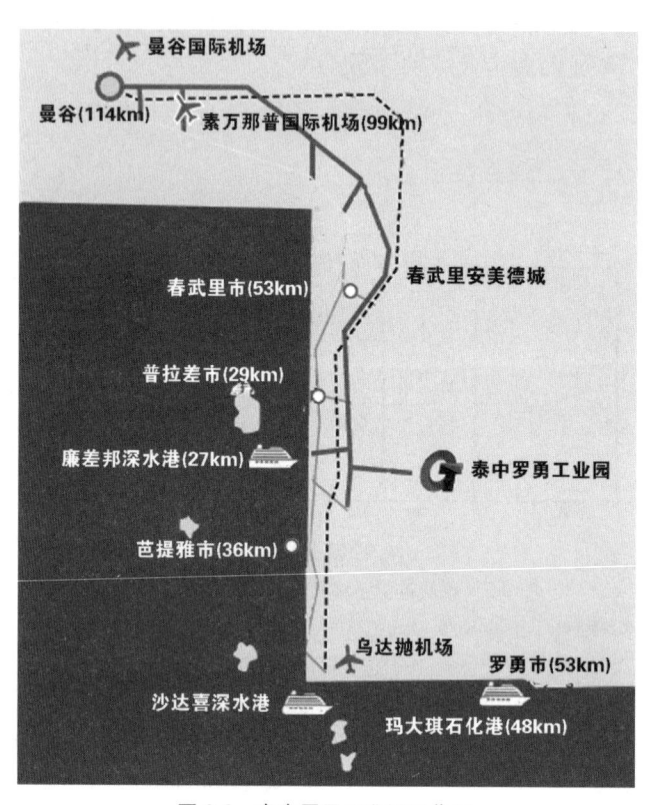

图 9-6　泰中罗勇工业园区位图

• 资料来源:泰中罗勇工业园官网,https://www.sinothaizone.com,访问时间:2021 年 8 月 30 日。

从园区的产业结构看,园区的产业定位清晰,主要以汽配、机械、建材、家电和电子等我国具有比较优势的产业为主。数据显示,2019 年,园区全部 118 家企业主要集中于汽车、摩托车零部件,新能源、新材料,电子电器以及建材等行业,其中汽车及配件类企业占比超过 1/3,达 35%,金属加工类企业占比为 23%,电子电器类企业为 15%。另外,全部企业中东部地区企业占据主要地位,有超过八成的企业来自我国东部沿海,来自其他地区的企业占比不到 20%。泰中罗勇工业园是中国传统优势产业在泰国的产业集群中心与制造出口基地,随着园区高质量发展进程的推进,园区将会成为中国的"海外工业唐人街"。

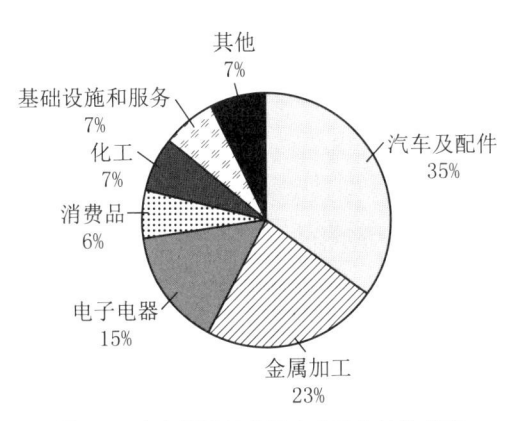

图 9-7　泰中罗勇工业园企业产业结构分布

• 资料来源：泰中罗勇工业园官网，https://www.sinothaizone.com，访问时间：2021年8月30日。

从投资状况上看，当前园区的投资环境良好。由于拥有天然的区位优势以及完整的配套服务，入园企业数量逐年增加。数据显示2018年园区企业数量为102家，2019年新增17家，达到118家，到2020年园区企业数量超过了150家。截至2021年8月，最新数据为167家，而在2006年建园之初仅有30多家企业，经过十多年的发展，企业数量增加了近6倍。到2020年为止，园区实现累计工业总产值160余亿美元，直接或间接带动中资企业对泰投资40亿美元，并为当地提供3万多个就业机会。而到2021年，园区累计工业总产值继续上升，达到180多亿美元，较2020年增加了12.5%，同时提供就业岗位4.5万余个，较上一年增加了近50%。虽然全球仍处在新冠肺炎疫情之中，但园区的招商引资还在继续，园区通过"线上"方案进行招商，通过"云方案"招商又成功吸引了近15家企业入驻。

第三节　境外经贸合作区的发展特征

当前，我国境外经贸合作区正处在快速发展阶段，"一带一路"倡议的提出更是加速了合作区发展进程，呈现出鲜明的发展特征。下面从合作区的区位分布、产业结构、建区主体以及支持政策等角度入手，分析现阶段我国境外经贸合作区的发展特征。

一、区位分布集中于"一带一路"沿线国家

迄今为止,我国共建立境外经贸合作区113个,主要分布在东南亚、南亚、非洲及欧洲地区。从合作区分布地来看,亚洲数量最多,共有42个,占总体数量的37%;非洲地区和欧洲地区分别排在第二和第三位,占比分别为27%和22%;美洲和大洋洲分布的数量最少,两洲总共设有合作区15个,占整体的14%。从合作区的区位密集度来看,"一带一路"沿线国家的密集程度要远高于非沿线国家。商务部公布的数据显示,到2020年底,我国有82个境外经贸合作区分布在24个"一带一路"沿线国家和地区,占到总合作区数量的73%;而且,在所有65个"一带一路"沿线国家中我国在其中37个国家和地区设立了对外经贸合作区,覆盖比接近57%。另外,截至2020年,我国在82个合作区累计投资了304.5亿美元,共吸引企业4 098家,为东道国创造近27万个就业岗位,并上缴东道国税收共计21.9亿美元。通过确认考核的第一批20家国家级境外经贸合作区累计向合作区投资201.3亿美元,吸引企业873家,上缴东道国税收21.2亿美元。

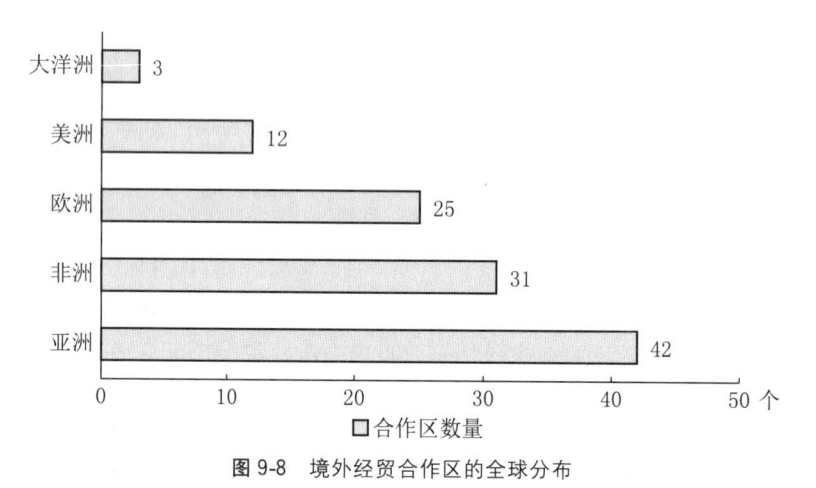

图9-8 境外经贸合作区的全球分布

- 资料来源:中国国际贸易促进委员会官网,https://www.ccpit.org,访问时间:2021年8月30日。

合作区集中分布在"一带一路"沿线国家的主要原因有以下几方面:第一,这些国家与我国的空间距离较近,拥有天然的区位优势。例如泰国、马来西亚、印度尼西亚等国家本身就与我国相近,往来十分便捷,而且长期以来对华友好,在经贸合作以及外交上与我国建立了紧密的联系。当前

这些国家大多处在经济的开放转型期,发展潜力很大,在"家门口"投资自然会受到许多中国企业的青睐。第二,这些国家和地区拥有充裕的要素禀赋,价格相对低廉的劳动力以及自然资源可以相当程度上降低企业的生产成本,加上当地制造业市场开发程度低,后期开发空间大,因此也吸引了一大批中资企业前往投资。第三,"一带一路"倡议的提出有力地推动了中国与沿线国家的合作,合理利用各方优势资源,打造多个发展平台,使沿线国家之间联系更加紧密,为实现更高质量的发展打下了坚实的基础。

二、产业层次较低,以加工制造型为主

我国境外经贸合作区的另外一个特点是产业层次比较低,产业结构较为单一,往往以服装纺织、农业、自然资源开发、零配件生产等为主,处在价值链的低端。商务部出台的《境外经济贸易合作区考核办法》规定国家将重点支持加工制造型、农业产业型、科技研发型、商贸物流型、资源利用型这五类合作区的发展,从其公布的 30 家通过确认考核的园区名单中可以看出,以劳动密集型为主的加工制造型园区成为我国境外经贸合作区的主要类型。

具体来看,以柬埔寨西哈努克港经济特区为代表的加工制造型园区共有 13 家,数量最多,占比达到 43.3%;数量排名第二的是农业产业型园区,共有 7 家,占到 23.3%,值得一提的是,7 家农业产业型园区有 3 家位于俄罗斯,这也反映了近年来中俄两国经贸方面有了更密切的合作;以泰中罗勇工业园为代表的科技研发型园区共有 6 家,占 20%,近年来我国大力支持高科技园区的发展,科技型园区在近几年呈现出快速增长的趋势;另外商贸物流型园区以及资源利用型园区分别有 3 家和 1 家,占 10% 以及 3.3%。概括来讲,我国对外经贸合作区还处在以第一和第二产业为主的初级发展阶段,这些产业大多有科技含量低、附加值偏低、以劳动力投入为主等特点,因此造成企业盈利空间小,园区也处于全球价值链的低端,不利于我国拓展国际市场。

我国合作区产业层次低在另一个角度也恰好说明合作区的发展空间巨大。一般而言,产业会从较高梯度的地区逐渐向低梯度地区转移,我国的境外合作区大多设在发展中国家,这些国家的产业链和技术都比较落后,产业梯度还处在低位,对我国产品、技术、资金"走出去"十分有利,非常适合我国

开展产能合作和产业转移。通过不断的产业、技术转移,产业机构将不断地升级、优化,最终合作区和东道国经济都会得到快速发展,所以说,我国的境外经贸合作区发展前景十分广阔。

表9-2 我国部分境外经贸合作区类型分布情况 (家)

合作区类型	合作区名称	合计
加工制造型	柬埔寨西哈努克港经济特区	13
	越南龙江工业园	
	埃及苏伊士经贸合作区	
	尼日利亚莱基自由贸易区(中尼经贸合作区)	
	俄罗斯乌苏里斯克经贸合作区	
	埃塞俄比亚东方工业园	
	老挝万象赛色塔综合开发区	
	乌兹别克斯坦"鹏盛"工业园	
	中匈宝思德经贸合作区	
	中国·印尼经贸合作区	
	毛里求斯晋非经贸合作区	
	塞拉利昂国基工贸园区	
	越美(尼日利亚)纺织工业园	
农业产业型	俄罗斯中俄托木斯克木材工贸合作区	7
	中俄(滨海边疆区)农业产业合作区	
	俄罗斯龙跃林业经贸合作区	
	吉尔吉斯斯坦亚洲之星农业产业合作区	
	中国·印度尼西亚聚龙农业产业合作区	
	斯努经济特区项目	
	中乌农业科技示范园区	
科技研发型	泰国泰中罗勇工业园	6
	巴基斯坦海尔—鲁巴经济区	
	奇瑞巴西工业园区	
	中白工业园	
	北汽福田印度汽车工业园	
	中国—比利时科技园	
商贸物流型	赞比亚中国经济贸易合作区	3
	匈牙利中欧商贸物流园	
	帕希姆中欧空港产业园	
资源利用型	中国印尼综合产业园区青山园区	1

• 资料来源:作者通过商务部公布的相关资料整理而成。

三、以民营企业为主,市场参与度高

境外经贸合作区作为一种新的对外直接投资方式,有以下几个优势:一方面,同传统的进出口模式比,境外经贸合作区不仅可以充分利用东道国的生产要素,降低生产成本,而且可以根据当地市场的供求变化随时做出调整,制定更加有针对性更有效率的生产策略,增加盈利水平;另一方面,同跨国公司模式比,境外经贸合作区所涵盖的不再是一家企业而是一批企业,对于那些规模相对较小实力较弱的民营企业,境外合作区给它们提供了一个很好的"抱团取暖"的平台,同时也帮助这些企业降低了投资风险。正是由于境外合作区特有的优势,合作区逐渐形成产业集群,并发挥辐射效应,推动周边地区发展,对东道国经济发展产生深远的影响。在这种良性循环效应的驱动下,不仅国内外企业的参与积极性调动了起来,而且政府的参与意向也提高了。

数据显示,民营企业已经成为境外经贸合作区的投资主体。据统计,2018 年我国与"一带一路"沿线国家的总贸易额中,民营企业贡献了 43%,贸易总额达到近 6 200 亿美元,同比增加 12%。另外,全国工商联公布的"2019 年中国民营企业 500 强"名单中有近 280 家企业参与了境外经贸合作区的投资,成为境外合作区的一分子。

四、政策支持力度大,各方合作意向高

在合作区的建设和发展过程中合作双方政府发挥了十分关键的作用;制定各项扶持优惠政策,鼓励企业参与境外合作区投资,并为园区能够顺利建造提供了有力的保障。

我国政府制定了针对境外经贸合作区发展的支持政策,商务部规定,对被确认为国家级境外经贸合作区的园区,最高给予 2 亿元人民币的资金补助,园区内入驻企业可享受五年内国内各大银行 100% 的贴息贷款。具体来说,经考核后符合标准的合作区,国家提供对应的发展资金补助,其中包括直接补助以及贷款贴息。直接补助又分为前期费用,资源回运的运、保费用,相关人员的人身意外险,境外突发状况处理费,境外研发中心专利注册费,外派人员劳务费及培训费,具体的补助比例见表 9-3。对于贷款贴息,人民币的贷款贴息一般不超过央行公布的基准利率,若当年实际利率低于基准利率,则最大贴息利率不高于实际利率;外币贷款的贴息率一般不高于

3%,若实际利率低于3%,则最大贴息利率不高于实际利率。另外,我国一些地方政府对于本省企业参与境外经贸合作区的,在工厂建设、人员培训等方面也给予一定的优惠和补助。

表 9-3 我国政府对境外经贸合作区的主要优惠政策及具体标准

优惠政策	补助形式	补助内容	补助标准
发展资金支持	直接补助	前期费用	小于等于实际投资额的 15%
		资源回运的运、保费用	小于等于企业实际支付费用的 20%
		有关人员的人身意外险	小于等于 50 万元/人
		境外突发状况处理费	同《临时出国人员费用开支标准和管理办法》(财政〔2001〕73 号)
		境外研发中心专利注册费	小于等于实际注册费的 50%
		外派人员劳务费及培训费	统一为 500 元/人
	贷款贴息	人民币贷款贴息	不高于基准利率;若实际利率低于基准利率,则不高于实际利率
		外币贷款贴息	不高于 3%;若实际利率低于 3%,则不高于实际利率

• 资料来源:作者根据商务部网站相关资料整理。

东道国政府同样也给出了许多优惠政策,支持合作区的发展。优惠政策主要包括税收减免、提供融资便捷、降低土地费用等,大大降低了企业的运营成本。有些东道国为园区提供 50 年的低价土地租赁政策,有的对一些重要产业实施大幅度的所得税及关税减免。

表 9-4 东道国对部分境外经贸合作区的支持政策

合作区名称	东道国支持政策
泰中罗勇工业园	知识型产业:免八年企业所得税,而且无上限,免机器/原材料进口税及其他非税收优惠权益; 对发展国家基础设施行业、高附加值的高科技行业:免八年企业所得税,免机器/原材料进口税及其他非税收优惠权益; 对国家发展有重要意义的、国内极少有投资的高科技行业:免五年企业所得税,免机器/原材料进口税及其他非税收优惠权益; 科技含量不高但能增加国内原材料价值以及加强产业链发展的产业:免三年企业所得税,免机器/原材料进口税及其他非税收优惠权益; 没有使用高科技但对产业链仍然重要的辅助产业:免机器/原材料进口税及其他非税收优惠权益
柬埔寨西哈努克港经济特区	出口税:免税; 进口税:用于生产的机械设备、建筑材料零配件、原材料等免税; 企业所得税:可获 6—9 年的免税期,其后所得税税率为 20%; 增值税:生产设备、建筑材料等增值税率为 0%;服务于出口市场的原材料,增值税率为 0%,服务于内销市场的原材料,增值税率为 10%
俄罗斯龙跃林业经贸区	俄方支持和保护中方企业到俄罗斯采伐加工木材,确保企业加工产品及合法收入安全运回国内,中国公民带入俄罗斯境内的生活及工作用品免征关税等; 俄罗斯新颁布的林业法,林区长期租赁期限提高到 49 年; 新颁布的 419 号决议,在俄投资 3 亿卢布以上的企业可优先申请项目,且林区租金减半; 俄地方政府拟将合作区申报联邦政府批准为跨越式发展合作区,给予特殊的政策扶持

续表

合作区名称	东道国支持政策
埃及苏伊士经贸合作区	埃及苏伊士经贸合作区被列为A类区域,入驻企业享受投资成本核减的优惠(A类区域:投资成本核减50%); 中非发展基金50亿美元的股权融资; 国家开发银行10亿美元中小企业贷款

• 资料来源:作者根据各合作区官网公布的资料整理。

可以看出境外合作区的政策支持力度要比国内园区更大,在某些方面甚至要比改革开放时期经济特区所享受的政策还要优厚,这也充分反映了各方在产能合作上有着很高的需求。

第四节 现阶段境外经贸合作区发展存在的主要问题

当前,境外经贸合作区发展过程中还存在着许多问题,制约着合作区的快速发展。这些问题不仅仅有如合作区区位分布不合理这一类外部因素,而且还有许多如产业定位、发展方式、运营模式等方面的内部因素。只有解决了这些问题,合作区才能朝着又快又好的方向发展。

一、区位分布不合理,投资风险增加

境外经贸合作区从地理分布上看,有八成以上的园区建在亚非等发展中国家。这些国家国情迥异,有的政局不稳定,有的经济发展落后,有的存在宗教、民族冲突,这就大大增加了园区投资的风险。就现阶段发展情况而言,境外合作区的风险主要存在于经济、政治、社会这三个方面。

（一）经济风险

所谓的经济风险,这里指的是在投资过程中融资、汇率、资金流动性等经济因素出现较大的不确定性而产生的风险。首先,建立境外经贸合作区存在一定的融资风险。当前,合作区正处在快速发展、扩张的阶段,每年都有一大批新的境外合作区建成,而用于新建项目的大量借贷资金是引发融资风险的重要因素。一般而言,由于中国的银行在境外的分支机构少,东道国银行也能力有限,境外经贸合作区的融资途径不是直接通过境外银行,而是由母公司增加投资额来实现。这样单一的融资方式的缺点是会占据母公司较大的现金流,造成较大的财务压力,同时也放大了投资所带来的风险。

另外,亚非发展中国家的经济发展水平较低,货币政策往往缺乏稳定性,这时货币政策的波动便会影响汇率,而投资者在园区的投资经营以及换汇等过程都会受到汇率波动影响,进而造成经济损失,这就是汇率风险,也是国际投资活动中比较常见的一种风险。还有,园区的投资还可能面临流动性风险。由于短期贷款利率要低于长期,为了降低融资成本,许多投资者会选择"短筹长贷"的方式进行融资,这样的方式会留下较大的风险隐患。因为虽然"短筹长贷"可以降低成本,但是这也意味着还款的期限也随之缩短,如果园区遭受一些无法预料的不利影响而无法按期还贷,那么就会陷入财务危机。

(二)政治风险

政治风险是由于东道国国内政局不稳定引起的,一旦发生会给投资者造成巨大的经济损失。位于亚非地区的东道国大多经济发展滞后,政府治理能力不强,政治环境不稳定,民众示威游行,动乱,军队夺权执政等问题都加剧了投资者及入驻企业的风险。例如,2011年位于北非的利比亚局势发生动荡,造成合同中止,项目停摆,人员被袭、遭劫等,这对中国的直接投资造成了较大的经济损失,据估计利比亚战争给中国造成的直接损失约为15亿元人民币。而后,中国政府为了保护在利比亚3万多名中国员工的生命财产安全,自掏腰包近3亿元。另外,战争还给中国造成了固定资产的损失,未结清的账款损失,回国人员的安置问题等一系列其他直接或间接的经济损失。可见,国际投资活动中要重视东道国的政治风险,做好风险防范,以免遭受经济损失。

(三)社会风险

园区的社会风险主要在于这些东道国自身的社会问题本就比较多,如宗教问题、民族冲突、战乱、恐怖主义等,另外中国的语言、文化和他们也有很大的差异,难免会产生文化冲突,中国员工和当地员工之间的管理和冲突也成为企业比较棘手的问题。除了中外员工之间的冲突外,当地员工和企业之间的冲突也是一个突出问题。当地员工可能会出于爱国、民族情怀对园区内的企业有不满甚至敌对情绪。2014年5月,位于越南的一个中国园区内发生一起当地工人的反华示威活动,以此来抗议中国在南海新建钻井平台。工人纵火烧毁了多家中资厂房,导致园区内的中国投资者蒙受了较大的经济损失。

二、主导产业定位不够明晰,产业发展方式较为粗放

至今,我国在境外建立了一大批的园区,但从园区的运行和经营角度来看,这些园区普遍存在的问题是产业定位不明确,特点不突出,缺少整体规划,没有形成自己的主导产业。具体来说,很多位于亚非国家的园区是加工制造型的综合园区,之所以被称为综合园区,是因为这些园区经营业务繁杂,换言之就是什么都做,这样一来企业的主营业务显得杂乱,没有重点,产业间的关联性会大大降低,无法形成产业集群效应。投资者产业定位不明晰带来的第二个问题是导致企业间的恶性竞争。一般而言,缺少主导产业的园区之间的相似程度会很高,主要集中在纺织、轻工、化工、家电等领域,这样会造成产业雷同,如果空间上再临近,就容易形成恶性竞争。例如,在东南亚的柬埔寨、越南、泰国,中国都建立了合作区,三国彼此相邻,而且越南和柬埔寨的发展水平相近,容易造成合作区之间的相互牵制与恶性竞争。事实上,由于园区主导产业不明确而导致恶性竞争的例子真实存在。埃塞俄比亚盛产棉花,我国在埃塞俄比亚建立园区之后也吸引了一大批企业入驻,然而由于园区之间没有各自突出的特色产业,基本上都是以服装生产及纺织业为主,园区间的可替代性很强,企业为了扩大市场份额,纷纷打起价格战,最终导致企业的利润空间不断压缩,有的企业因此亏损退出。

同时,有些园区的产业发展方式较为粗放,技术含量低而且产业结构单一,园区的发展主要是通过提高劳动力、物质资本、机器设备等生产要素的投入来实现。据统计,我国在境外设立的 113 个境外经贸合作区中加工制造型园区以及资源利用型园区的数量占到总数量的七成以上。这些园区的入驻企业主要是劳动密集型企业,主要工作是给欧美发达国家企业代工。从短期看,劳动密集型企业可以充分利用东道国低廉的劳动力资源,同时为东道国扩大就业,增加东道国税收,促进经济发展。但是,长期看来,这种粗放型的发展模式显然是不可持续的,随着东道国经济的发展,劳动力成本会逐渐提高,而且自然资源随着前期大量的消耗也会不再充裕,因此,园区的企业要想长期生存必须选择集约型的发展模式,在提高生产技术的基础上,不断提升生产效率,明确每个园区的主导产业,发挥自身的区位优势,突出园区特色,打造出一条完整的产业链,形成产业集群效应。

三、企业融资和引进人才的难度大

境外合作区企业融资难是一个长期存在的普遍性问题。虽然合作区可以同时享受东道国和国内的双重优惠政策,但是由于东道国和我国的融资体系都存在不足,企业在申请贷款时仍存在很大困难。相比而言,国内产业园的投资方主要是政府,少部分是由政府和企业一同投资建造(3P模式),而境外合作区的建设基本上依赖于企业自身的资金投入,没有了政府前期的支持,企业所面临的资金压力和风险要远远大于国内。企业解决资金压力的唯一途径就是融资,然而,境外合作区企业在融资过程中又遇到了两难:如果向国内机构融资,由于合作区位于境外,无法申请资产抵押以及发放企业债券,同时国内金融机构在放贷时考虑到境外风险会将贷款利率提高从而加大了企业的融资成本;如果在东道国融资,虽然有部分的利率优惠,但总体上看利率成本仍然较高,而且还要面临东道国高通胀的风险。因此,有些企业被迫出售国内资产来维持合作区的发展。显然,这样的融资以及发展方式是无法长期持续的,也正因为融资方面的问题迟迟无法得到彻底解决,许多有意愿入驻园区的企业望而却步。

由于合作区企业的融资难题无法解决,园区的人才问题也随之而来。现阶段,园区面临着经营管理、专业技术人才匮乏的问题。当然,除了资金因素外,还有其他因素影响着园区的人才引进。首先,我国的境外合作区主要集中在亚非的发展中国家,其国内的社会制度、经济条件、法律体系、宗教信仰等和我国有很大的差别,这就要求经营管理园区的人员不仅要具备扎实的专业能力,而且还要对当地民俗风情、经济状况、营商环境有充分的了解,然而,实际情况是像这样的综合型人才在国内十分稀缺。其次,有些发展中国家的经济较为落后,生活条件比国内更加艰苦,加上工作待遇算不上特别优厚,所以这类工作对国内的求职者而言并没有太大的吸引力。最后,亚非发展中国家的科学技术、教育水平都与我国存在较大的差距,当地工人综合素质普遍较低,无法满足园区的人才需求。可以看到,人才问题也逐渐成为影响合作区高质量发展的重要因素。

四、投入成本高,盈利能力低

由于配套政策的不完善,园区建设过程中政府以及东道国提供的支持有限,资金几乎全部由企业承担,增加了企业的投入成本。不仅如此,在园区的运营过程中,企业没有探索出一套有效的盈利模式,盈利能力不强,这大大拉长了企业的投资回报周期。

具体来说,一方面,新建一座园区要花费大笔资金,不管是土地的开发、基础设施的建设还是机器设备、软件系统的研发都需要企业自身注入大笔资金。例如,2008年我国在埃及建立的苏伊士经贸合作区,光前三年就投入近8 000万美元。还有我国在赞比亚、巴基斯坦等国家建立的合作区,耗费了大量的资金用于接驳当地的公路和铁路,很大程度上提升了园区的投入成本。另一方面,合作区的盈利模式较为单一、收入渠道不宽。园区较为多见的盈利模式是出租已经开发好的土地和工厂获得租金,以及向入驻企业收取一定的园区物业管理费等服务性费用,收入十分有限。虽说境外合作区已经成我国企业对外投资的重要平台以及"走出去"战略的重要抓手,但就本质来说依旧是一种以盈利为目的的商业投资行为,需要有持续、可行的盈利模式来做依托。商务部曾对境外经贸合作区的盈利能力做过问卷调查,在42家受访合作区中,只有45%的合作区是盈利的,而且有33%的园区只是勉强盈利,另外55%的合作区处于未盈利或亏损状态,盈利状况令人担忧。举例来说,埃及苏伊士经贸合作区建成投入使用的前三年,利润仅有42万美元,三年期的投资回报率仅为0.5%,相比于超过8 000万美元的投入资本,如此低的回报率实难令人满意。没有清晰且可持续的盈利模式成为境外经贸合作区发展中的又一难题。

第五节　促进境外经贸合作区高质量发展的政策建议

当前,中国正处在境外经贸合作区的快速发展期,合作区实现高质量发展将成为我国"走出去"战略取得成功的真实体现。要实现合作区高质量发展需在现在的基础上,针对存在的问题,调整发展方式,优化园区产业结构,增强发展动能,最终提升园区发展质量。

一、细化前期规划,强化考核机制

境外经贸合作区关系到国家重大战略,由于合作区开始运营后再调整产业难度大大增加,因此,在新建之前必须进行合理、细致的规划。

一方面,要有一个良好的园区整体布局规划,确保园区在发展初期就有比较高的起点。首先,园区的区位选择十分重要,好的区位可以带来明显的区位优势,对园区的发展速度及发展质量有着根本性的影响。在园区选址的时候要充分考虑交通、经济、政治、科技等因素,要优先在交通便捷、经济科技水平较高、劳动力成本低、国内政治稳定的国家和地区新建园区。其次,要关注备选地区的产业成熟度。不同地区的产业结构、主导产业都有着很大的差异,会对今后园区的发展产生很大的影响。因此,要优先选择那些工业化程度高的,有较好的工业基础的地区进行布局,这样才能充分利用当地的资源和产业优势,促进园区的高质量发展。另外,园区选址还要结合当地的市场供求,尤其是生产要素市场的供求关系。园区企业在当地的市场份额越高,对企业自身以及东道国发展越有利。但是,如果不考虑市场状况,产业相似的园区过于集中在同一地区,就可能破坏要素市场的平衡,使得要素市场供不应求,从而导致企业的生产成本上升,最终会阻碍企业和地方经济的发展。所以,在园区的前期建设中也要考虑市场因素,做到合理布局。

另一方面,园区要建设一套更加科学、完善的考核制度,推动园区高质量发展。园区的发展必然会经历一个从依赖于要素投入的粗放型发展逐渐转向靠科技进步推动的集约型发展的过程,而引入考核制度是加快这一过程的有效方法。首先,在保证园区基础设施等硬件设施供给的同时,要完善园区制度、政策等方面的软件设施,通过强化园区管理制度、政策、公开信息建设为园区发展提供良好的软环境。其次,管理部门在考核时应该兼顾"质"和"量",并侧重对"质"的考核。这就要建立一套综合考核体系,对包括园区的企业数量、投资规模、就业人数、产业链的优化升级、对当地的经济贡献度在内的各个指标有一个综合性的考量,通过考核结果可以找出园区发展的不足之处,为今后更高质量的发展指明方向。

二、推进产业优化升级,提高盈利能力

合理的产业结构是实现园区高质量发展以及提高盈利能力的关键所在。一般而言,随着园区从小规模到大规模发展,从低端到高端发展,产业结构从简单到复杂,园区的产业结构便实现了升级优化。具体来说:首先,要将原先以劳动、资源密集型为主的产业结构逐渐向技术、知识密集型过渡,要不断提升园区在全球价值链中的地位,发展知识经济,打造品牌力量,不断提高中国企业的国际竞争力。其次,不同园区之间的主导产业要有明确的差异性和关联性,差异性是避免园区产业雷同、出现恶性竞争的保证,

而关联性确保了园区同处在一个完整的产业链之中,这样的模式才能使产业结构合理化。另外,要有培育先导产业的意识,为以后产业升级打下坚实的基础。选择先导产业时要避免选择那些过于超前的产业,要结合园区实际情况做到量力而为。

园区的产业结构得到优化升级,园区的盈利能力就有提高的空间。境外经贸合作区作为一种新的国际投资形式,本质上是企业的逐利行为,若没有较大的盈利空间,对企业的吸引力就会降低,可以说盈利能力关系到园区存亡,直接影响"走出去"战略的成败。而目前园区的盈利能力较差,缺乏创新能力以及跨国经营经验导致了大多数企业无法盈利。解决困难的一种途径是由国家先引导一批研发实力较强的大企业前往发达地区建立境外经贸合作区,为其他企业搭建创新平台,吸引企业入驻,形成企业抱团研发、成果共享的良好环境。另外,园区要不断拓宽盈利渠道,探索新的盈利模式。现在园区的主要盈利模式是出租或出售厂房、公寓等场地设施,除此之外,可以考虑为当地提供法律咨询、工人培训等方面的服务,实现盈利多元化。

三、解决"融资""引才"难题,加大发展动能

人才和资金是境外经贸合作区赖以发展的不竭动力,要不断完善园区的人才培养和引入制度,降低融资难度,保证园区高质量发展。

一方面,要将政府、银行、园区之间的利益相互挂钩,使三者形成一个利益共同体。对政府而言,要加大对园区的资金支持力度。例如,可以提高政府专项扶持资金额度用于园区发展;成立专门的投资促进机构,为企业融资提供担保,并帮助企业降低融资成本;联合东道国一同设立支持基金等。对银行而言,在贷款业务上要敢于创新,不断探索新点子、新产品。具体来说,银行可以尝试通过全球授信为一些企业解决融资难题;在现有的"外保内贷"基础上探索"外保外贷",以及探索通过"两行一金"(即金砖银行、亚投行以及丝路基金)新渠道融资;完善企业在境外通过发行债券等方式进行直接融资的相关机制。对于园区来说,要不断完善园区的运营模式、提升盈利能力,吸引更多的当地企业入驻园区,打造开放度和国际化水平更高的高质量园区。

另一方面,要拓宽人才引进渠道,提升人才培养体系。首先,解决人才问题要从拓宽人才引进渠道开始。在人才引进方面可以建立一套新的人才交流机制,号召国内相关人才前往园区进行定期的技术交流,对于那些赴境

外交流的人才,在回国后政府应在生活和工作上给予相应的照顾,通过这样一种外部"输血"的方式可以缓解合作区的人才难题。在人才培养方面,园区要加强同当地高校的合作,推动当地高校在主导产业相关学科上的建设,定期为高校提供职业相关培训,通过"造血"的方式不断为园区积累后备人才。另外,园区要制定更加优惠的待遇,例如在科研补贴、薪资待遇、租房补助等方面给予更大力度的支持,以便吸引更多的人才入驻。

四、降低投资风险,优化发展环境

境外经贸合作区作为一种境外投资方式,投资风险要比国内其他投资大,要想提高国内企业的投资积极性必须优化发展环境,把投资风险降到最低。优化境外经贸合作区的发展环境可以从三个方面入手:

一是要降低运营、管理风险。在进行实际投资之前必须要对投资计划进行反复的可行性研究,主要是在园区的选址、主导产业定位、运营模式、紧急情况应对模式等方面进行认真、反复的研究,例如,如何应对劳工纠纷、税收过高、汇率波动等问题,只有经过充分的论证才能确保投资项目的可行性,防患于未然。

二是要增加境外投资保险制度。我国在境外投资保险制度方面还十分欠缺,境外投资保险制度能够有效地降低企业的境外投资风险,保护投资者的利益。日本政府的通商产业省设有专门的境外投资保险部门,并制定了一整套完善的境外投资投保、理赔制度:日本企业投保后,一旦发生投资意外,企业可以向日本政府提出理赔,然后日本财政部会将相应的赔偿金发放给企业。我国也应该向日本学习,借鉴其经验,制定出一套适合我国的境外投资保险制度。

三是要注重本土化发展,提升企业的文化软实力。企业在境外发展就要遵守当地的法律法规,尊重地方文化习俗,同时要找准自身的社会角色,履行企业的社会责任。企业在发展过程中不能唯利是图,发展企业不能以破坏当地生态环境为代价,应遵循绿色发展的理念,主动保护环境,给当地居民留下干净舒适的生活环境。企业也不应该只顾自身发展,应主动为当地培养人才提供帮助,并积极推动当地教育发展,只有主动融入当地社会,中国企业才能从简单的"走出去"到"走进去",为中国企业赢得更多的国际认可和掌声。

第十章
中国跨国公司在海外的发展现状分析

近年来,受新冠肺炎疫情的冲击,国际经济环境复杂多变。2020年,世界经济自2009年以来出现负增长并陷入衰退,全球货物贸易与投资大幅萎缩。全球范围内,保护主义和单边主义抬头,逆全球化加剧,中国跨国公司对外发展的环境日趋严峻复杂。2020年以来,在国内各部门相关政策大力支持下,中国企业积极"走出去",中国跨国公司继续保持平稳发展。

第一节 中国企业对外直接投资总体情况

2020年受新冠肺炎疫情严重冲击,世界经济自2009年以来出现负增长,全球货物贸易与投资大幅萎缩。2020年中国是全球主要经济体中唯一实现经济正增长的经济体,尽管受到新冠肺炎疫情的冲击,无论从流量水平还是存量水平来看,中国对外直接投资成绩显著。

一、中国对外直接投资总体情况

联合国贸发组织(UNCTAD)发布的《2020年世界投资报告》提供的资料显示,2020年新冠肺炎疫情给全球跨境资本直接流动造成了较大冲击,造成全球外商直接投资大幅下降,从2019年的1.5万亿美元降至1万亿美元,降幅高达33%,这是自2005年以来的最低水平,比2009年全球金融危机后的低谷仍低了近20%,也中断了2019年全球外商直接投资流量的回升趋势。从区域资本流动情况来看,发达经济体降幅高达58%,尤为严重,而新兴与发展中经济体仅下降了8%。不同区域的跨国公司对外投资表现不一,但总体呈下降趋势。2020年,发达经济体的跨国公司对外投资为3470亿美元,减少了近六成,由此导致发达经济体跨国公司在全球直接投资中所占的份额下降到47%的历史最低点;其中美国跨国公司对外投资水平大致不变,仍为930亿美元;欧洲跨国公司的对外投资总额大幅度下降,达80%,仅为740亿美元,这是自1987年以来的最低水平;日本跨国公司的对外投资额降至1160亿美元,下降了一半。新兴与发展中经济体跨国公司对外投资降至3930亿美元,比上年略有下降:来自东南亚的跨国公司对外投资减少了16%,至610亿美元;拉丁美洲跨国公司的对外投资在2020年大幅下降,总投资减少了35亿美元,这是有史以来第一次,巴西和墨西哥跨国企业对外投资下降尤其严重;俄罗斯跨国公司对外投资也大幅缩减,尤其是采掘业对外投资下降明显。在此背景下,中国对外投资发展可圈可点。

2020年中国是全球主要经济体中唯一实现经济正增长的经济体,尽管受到新冠肺炎疫情的冲击,无论从流量水平还是存量水平来看,中国对外直接投资成绩显著。从流量水平来看,2020年中国对外直接投资流量1537.1亿美元,首次居全球第一位,已连续九年位列全球对外直接投资流量前三,2020年境外企业向投资所在国家(地区)缴纳各种税金总额445亿美元,年末境外企业从业员工总数达316.3万人,其中雇用外方员工218.8万人,占60.6%,对稳定世界经济做出了积极贡献。纵观中国自2003年以来有关部门权威发布年度对外直接投资统计数据以来,2020年流量是2002年的57倍,年均增长速度高达25.2%。"十三五"时期,中国累计对外直接投资达7881亿美元,较"十二五"增长46.2%,占全球对外直接投资的比重连续五年超过一成,2020年占全球份额更是达到历史高位的20.2%,中国在国际直接投资中的地位和影响力不断扩大。从存量水平来看,2020年末,中国对外直接投资存量25806.6亿美元,较2019年末增加3817.8亿美元,是2002年末存量的86.3倍。占全球对外直接投资存量的份额由2002年的0.4%提升至6.6%,排名由第25位攀升至第3位,仅次于美国(8.1万亿美元)、荷兰(3.8万亿美元)。截至2020年底,中国28万家境内投资者在境外共设立对外直接投资企业45万家,分布在全球189个国家(地区),占全球国家(地区)总数的81.1%,年末境外企业资产总额7.9万亿美元。

二、中国企业对外直接投资的主要增长点

在全球直接投资大幅度下降的情况下,中国企业对外直接投资仍然逆势增长,这主要得益于四个方面:

第一,对一些行业的投资大幅增加,从而拉动了整个投资规模的增长。

2020年中国对外直接投资涵盖了国民经济的18个行业大类,流向租赁和商务服务业、制造业、批发和零售业、金融业的投资均超过百亿美元,其中制造业258.4亿美元,同比增长27.7%,占全年对外直接投资流量的16.8%,主要流向汽车制造、医药制造、计算机/通信和其他电子设备制造、专用设备制造等行业;批发和零售业230亿美元,同比增长18.3%,占比15%。此外,2020年流向建筑业80.9亿美元,同比增长114%,建筑业成为2020年中国企业对外投资增长最快的领域。紧随其后的是信息传输/软件和信息技术服务业,总共投资了91.9亿美元,同比增长67.7%。交通运输/仓储和邮政业62.3亿美元,同比增长60.6%。房地产业投资51.9亿美元,同比增长51.8%。电力/热力/燃气及水生产和供应业57.7亿美元,同比增长49.1%。采矿业61.3亿美元,同比增长19.5%。以上这些行业领域投资的增长抵消了若干行业投资大幅减少的负面影响,如受疫情的严重冲击,流向住宿和餐饮、教育领域的投资大幅度下降了80%,农/林/牧/渔业下降了33.7%,这三个领域的投资是2020年中国对外投资下降幅度最大领域,但由于中国企业对这些领域的投资总体偏少,加上其他一些行业投资增加较快,因此中国企业对外投资规模仍然逆势增长。

第二,对"一带一路"沿线国家投资稳定增长。2020年我国企业对"一带一路"沿线国家实现直接投资225.4亿美元,同比增长20.6%,占同期中国对外直接投资流量的14.7%,较上年略有增加。从行业分布来看,中国企业主要投向制造业、建筑业、电力、租赁和商务服务、批发和零售业等行业,其中制造业的投资76.8亿美元,同比增长13.1%,占34.1%;建筑业37.6亿美元,占16.7%;电力生产和供应业24.8亿美元,占11%;租赁和商务服务业19.4亿美元,占8.6%;批发和零售业16.1亿美元,占7.1%。以上五个行业总占比接近八成。此外,科学研究和技术服务业8.7亿美元,占3.8%;信息传输/软件和信息技术服务业8.2亿美元,占3.6%;金融业8亿美元,占3.5%。截至2020年末,中国企业在"一带一路"沿线的60多个国家设立境外企业超过1.1万家。

第三,中央企业对外投资增长较快。2020年,中央企业和单位对外非金融类直接投资流量492亿美元,占非金融类流量的36.7%,其中中央企业对外投资470.5亿美元,同比增长26.3%,成为拉动中国企业对外投资增长的重要力量。

第四,地方对外投资活跃。2020年,地方企业对外非金融类直接投资

807.5亿美元,同比增长16.4%,其中广东、上海、浙江位列前三,三地对外投资总额占地方投资总额的比重为55.2%,贡献了地方企业一半以上的投资。

第五,基础设施领域对外投资合作增长较快。2020年,中国企业共在184个国家(地区)开展对外承包工程业务,当年签订合同9 933份,合同额2 555.4亿美元,其中一般建筑、水利建设类项目新签合同额增长较快。2020年,中国企业在158个国家(地区)新签一般建筑类项目合同1 352份,新签合同额640.1亿美元,同比增长37.9%。水利建设方面,2020年中国企业在102个国家(地区)新签水利建设类项目合同291份,新签合同额85亿美元,同比增长17.9%。①

第二节 中国跨国公司发展现状分析

本节从2021年《财富》世界500强中国企业上榜数量、上榜企业行业分布情况以及利润和收入水平等方面分析中国跨国公司总体发展状况和经营状况,分析结果显示中国跨国公司规模优势明显,这种规模优势不仅体现为涌现的企业数量众多,而且体现在企业营业收入规模的扩张以及利润水平的提升上。进一步对中国跨国公司高端要素控制情况和国际化发展情况进行研究,可以得知,近年来中国跨国公司国际竞争优势有较明显的提升。

一、总体发展状况

2021年《财富》世界500强中,中国上榜企业数量为143家(包括中国台湾地区上榜的8家企业),美国上榜企业数量为122家,中国上榜企业数量再次超过美国。从表10-1上榜企业数量分布情况可以看出,中国和美国是仅有的两个上榜企业数量超过100家的国家,其中中国占500家企业数量的28.6%,与2019年相比,占比继续上升;美国占24.4%,占比基本稳定;中国和美国总共上榜企业数量为265家,占比超过一半。法国、德国、英国、日本、瑞士、加拿大和荷兰这些传统的发达经济体总数为163家,占比为32.6%,占比有所下降。其他新兴经济体中上榜企业数量为40多家,占比

---

① 中华人民共和国商务部:《2020年度中国对外承包工程统计公报》,2021年。

基本稳定。其他发达经济体上榜数量则较少。这说明从规模上看,中国跨国公司上升势头最强,美国保持基本稳定,其他发达经济体有所下降,其他新兴经济体基本稳定。此外,2021年世界500强排行榜一共有45家新上榜和重新上榜公司,其中中国跨国公司有18家,这也显示了中国跨国公司稳健上升的良好发展态势。

纵观《财富》世界500强排行榜发布27年以来各国(地区)上榜企业数量的变化,还没有任何一个国家(地区)上榜企业的数量能如此迅速地增加。1997年,中国大陆只有4家企业进入这个排行榜,到2001年中国加入世界贸易组织,当年也仅有12家中国企业入榜,以后随着中国改革开放的不断深入,上榜企业数量逐年迅速增加,特别是2008年全球金融与经济危机以来,中国企业上榜数量的增长呈现加速趋势,先是超过了德国、法国和英国,后来超越了日本。在2020年的排行榜中,中国大陆企业超过了美国,这也是自世界500强榜单诞生以来,中国上榜企业数量首次位居榜首,2021年仍延续了增长态势。中国企业规模和大公司的数量不断增加,这是中国整体经济规模发展壮大的结果,对中国跨国公司提升国际竞争力,提升中国的国际经济地位意义重大。

表10-1　2021年《财富》世界500强各国上榜企业数量　　　　(家)

排名	国家/地区	公司数量	排名	国家/地区	公司数量
1	中国	143	9	荷兰	11
2	美国	122	10	西班牙、印度	各7
3	日本	53	11	巴西、意大利	各6
4	德国	27	12	澳大利亚、俄罗斯、新加坡	各4
5	法国	26	13	爱尔兰	3
6	英国	22	14	墨西哥、芬兰、瑞典	各2
7	韩国	16	15	沙特阿拉伯、比利时、丹麦、卢森堡、马来西亚、挪威、泰国、土耳其、印度尼西亚	各1
8	瑞士、加拿大	各12	16	—	—

- 注:此处中国上榜企业数量包括中国内地和中国香港地区的135家上榜企业,也包括中国台湾地区的8家上榜企业。
- 资料来源:2021年《财富》关于世界500强企业的统计。

二、总体经营状况

(一)行业分布特点

《财富》世界500强排行榜细分为54个行业,本研究将同类行业进行合并,并剔除中国企业以国内业务为主的若干行业(如房地产行业),后得到37个行业分类,从表10-2可看出,2021年中国上榜企业数量最多的前12位的行业依次为:金属产品(16家)、保险(11家)、能源(10家)、工程与建筑(10家)、银行(10家)、采矿与原油生产(9家)、贸易(9家)、车辆与零部件(7家)、航天与防务(6家)、电子与电气设备(6家)、多元化金融(5家)、计算机软件与办公设备(4家)等,这12个行业总共有103家企业上榜,占中国上榜企业总数的72%。2021年美国上榜企业数量最多的前12位的行业依次为:保险(14家)、食品(12家)、银行(9家)、制药(8家)、批发(8家)、保健(7家)、能源(6家)、计算机软件与办公设备(6家)、专业零售(6家)、航天与防务(5家)、多元化金融(4家)、电信(4家)等,这12个行业总共有89家企业上榜,占美国上榜企业总数的73%。中国超过美国企业上榜数量的行业是航天与防务、建材与玻璃、化学品、多元化金融、能源、工程与建筑、金属产品、采矿与原油生产、车辆与零部件、贸易、公用设施、银行、船务、纺织与服装、互联网服务和零售以及电子与电气设备这16个行业,以传统制造业和服务业为主,还包括若干现代制造与服务业。饮料、娱乐、综合商业、保健、家居与个人用品、信息技术服务、烟草、科学、摄影和控制设备、医疗器材和设备这些行业没有中国企业上榜,以服务业为主。美国超过中国企业上榜数量的行业包括计算机、娱乐、食品生产、销售与服务、综合商业、保健、家居与个人用品、信息技术服务、保险、制药、半导体与电子元件、专业零售、电信、烟草、批发、运输及物流、科学、摄影和控制设备、医疗器材和设备、邮件、包裹及货物包装运输这些行业,以高技术制造和现代服务业为主。建材与玻璃、工程与建筑、金属产品、采矿与原油生产、贸易、船务这6个行业没有美国企业上榜,以传统制造业和服务业为主。在机械和网络与通信设备这2个行业领域,中美上榜企业数量相同。对比可发现,中国跨国公司优势在传统制造业、金融与贸易领域,美国优势在服务业和制药等高科技制造业领域。值得注意的是,在互联网服务和零售领域,包括京东、阿里巴巴、腾讯和小米在内,中国上榜企业达到4家,超过美国的3家(亚马逊、Alphabet公司和Facebook公司)。在航天与防务、计算机软件与办公设备、化学品以及网络与通信设备这4个行业,中国和美国上榜企业数量接近或相同,显示了中国跨国公司在技术与资本密集型行业领域的追赶态势。

表 10-2　2021年中美上榜企业行业分布对比情况表　　　　（家）

序号	行　　业	上榜企业总数	中国	美国
1	航天与防务	13	6	5
2	饮料	2	0	1
3	建材、玻璃	5	2	0
4	化学品	11	4	2
5	计算机软件与办公设备	12	4	6
6	多元化金融	11	5	4
7	能源	41	10	6
8	工程与建筑	14	10	0
9	娱乐	4	0	3
10	食品生产、销售与服务	33	2	12
11	综合商业	3	0	3
12	保健	8	0	7
13	家居与个人用品	3	0	1
14	信息技术服务	4	0	1
15	保险	54	11	14
16	金属产品	22	16	0
17	采矿与原油生产	17	9	0
18	车辆与零部件	33	7	3
19	网络与通信设备	4	1	2
20	制药	19	3	8
21	半导体与电子元件	4	1	2
22	专业零售	12	2	6
23	电信	16	3	4
24	烟草	2	0	1
25	贸易	18	9	0
26	公用设施	13	3	1
27	批发	15	1	8
28	银行:商业储蓄	49	10	9
29	船务	4	2	0
30	机械	9	3	3
31	纺织与服装	4	2	1
32	互联网服务和零售	7	4	3
33	运输及物流	6	1	2
34	科学、摄影和控制设备	1	0	1
35	医疗器材和设备	2	0	1
36	邮件、包裹及货物包装运输	7	2	3
37	电子与电气设备	16	6	1

• 资料来源:作者根据500强数据中心资料计算。

英国、法国和德国企业主要来自银行业、车辆与零部件、保险等领域,日本企业主要来自车辆与零部件、电子与电气设备、贸易、计算机与办公设备等领域。还有不少领域没有来自日本和欧洲的跨国公司。日本和欧洲跨国公司的竞争优势主要体现在若干高技术制造业和现代服务业领域。包括俄罗斯、印度、巴西和韩国等在内的其他新兴经济体企业主要来自炼油、银行、能源、车辆与零部件以及采矿与原油生产等行业领域,在包括航天与防务、制药、信息技术服务等现代制造与服务行业基本没有上榜企业,说明其他新兴经济体跨国公司的竞争优势主要集中在低端的传统行业领域。相比较于其他新兴经济体跨国公司,中国跨国公司竞争优势明显。

(二)收入与利润规模

中国跨国公司的营业收入和利润规模也迅速攀升。2021年上榜500家公司的总营业收入近31.7万亿美元,与去年相比下降了5%,但这个体量仍相当于2021年全球GDP的1/3。受全球新冠肺炎疫情严重冲击,上榜企业的利润总和约为1.6万亿美元,同比大幅下降20%,这也是2008年以来最大跌幅。分国别来看,美国、中国、日本、德国、英国和法国这六个国家上榜企业的总营业收入和总利润约占全部上榜公司总营业收入和总利润的八成以上。

从总营业收入水平看(见表10-3),中国企业的总营业收入占全部上榜企业总营业收入的29.5%,比2019年上升约4个百分点。美国占比30.4%,比2019年上升约2个百分点。中美两国企业占比接近,中国企业营业收入规模增加更快。英国、法国、日本和德国四个国家总营业收入占比为22.9%,中国跨国公司营业收入规模不仅超过以上四个国家中的每个单一国家,也超过这四个国家的总规模。包括韩国、俄罗斯、巴西和印度在内的四个经济体2019年总营业收入占当年的比重是6.4%,2021年这一比重下降到了5%,远远低于中国水平,这也反映出全球新冠肺炎疫情对这些经济体企业的经营状况带来了严重的冲击。总体来说,中国跨国公司规模优势明显,这种规模优势不仅体现为涌现的企业数量众多,而且体现在企业营业收入规模的扩张上。

从总利润水平来看(见表10-3),美国企业总利润额占比是所有经济体中最高的,达到了38.8%,较2019年上升了近5个百分点。中国企业总利润额占比为31.3%,比2019年上升了约11个百分点。对比之下,中国企业利润规模增加更快,这得益于中国有效遏制新冠肺炎疫情,经济稳定复苏,使得企业能够迅速恢复和扩大生产。2019年,英国、法国、日本和德国四个经济体总利润额占比为18.6%,2021年占比已下降到16.9%,下降近2个百分点。包括韩国、俄罗斯、巴西和印度在内的四个经济体2019年总利润额占比为8%,2021年占比为3.6%,下降约4个百分点,相比之下,降幅略大。分国别看,除了中国、美国、印度和日本这四个经济体占比增加之外,其他经济体占比都下降了,占比增加最多的是中国,下降最多的是俄罗斯。从平均利润水平来看,2021年全部上榜企业平均利润额为33亿美元,中国和美国平均利润额分别为35.4亿美元和51.2亿美元,中国企业高于平均利润水平,但与美国企业还有一定差距。

表10-3　2021年主要国家上榜企业总营业收入与总利润额占500强的比重

类　别	年份	美国	中国	英国	法国	德国	日本	韩国	俄罗斯	印度	巴西
总营业收入占比(%)	2019年	28.8	25.6	3.2	5.4	6.2	9.5	2.8	1.2	1.2	1.2
	2021年	30.4	29.5	3.4	4.4	5.8	9.3	2.5	0.7	1.0	0.8
总利润额占比(%)	2019年	34.0	20.0	3.3	3.7	4.2	7.4	3.3	2.8	0.5	1.4
	2021年	38.8	31.3	2.5	1.9	2.5	10	2.5	0.3	0.6	0.2

• 资料来源:作者根据500强数据中心资料计算。

三、高端要素控制

(一)品牌影响力

世界知名品牌是跨国公司重要的无形资产和高级要素,一国跨国公司能否拥有世界知名品牌是该国跨国公司国际竞争力的重要体现。本研究采用世界品牌实验室(World Brand Lab)联合世界经理人集团独家编制的2020年《世界品牌500强》排行榜比较中外跨国公司对品牌控制的情况。[1]

2020年《世界品牌500强》排行共有30个国家入选。从品牌数量的国家分布看(见表10-4),入选数最多的10个国家总共有459个,占总量的九成多。美国占据500强中的204席,占总量的40.8%,保持了世界品牌第一强国位置,而2013年美国上榜品牌高达232个,接近50%,美国入榜企业

---

[1] 自2005年至2020年,世界品牌实验室连续17年发布的《世界品牌500强》(*The World's 500 Most Influential Brands*),其评判依据是品牌的世界影响力。所谓品牌影响力(Brand Influence),是指品牌开拓市场、占领市场并获得利润的能力。按照品牌影响力的三项关键指标,即市场占有率(Market Share)、品牌忠诚度(Brand Loyalty)和全球领导力(Global Leadership),世界品牌实验室对全球约15 000个知名品牌进行了综合评分,最终推出了世界最具影响力的500个品牌。这一榜单除企业品牌外,还包括非营利机构和教育机构的品牌,但主要以企业品牌为主,因此不影响研究结论。

数量下降了 10 个百分点。法国、日本、中国和英国分别有 45 个、44 个、43 个和 40 个品牌上榜，共计 172 个品牌，占总量的 34.4%，是世界品牌的第二阵营，其中中国是唯一进入第二阵营的新兴经济体，入榜品牌数量首次超过了英国，位列第四，上升势头明显；德国、瑞士、意大利、荷兰、加拿大和韩国属于世界品牌的第三阵营，品牌总数为 83 个，占总量的 16.6%。总体上看入选数最多的 10 个国家中，主要还是以传统发达经济体为主，中国跨国公司与美国企业品牌数量还有较大差距，但中国跨国公司拥有的品牌数量呈上升趋势，品牌影响力也在不断扩大，中国与其他发达经济体相比，品牌实力有较大提升，中国是新兴经济体中的佼佼者，体现了中国跨国公司国际竞争力的提升。中国跨国公司品牌世界影响力的提升也在其他全球性的指标中得到佐证。《2020 年全球创新指数报告》在全球品牌价值指标方面，中国排名第 17 位，世界领先的 5 000 个品牌中，有 408 个来自中国，总价值达 16 万亿美元，其中 9 个品牌跻身世界前 25 位。

表 10-4　2020 年《世界品牌 500 强》入选数最多的 10 个国家　　　（家）

序号	国家	2020 年	2019 年	2018 年
1	美国	204	208	223
2	法国	45	43	43
3	日本	44	42	39
4	中国	43	40	38
5	英国	40	44	42
6	德国	27	27	26
7	瑞士	18	21	21
8	意大利	15	14	15
9	荷兰	9	9	9
10	加拿大	7	6	4
10	韩国	7	6	7

• 资料来源：作者根据 500 强数据中心资料整理。

2020 年《世界品牌 500 强》共覆盖了 50 个行业。其中入选数量最多的是汽车与零件行业，共有 35 个品牌；食品与饮料行业位列第二，有 32 个品牌入选；传媒行业和能源行业并列第三，共有 28 个品牌。位列第五和第六的依次是互联网行业和零售行业，分别有 21 个和 23 个品牌入选。中国入选的 43 个品牌行业分类情况见表 10-5，能源行业共有包括国家电网、中国石油和中国石化、中国南方电网、中国海油、中化在内的6个品牌入选,银行紧随其后,有中国工商银行、中国银行、中国建设银行、中国农业银行、招商银行5个品牌入选,多元金融领域有中国人寿、中国平安、中国光大集团和中信集团共计4个品牌入选,互联网、食品与饮料、计算机与通信、传媒和电信这5个行业入选品牌数均为3个,工程与建筑和石化、纺织这两个行业各有2个品牌入选,其他行业均有1个品牌入选。综合分析来看,中国的世界知名品牌主要来自传统行业领域,但互联网、计算机等新兴与高科技领域也不乏中国品牌的身影。

表 10-5 中国入选品牌的行业分类情况

序号	行业	入选品牌数量	入选品牌
1	能源	6	国家电网、中国石油、中国石化、中国南方电网、中国海油、中化
2	银行	5	中国工商银行、中国银行、中国建设银行、中国农业银行、招商银行
3	多元金融	4	中国人寿、中国平安、中国光大集团、中信集团
4	互联网	3	腾讯、阿里巴巴、百度
5	食品与饮料	3	茅台、五粮液、青岛啤酒
6	计算机与通信	3	华为、联想、台积电
7	传媒	3	中央电视台、人民日报、新华社
8	电信	3	中国移动、中国联通、中国电信
9	工程与建筑	2	中国建筑、中国铁建
10	石化、纺织	2	恒力、魏桥
11	交通运输	1	中国中车
12	钢铁	1	宝武
13	多元化	1	中粮
14	航空	1	国航
13	物联网生态	1	海尔
16	电子电气	1	长虹
17	钟表与珠宝	1	周大福
18	工业设备	1	徐工
19	农业	1	北大荒

• 资料来源:作者根据2020年世界品牌500强资料整理。

主要国家跨国公司代表性世界品牌比较分析见表10-6,从中可看出,中国跨国公司品牌主要分布在传统制造业和服务业领域,新兴行业和高科技领域有追赶之势,发达国家跨国公司品牌主要集中在高科技制造、现代服务业以及奢侈品领域,其他新兴经济体则以能源、传统制造业以及具有国别特色的产品领域,这种各国跨国公司品牌的行业分布结构与各国的经济结构和所处的工业化阶段是相匹配的,它实质是全球一体化背景下,跨国公司所主导的全球产业分工格局的产物。总体来看,中国跨国公司所拥有的品牌更加多元化,除了传统领域的品牌外,近年来中国跨国公司在高科技制造、互联网等新兴产业领域也有不少品牌崛起,显示中国跨国公司拥有的品牌不仅数量在增加,而且质量也在提升。这是中国经济结构转型,工业化基本完成,开始向后工业化时代迈进的体现。

表 10-6 主要国家跨国公司代表性世界品牌比较分析

国家	代表性品牌	特点
中国	国家电网、腾讯、海尔、中国平安、青岛啤酒、徐工	行业分布较为广泛,包括银行、能源、互联网、电信、工程与建筑等
美国	谷歌、苹果、亚马逊、微软、可口可乐、通用电气、埃克森美孚、波音	涉及行业广泛,包括互联网、软件、金融、咨询、广告、计算机软件与办公设备、能源、航空与防务等
英国	联合利华、英国石油、沃达丰	以服务业为主,主要包括保险、零售、传媒、银行、广告等
法国	欧莱雅、路易威登、香奈儿、卡地亚	以奢侈品、服装服饰为主
德国	宝马、梅赛德斯-奔驰、奥迪、大众	以制造业为主
意大利	古驰、普拉达、法拉利、菲亚特	以奢侈品、服装服饰为主
日本	索尼、丰田、佳能、松下、日本电报电话	以汽车与零件、数码家电为主
俄罗斯	俄罗斯联邦储蓄银行、俄罗斯天然气、皇冠伏特加	以能源、食品与饮料为主
巴西	巴西石油	以能源为主
韩国	三星、现代汽车、起亚	主要为数码与家电、汽车与零部件
印度	塔塔、印孚瑟斯	工业设备、计算机与通信

• 资料来源:作者根据 2020 年世界品牌 500 强资料整理。

(二)技术与创新能力

2020 年全球创新指数[①]排名中,中国连续第二年列第 14 名,是全球创新指数排名前 30 强中唯一的中等收入经济体。《2020 年全球创新指数报告》指出,中国已经确立了作为创新领先者的地位,在专利、实用新型、商标、

---

① 全球创新指数(Global Innovation Index, GII)是世界知识产权组织、康奈尔大学、欧洲工商管理学院于 2007 年共同创立的年度排名,衡量全球 130 多个经济体在创新能力上的表现。全球创新指数是一个详细的量化工具,有助于全球决策者更好地理解如何激励创新活动,以此推动经济增长和人类发展。全球创新指数根据 80 项指标对经济体进行排名,这些指标包括知识产权申请率、移动应用开发、教育支出、科技出版物等。

工业品外观设计申请量和创意产品出口等重要指标上均名列前茅。该报告从国际专利申请量、科学出版物和高校水平3个维度构建了"创新质量"分析指数,结果表明,中国全球排名第16位,创新质量得分超过了49个高收入经济体的平均得分,是唯一在全部3项指标上向高收入经济体靠拢的中等收入经济体。在专利、商标、工业品外观设计等知识产权指标上,中国继续保持世界领先地位,并在生产率增长、创意产品出口等多个指标方面居世界前三。同时,中国在研发投入、市场成熟度等方面的排名均有所上升。在创新投入和创新产出两大核心指标方面,中国以排名第26位的创新投入,创造了排名第6位的创新产出,其创新成就可与荷兰、英国、美国等高收入经济体相提并论,中国已经确立了创新领先者的地位,展示了中国以创新支持高质量发展取得的重要成绩。中国创新质量的大幅提升与中国企业对研发的重视和投入密切相关。欧盟委员会发布的《2020年欧盟工业研发投入记分牌》("2020 EU Industrail Research and Development Scoreboard")统计了2019/2020年度,全球研发投入最多的2 500家公司(包括2 500家母公司及其80多万家子公司)的数据显示,2020年入选全球TOP2500榜单公司的研发投入门槛至少为3 470万欧元,2 500家公司总共研发投资金额为9 024亿欧元,相当于全球企业研发投入的90%。美国有775家公司,占2 500家企业研发投入总额的38%,在入选公司中继续保持全球第一位。中国排名第二位,共有624家公司入选,其中中国大陆公司536家,中国台湾地区公司88家。中国公司研发投入占总研发投入的25%。

  专利是衡量一家跨国公司技术实力的重要指标。2020年,中国通过世界知识产权组织《专利合作条约》(PCT)途径提交了58 990万件专利申请,是提交国际专利申请量较多的国家,显示了中国的创新活力。2020年,提交年度国际专利申请量排名前20位的申请人见表10-7。2020年中国共有5家企业进入前20位,这5家企业按排名先后顺序依次为华为、京东方、广东欧珀、中兴通讯和平安科技。其专利申请主要集中在数字通信、计算机技术、显示技术、半导体、人工智能等领域。其他15家企业分别为日本5家、美国4家、韩国3家、德国2家和瑞典1家。美国专利申请主要来自软件与计算机服务、数字通信和电子通信技术、计算机技术等领域。日本企业申请专利主要来自汽车及零部件等,德国企业的优势在汽车及零部件、电子及电子设备等领域,瑞典为硬件及相关设备、韩国的专利主要来自电子设备、通信领域。

表 10-7　2020 年世界前 20 位 PCT 申请人　　　　　　　　　　（件）

排名	申请人	申请人国别	申请量
1	华为技术有限公司	中国	5 464
2	三星电子有限公司	韩国	3 093
3	三菱电气公司	日本	2 810
4	LG 电子公司	韩国	2 759
5	高通公司	美国	2 173
6	爱立信公司	瑞典	1 989
7	京东方科技集团有限公司	中国	1 892
8	广东欧珀(OPPO)移动通信有限公司	中国	1 801
9	索尼公司	日本	1 793
10	松下知识产权管理有限公司	日本	1 611
11	惠普公司	美国	1 595
12	微软公司	美国	1 529
13	罗伯特博世公司	德国	1 375
14	LG 化学有限公司	韩国	1 374
15	日本电报电话公司	美国	1 372
16	中兴通讯公司	中国	1 316
17	平安科技(深圳)有限公司	中国	1 304
18	西门子公司	德国	1 202
19	富士胶片公司	日本	1 128
20	电装株式会社	日本	1 121

• 资料来源：世界知识产权组织《2020 年世界知识产权指标》。

众多中国跨国公司中,华为公司技术优势与创新能力尤为突出(见表 10-8)。从华为公司历年专利申请情况来看,从 2005 年到 2020 年这 16 年中,华为公司 PCT 累积申请量为 43 472 件,平均年申请量为 2 717 件。自 2007 年华为进入前五位 PCT 申请人以后,华为一直保持较强的创新活力,近四年来一直是全球 PCT 申请量最大的公司。华为在无线通信网络技术相关的申请数量最多,其次是数字信息传输和数字数据处理技术方面的申请。

表 10-8　华为公司 2005—2020 年 PCT 专利申请情况

年 份	2020	2019	2018	2017	2016	2015	2014	2013
申请量(件)	5 464	4 411	5 405	4 024	3 692	3 898	3 442	2 110
排名	1	1	1	1	2	1	1	3
年 份	2012	2011	2010	2009	2008	2007	2006	2005
申请量(件)	1 836	1 835	1 573	1 853	1 737	1 365	578	249
排名	5	3	4	2	1	3	13	38

• 资料来源：世界知识产权组织《2020 年世界知识产权指标》。

华为卓越的创新能力与华为持续的创新投入是分不开的。华为发布的《创新和知识产权白皮书2020》提供的资料显示,华为从事研究与开发的人员有10.5万名,占公司总人数的53.4%。2019年,研发费用支出为1 317亿元人民币,占全年收入的15.3%。截至2019年,近十年累计投入的研发费用超过人民币6 000亿元。持续的创新投入使得华为成为全球最大的专利持有企业之一。截至2020年年底,华为在全球共持有有效专利4万余族,合计超10万件专利,且90%以上专利为发明专利。在世界范围内,华为也是研发投入较大的跨国公司。欧盟委员会发布的《2020年欧盟工业研发投入记分牌》中,华为较上一年上升两位,超过大众和三星,位列第三;华为代表中国企业第一次攀升至全球研发投入前三强,仅次于谷歌母公司Alphabet(231.6亿欧元)和微软公司(171.5亿欧元),较2018年上升两位,其2019年的研发投入达167.1亿欧元。华为研发投入的金额约等于紧随其后的三家中国大陆企业和两家中国台湾企业之和:阿里巴巴(26位,54.9亿欧元)、腾讯(46位,38.7亿欧元)、百度(66位,23.4亿欧元)、富士康(鸿海集团,57位,27.1亿欧元)和台积电(58位,27亿欧元)。

第三节 中国跨国公司国际化发展趋势

跨国程度是跨国公司全球化经营实力的重要考量因素,衡量企业跨国程度的指标是跨国指数。[①]近年来,受新冠肺炎疫情的冲击以及逆全球化等不利因素的影响,全球范围内跨国公司国际化水平停滞不前。相比之下,中国跨国公司国际化水平有所提升,中国跨国公司对外投资更趋理性。

一、全球跨国公司国际化总体趋势

近年来,受新冠肺炎疫情的冲击以及逆全球化等不利因素的影响,全球范围内各国跨国公司国际化水平停滞不前(见表10-9),采掘业、重工业和建筑业等领域表现尤为突出。2020年采掘业、重工业和建筑业跨国公司的海外销售额平均下降了15%以上。在石油领域,受疫情冲击及2020年年初油价暴跌的影响,油气跨国公司销量下降了30%,导致国外投资陷入停滞,有些跨国公司为应对疫情带来的经营风险,进行了重组和资产剥离,导

---

① 跨国指数按照(海外营业收入÷营业收入总额+海外资产÷资产总额+海外员工÷员工总数)÷3×100%计算得出。

致其海外资产规模缩小,如 2020 年壳牌公司剥离了约 15%的外国资产,挪威国家石油公司和英国石油公司剥离了约 10%的外国资产。[1]

表 10-9　2018—2020 年全球 100 强非金融跨国公司跨国指数变化情况

类　别	2018 年	2019 年	2020 年	2019—2020 年变化
海外资产占比(%)	58	54	54	—
海外销售额占比(%)	60	57	56	−1.8
海外受雇员工占比(%)	53	47	46	−2.1
未加权平均跨国指数	64	61	61	—
跨国指数的中位数	63	61	60	−1.6

• 资料来源:作者根据联合国贸发会议《2021 年世界投资报告》资料整理计算。

二、中国跨国公司国际化发展趋势

根据中国企业家联合会、中国企业家协会发布的《2020 中国跨国公司 100 大及跨国指数》[2]报告显示,中国跨国公司对外投资更趋理性,国际影响力和竞争力继续提升。2020 年中国跨国公司 100 大入围门槛为海外资产 120.22 亿元,比上年提高 21.64 亿元。100 大中国跨国公司海外资产总额为 104 526 亿元、海外营业收入为 73 307 亿元,分别比上年提高 9.9%、155%。海外员工总数为 1 310 300 人,比上年下降 5.9%。2020 年中国跨国公司 100 大的平均跨国指数为 16.10%,较上年提高 0.14 个百分点,跨国指数稳步上升。从企业性质来看,2020 年中国跨国公司 100 大中,国有及国有控股公司 73 家,民营企业 27 家,国有及国有控股公司是当前推动中国企业国际化的主力军,但民营企业表现也比较出色,如腾讯、华为均挺进了前 10 强。从地域分布来看,2020 年中国跨国公司 100 大覆盖了 17 个省、直辖市、自治区,其中北京占 42%,广东占 11%,上海占 9%,浙江占 7%,江苏占 5%,这五地入围跨国公司数量占总数的七成以上,中国跨国公司主要来自中国经济发达地区。2020 年按海外资产排名的前 10 大跨国公司排名见表 10-10,前 10 强中有 8 家国有及国有控股公司,其中有 5 家企业来自石油和化工领域。2 家民营企业(腾讯和华为)入榜,分别来自互联网和通信领域。

---

[1] 联合国贸发会议:《2021 年世界投资报告》,2021 年。
[2] 《2020 中国跨国公司 100 大及跨国指数》是在 2020 中国企业 500 强、中国制造业企业 500 强和中国服务业企业 500 强的基础上,参照国际上通行的做法,经专家委员会审定推出的。协会已经连续 9 年成功发布《中国跨国公司 100 大及跨国指数》。

表 10-10 2020 年中国 10 大跨国公司情况

排名	企业名称	海外资产(万元)	海外收入(万元)	海外员工(人)	跨国指数(%)
1	中国石油天然气集团有限公司	92 969 179	125 010 049	133 734	26.54
2	中国中信集团有限公司	58 694 083	9 719 332	34 573	12.64
3	中国石油化工集团有限公司	57 703 188	95 239 223	38 765	22.2
4	中国远洋海运集团有限公司	56 639 768	5 644 443	5 790	29.26
5	腾讯控股有限公司	54 131 126	24 534 598	4 679	43.07
6	中国海洋石油集团有限公司	52 177 456	45 804 164	4 819	35.58
7	中国中化集团有限公司	39 956 186	7 689 865	22 623	41.44
8	中国化工集团有限公司	37 734 266	6 001 625	30 172	26.22
9	华为投资控股有限公司	37 142 684	33 301 800	32 829	32.87
10	国家电网有限公司	31 671 314	9 791 915	15 367	4.3

• 资料来源：中国企业家联合会、中国企业家协会发布的《2020 中国跨国公司 100 大及跨国指数》。

按跨国指数高低排名的 2020 年中国跨国指数前 10 位跨国公司见表 10-11，入围企业主要以民营企业为主，仅有中国中化集团有限公司一家国有企业。大型国有及国有控股公司跨国指数总体偏低的原因主要有两个：一是当国内市场足够大时，跨国公司发展早期主要以国内业务为主，这些国有企业的经营主要以国内为主，国内经营规模大；二是大型国有企业往往国内员工数量庞大，海外员工数量有限，海外员工数占比低会拉低跨国指数。但比较这 9 家民营企业和前 10 大跨国公司中国有企业的海外资产情况可以看出，这些民营企业海外资产规模总体较小，经营更多依赖国际市场，所以这些民营企业跨国指数较高。

表 10-11 2020 年中国前 10 位跨国公司(按跨国指数)

排名	企业名称	海外资产(万元)	海外收入(万元)	海外员工(人)	跨国指数(%)
1	洛阳栾川钼业集团股份有限公司	9 613 927	5 951 551	5 890	73.87
2	万洲国际有限公司	9 184 865	10 570 246	55 000	64.77
3	江苏长电科技股份有限公司	1 733 171	1 849 392	9 258	56.81
4	紫金矿业集团股份有限公司	6 119 500	3 095 669	17 348	53.02
5	青山控股集团有限公司	3 922 116	6 712 860	52 457	50.36
6	联想控股股份有限公司	27 640 402	28 807 811	27 267	49.87
7	山东如意时尚投资控股有限公司	4 241 532	3 558 974	13 894	48.41
8	腾讯控股有限公司	54 131 126	24 534 598	4 679	43.07
9	浙江吉利控股集团有限公司	17 124 313	15 732 713	44 726	41.62
10	中国中化集团有限公司	39 956 186	7 689 865	22 623	41.44

• 资料来源：中国企业家联合会、中国企业家协会发布的《2020 中国跨国公司 100 大及跨国指数》。

根据联合国贸发会议发布的《2021年世界投资报告》，2020年按海外总资产排名的全球非金融类跨国公司100强中，中国有12家企业入围（含中国台湾地区1家），入围企业数量较上年大幅度增加，这一数量与美国差距进一步缩小（19家），逼近法国企业数量（13家），与英国和德国相同（12家），已超过日本（9家）。全球排名前100位的非金融类跨国公司平均跨国指数为60.5，入围的10家中国内地企业的跨国指数平均值为30.6，这一数值与全球平均水平相比还有较大差距，说明中国跨国公司国际化发展的空间较大。

表10-12　中国代表性跨国公司的跨国指数　　　　　　　　　　（％）

企　　业	所属行业	跨国指数
中国石化股份有限公司	石油、采矿	21.6
中国石油天然气集团公司	石油、采矿	26.3
中国远洋运输股份有限公司	运输和仓储	29.1
腾讯控股有限公司	计算机和数据处理	26.5
中国海洋石油总公司	采矿、采石和石油	35.3
中国国家电网公司	电力	4.3
中国化工集团公司	化工制品	26.1
中国中化集团	化工	41.3
华为投资控股公司	通信	37.5
联想控股公司	计算机设备	57.5

• 资料来源：联合国贸发会议《2021年世界投资报告》。

综合以上分析，在疫情冲击和复杂多变的国际经济环境中，2020年中国跨国公司仍稳步发展，虽然与发达国家一些实力强大的跨国公司相比，中国跨国公司还存在一定差距，但越来越多优秀的中国跨国公司在崛起，对发达国家跨国公司呈现赶超之势。当前新冠肺炎疫情仍在反复，疫情对中国跨国公司对外投资合作生产和销售带来冲击；世界经济前景还不明朗，全球范围内的经贸摩擦有扩大化趋势；2020年出台的影响外国投资的政策措施数量比2019年增加了约42％；主要由发达经济体采取的引入法规或限制的措施数量增加了一倍多，限制性更强或监管性更强的新政策措施的比例是2003年以来最高。与此同时一些国家采取或加强了外国投资审查制度。[1]同时我们必须看到，中国企业在跨国经营取得成效的同时，依然存在

---

[1] 联合国贸发会议：《2021年世界投资报告》，2021年。

一些挑战,如对国际经济规则与惯例认知不足,抗风险能力有待进一步提高,缺乏跨国经营复合人才等。中国跨国公司要善于驾驭国际经济环境复杂多变的情况,不断提升抗风险能力,加强人才培育,积极培育高端要素,加快建立中国跨国公司主导的全球产业链,争取涌现更多的世界一流企业,提升中国企业国际竞争力。

主要参考文献

1. 陈小敏.CFIUS发布了关键技术企业强制性申报要求的最终规则[N/OL].德恒律师事务所.2020年10月12日.http://www.dhl.com.cn/CN/tansuocontent/0008/019816/7.aspx.

2. 陈至亦,孙金霞,王仲尧.聚焦数字经济监管:欧洲最强数据保护处罚了哪些行为[R].东方证券宏观经济研究报告.2021年2月15日.

3. 程大为,樊倩.民营企业投资建设"一带一路"境外经贸合作区的挑战与对策[J].经济纵横,2021年第7期.

4. 戴悦.拜登税改:以税收助推《美国就业计划》[N].中国税务报.2021年5月18日第5版.

5. 邓茜.美国力推的全球税改,对中国有何影响?[N].北京青年报.2021年7月14日第A08版.

6. 丁悦.我国境外经济贸易合作区高质量发展对策思考[J].青海社会科学,2019年第4期.

7. 高士旺.美国供应链评估报告分析 高度关注并树立底线思维[J].进出口经理人,2021年第7期.

8. 国家商务部、国家统计局、国家外汇管理局.2020年度中国对外直接投资统计公报[M].北京:中国商务出版社.

9. 国家商务部、国家统计局、国家外汇管理局.2021年度中国对外直接投资统计公报[M].北京:中国商务出版社.

10. 哈药集团凯莱英医药集团(天津)股份有限公司官网,http://www.asymchem.com.cn.

11. 江苏日盈电子股份有限公司官网,https://www.riyingcorp.com.

12. 解运亮.美国大放水,钱究竟流向了何处?[R].宏观专题报告.民生证券研究院.2021年2月4日.

13. 凯莱英医药集团(天津)股份有限公司官网,http://www.asymchem.com.cn.

14. 李嘉楠,龙小宁,张相伟.中国经贸合作新方式——境外经贸合作区[J].中国经济问题,2016年第6期.

15. 李鹏.美参议院通过创新与竞争法案 以竞争之名行遏制之实[N].中国纪检监察报.2021年6月13日第4版.

16. 李思琪.疫情之下美国财政政策的效果评估及前景展望.[J]中国货币市场,2021年第5期.

17. 连平,常冉.新阶段中美贸易关系怎么走[N/OL].2022年1月17日.https://www.yicai.com/news/101292019.html.

18. 卢进勇,裴秋蕊.境外经贸合作区高质量发展问题研究[J].国际经济合作,2019年第4期.

19. 陆南泉.疫情与油价下的俄罗斯联邦经济[J].黄金科学技术,2021年第4期.

20. 罗华.CFIUS颁布新FIRMMA法案法规[N/OL].金杜律师事务所.2020年1月21日.https://www.kwm.com/cn/zh/insights/latest-thinking/cfius-issues-new-act-regulations.html.

21. 罗云峰,刘亚欣.美国财政政策是明年的需求亮点吗?[R].招商证券宏观研报.招商证券.2021年12月9日.

22. 倪雨晴.美商务部要求芯片产业链提供数据 台积电、英飞凌等37家已提交[N/OL].21世纪经济报道.2021-11-09. https://m.21jingji.com/article/20211109/herald/3d44ed48b7eb9a9b51b3526750da6072.html.

23. 祁欣,杨超.境外经贸合作区建设若干问题探讨与建议[J].国际贸易,2018年第6期.

24. 日本限制外国对钨钼稀土等稀有金属领域投资[J].黄金科学技术,2021年第4期.

25. 商务部.http://www.mofcom.gov.cn/article/news/202010/20201003011498.shtml.

26. 商务部,国家统计局,国家外汇管理局.2020年度中国对外直接投资统计公报[M].北京:中国商务出版社2021年版.

27. 沈铭辉,张中元.中国境外经贸合作区:"一带一路"上的产能合作平台[J].新视野,2016年第3期.

28. 维世资管.2020年主要发达国家货币政策回顾与影响[N/OL].财富中文网.2021年1月7日.https://www.fortunechina.com/shangye/c/2021-01/07/content_383764.htm.

29. 项松林,田容至.发达国家外资国家安全审查政策的影响[J].开放导报,2020年第5期.

30. 肖宇.拜登税改计划预重塑美国竞争新优势[J].世界知识,2021年第10期.

31. 谢松燕.美国外国投资委员会历史、机制与特点[J].清华金融评论,2021年第4期.

32. 于冉.拜登基建法案能否"刷新"美国[J].中国新闻周刊,2022年总第1028期.

33. 昝妍.欧盟国际采购文书对我国影响几何[N].中国政府采购报.2021年10月15日.

34. 张娟,李宏.《2021年美国创新与竞争法案》瞄准对华科技竞争[J].科技政策与咨询快报,2021年第8期.

35. 赵雪情.疫情以来美国财政刺激计划的政策效果与潜在风险[R].中国银行公馆观察,2021年第14期.

36. 钟正生,张璐,范城恺.欧央行新策略的"玄机"[R].平安证券宏观动态跟踪报告.2021年2月15日.

37. 周莹.美方以国家安全为由签发行政命令,石基信息拟于120天内剥离StayNTouch[N/OL]. 21世纪经济报道.2020年3月8日.https://finance.sina.com.cn/roll/2020-03-08/doc-iimxxstf7451157.shtml.

38. 邹明春,王婧,裴筱曈,苏恒瑶.美国外国投资审查新规:解读FIRRMA实施细则[N/OL].中伦律师事务所.2020年3月6日.http://www.zhonglun.com/Content/2020/03 06/1855072513.html.

39. Bank of Russia. http://www.cbr.ru/collection/collection/file/31493.

40. Camron, Victoria A. F.. GNC completes sale to Chinese shareholder Harbin[N/OL]. New Hope Network. 2020-October 14. https://www.newhope.com/news/gnc-completes-sale-chinese-shareholder-harbin.

41. Clifford Chance. Japan's New Foreign Direct Investment Regulations Enter into Force. May 2020. https://www.cliffordchance.com/content/dam/cliffordchance/briefings/2020/05/Japan's-New-Foreign-Direct-Investment-(FDI)-Regulations-Enter-into-Force.pdf.

42. Committee on Foreign Investment in the United States. Annual Report to Congress[R/OL]. Period Report. July 2021. https://home.treasury.gov/system/files/206/CFIUS-Public-Annual-Report-CY-2020.pdf.

43. Doreen Edelman, Laura Fraedrich and Christian Contardo. CFIUS doesn't mean Chinese companies can't invest in the US[N/OL]. TechNode's Briefing newsletter. May 5, 2021. https://technode.com/2021/05/05/chinese-investment-in-us-tech-faces-increased-scrutiny-from-regulators/.

44. Eurostat. Annual Inflation Stable at −0.3% in the Euro Area. Eurostat News Release. No.12/2021. 20 January 2021.

45. Eurostat. Euro Area International Trade in Goods Surplus €29.2bn. Eurostat News Release. No.22/2021. 15 February 2021.

46. Eurostat. Euro Area Unemployment at 8.3%. Eurostat News Release. No.16/2021.1 February 2021.

47. Eurostat. GDP Down by 0.7% and Employment up by 0.3% in the Euro Area. Eurostat News Release. No.30/2021.9 March 2021.

48. Eurostat. GDP Up by 2.2% and Employment up by 0.7 in the Euro Area. Eurostat News Release. No.101/2021.7 September 2021.

49. IMF. World Economy Outlook[DB]. Arpil 2022.

50. Ministry of Finance. https://www.mof.go.jp/english/international_policy/fdi/.

51. Office of the Federal Register, National Archives and Records Administration. Federal Register[J]. Vol.86, No.217. November 15, 2021.

52. Official website of The Committee on Foreign Investment in the United States. https://home.treasury.gov/policy-issues/international/the-committee-on-foreign-investment-in-the-united-states-cfius.

53. Rhodium Group & MERICS. Chinese FDI in Europe 2020 Update. MERICS Report. June 2021.

54. Thilo Hanemann, Daniel H. Rosen, Mark Witzke, Steve Bennion, and Emma Smith. Two-Way Street: 2021 Update: US-China Investment Trends[R/OL]. Rhodium Group. May 2021. https://rhg.com/wp-content/uploads/2021/05/RHG_TWS-2021_Full-Report_Final.pdf.

55. U.S.-CHINA Economic and Security Review Commission. Timeline of Executive Actions on China(2017—2021)[R/OL]. 2021 April 1. https://www.uscc.gov/sites/default/files/2021-04/Timeline_of_Executive_Actions_on_China-2017_to_2021.pdf.

56. US Treasury. Final Regulations Modifying the Definitions of Excepted Foreign State and Excepted Real Estate Foreign State and Related Actions[R/OL]. https://home.treasury.gov/system/files/206/Fact-Sheet-Final-Rule-Revising-EFS-Definitions-2.pdf, 05 Jan 2022.

57. World Bank Group. 2021. Russia Economic Report, No.45, May 2021: Russia's Economic Recovery Gathers Pace. World Bank, Washington, DC. World Bank. https://openknowledge.worldbank.org/handle/10986/35653. License: CC BY 3.0 IGO.

后　记

2018年底,中共中央提出了"要推动由商品和要素流动型开放向规则等制度型开放转变"。2020年,中共中央提出构建"双循环"新发展格局。"双循环"新发展格局的提出,从制度型开放的视角对中国建设更高水平开放型经济新体制提出了新要求。

上海社会科学院世界经济研究所成立于1978年,是全国世界经济领域最重要的研究机构之一。世界经济研究所以世界经济与国际关系两大学科为主轴,将世界经济研究与国际关系研究、世界经济研究与中国对外开放研究相结合,注重研究的综合性、整体性,提高研究成果的理论性、战略性与对策性。在学科建设的基础理论方面和对外开放的战略研究方面形成了一批被同行广泛认可的较有影响的成果。"双循环"新发展格局提出以后,上海社会科学院世界经济研究所专门组织研究人员,以研究室为团队进行集体攻关,经过多次讨论,确定本套丛书每一本书的主题、书名与内容,并组织全所科研人员撰写。整套丛书定名为"制度型开放理论与实践研究"丛书,从中国吸收外资、对外投资、全球化视野下的新零售发展、区域合作、外循环促进内循环五个方面对制度型开放以及"双循环"新发展格局的不同方面进行阐述。具体包括:《制度型开放与中国吸收外资的发展》《制度型开放与中国对外投资的发展》《全球化视野下中国新零售发展报告》《国际区域合作理论与实践前沿研究》《外循环促进内循环的理论与政策研究》。

就本书而言,上海社会科学院世界经济研究所长期跟踪研究国内外国际投资领域的理论与实践,尤其是与中国"引进来"与"走出去"相关的双向投资的发展。《制度型开放与中国对外投资的发展》是全所多名科研人员在长期积累基础上共同撰写的一本专著,其中部分内容由本所的博士研究生王跃撰写,也是上海社会科学院第二轮创新工程"世界经济"团队的系列成果之一。本书的具体分工如下:第一章(赵蓓文),第二章(罗海蓉),第三章(王莹),第四章(王莹),第五章(胡德勤),第六章(刘晨),第七章(刘晨),第八章(李珮璘),第九章(王跃),第十章(李珮璘)。全书由赵蓓文研究员拟定总体框架和写作思路,并负责统稿、删减、补充、调整和最终定稿。王跃承担全书的格式整理工作。

本书在撰写过程中得到诸多学术界前辈、同行的支持和帮助,在此一并予以感谢!

赵蓓文
2022 年 6 月于上海社会科学院

图书在版编目(CIP)数据

制度型开放与中国对外投资的发展 / 赵蓓文等著
. 一 上海 ：上海社会科学院出版社，2022
ISBN 978 - 7 - 5520 - 3909 - 2

Ⅰ. ①制… Ⅱ. ①赵… Ⅲ. ①对外开放—研究—中国 ②对外投资—研究—中国 Ⅳ. ①F125 ②F832.6

中国版本图书馆 CIP 数据核字(2022)第 130877 号

制度型开放与中国对外投资的发展

著　　者：赵蓓文　等
责任编辑：王　勤
封面设计：朱忠诚
出版发行：上海社会科学院出版社
　　　　　　上海顺昌路 622 号　邮编 200025
　　　　　　电话总机 021 - 63315947　销售热线 021 - 53063735
　　　　　　http：//www.sassp.cn　E-mail：sassp@sassp.cn
照　　排：南京理工出版信息技术有限公司
印　　刷：上海景条印刷有限公司
开　　本：710 毫米×1010 毫米　1/16
印　　张：12.25
字　　数：205 千
版　　次：2022 年 9 月第 1 版　2022 年 9 月第 1 次印刷

ISBN 978 - 7 - 5520 - 3909 - 2/F・706　　　　　　　　　　　　定价：78.00 元

版权所有　翻印必究